中等职业教育会计专业系列教材

Accounting
Basic Skills

会计基本技能

张建强　王兆立　主编
徐　俊　主　审

东北财经大学出版社
Dongbei University of Finance & Economics Press
大连

图书在版编目（CIP）数据

会计基本技能 / 张建强，王兆立主编. —大连：东北财经大学出版社，2021.8（2022.11重印）
（中等职业教育会计专业系列教材）
ISBN 978-7-5654-4221-6

Ⅰ. 会… Ⅱ. ①张… ②王… Ⅲ. 会计学-中等专业学校-教材
Ⅳ. F230

中国版本图书馆CIP数据核字（2021）第112803号

东北财经大学出版社出版
（大连市黑石礁尖山街217号 邮政编码 116025）
网 址：http://www.dufep.cn
读者信箱：dufep@dufe.edu.cn
大连天骄彩色印刷有限公司印刷 东北财经大学出版社发行

幅面尺寸：185mm×260mm 字数：386千字 印张：17.25
2021年8月第1版 2022年11月第3次印刷
责任编辑：周 欢 曲以欢 责任校对：京 玮
封面设计：冀贵收 版式设计：原 皓

定价：48.00元

教学支持 售后服务 联系电话：（0411）84710309

如有印装质量问题，请联系营销部：（0411）84710711

前言

“会计基本技能”是职业教育会计相关专业大类的专业核心课，是出纳、会计、银行柜员、超市收银员等工作岗位人员日常工作中最基本的操作技能，它包括出纳点钞技能、出纳挑残识假技能、会计数字录入计算技能、会计税务申报征收技能、银行柜面开户业务操作技能、超市收银员录入结算技能、会计数字书写技能、出纳电子支付结算技能等8项主要技能。多年来，会计基本技能一直是各财经商贸类职业院校的特色课程，在学生职业素养形成、动手能力培养、职业技能竞赛等多方面取得了较好的成绩。但是也出现了不少问题，主要表现在：

1.学校存在对会计基本技能教学课程随意设置、教师对教学内容随意选择的问题；

2.教师在会计基本技能教学中存在方法不规范、不科学的问题；

3.对如何通过优化教学设计来帮助学生持续提升会计基本技能的能力缺乏研究；

4.长期以来技能教学考核存在不统一、不科学、考核难的问题。

从客观上看，教学内容与教学方法不是一成不变的，它随着市场需求和教学对象的变化而改变。从主观上看，教师要发挥能动作用，做到理论联系实际，不断丰富课堂教学内容，提高教学效率，为提高学生的专业实践能力打下良好的基础。

2019年国务院正式印发《国家职业教育改革实施方案》（“职教二十条”），文件中提出，经过5~10年左右的时间，职业教育基本完成由政府举办为主向政府统筹管理、社会多元办学的格局转变，由追求规模扩张向提高质量转变，由参照普通教育办学模式向企业社会参与、专业特色鲜明的类型教育转变，大幅提升新时代职业教育现代化水平。目前全国各地中职学校正在积极开展创建优质学校和优质专业群的行动，会计与金融专业课程教学改革面临新的历史机遇。

多年来，各省市职业学校建立了会计技能大赛及技能教学天天练制度，发挥了检查、选优、引导三种功能，通过技能大赛制度，引导教学内容的选择、引导实训方式的改革、引导课程模式的更新、引导育人理念的确立。通过技能教学天天练制度保证了技能学习的效果，做到“拳不离手”“曲不离口”。为了很好地反映最新金融、会计制度及财经工作岗位对教学的要求，解决会计基本技能教学中出现的问题，有效贯彻中职学校“双优”建设的精神，我们组织了一批有着丰富教学经验的教师编写出本教材，以便将实际工作及大赛中产生的科学的、先进的、有效的教学与训练方法总结出来，引导专业教师在注意抓好技能普及的基础上有所提高，将普及与提高相结合，以促进会计基本技能教学的良性发展。

本教材由武汉市中等职业学校会计学科带头人、湖北省省级骨干教师、武汉市财政学校高级讲师张建强策划、组织实施并担任第一主编，临沂市高级财经学校正高级讲师王兆立担任第二主编。青岛华夏职业学校高级讲师梁守霞，临沂市高级财经学校讲师高志艳、马海清担任副主编。另外，参加编写的还有：全国会计技能大赛会计基本技能优秀教练、武汉市财政学校李莉，武汉市财政学校张莎莎，中信银行武汉分行彭非，武汉市农村商业银行李世薇，湖北神州顺利办科技有限公司金忠胜、余俊兵、彭珊、许慧文、许雪梨等。武汉市财政学校副校长徐俊担任本教材的主审。

我们坚信随着本教材的出版，一定能够为学生进一步学习专业知识和培养职业技能，全面提高学生素质，增强适应职业变化的能力和继续学习的能力打下牢固基础。教材在编写过程中还参考了国内兄弟院校专家的科研成果，得到了广大同仁的大力帮助，在此表示感谢，由于编写时间匆忙，加之作者能力有限，书中或有不足之处，敬请各位同仁批评指正。

编　者

2021年6月

目 录

项目一 出纳点钞技能与实训

【知识目标】

1. 熟知点钞的基本知识及分类。
2. 熟悉点钞的基本操作要领。

【能力目标】

1. 熟练掌握手工点钞的各种操作方法与技巧。
2. 了解并掌握钞票捆扎的方法。
3. 熟练运用机器点钞，并规范操作。

【情感目标】

学生通过实训操作练习加深对职业的认同感，逐步养成严谨、耐心的工作作风和一丝不苟、精益求精的工作态度。

要掌握好点钞技能，首先必须熟知点钞的基本要领，才能按照规范要求学习点钞的技术动作。因此，本项目重点培养学生使用各种方法清点钞票的技术能力，要求学生熟练掌握单指单张、多指多张的点钞方法，学会使用手按式单指多张、多指多张的清点方法，熟练操作点钞机清点钞票，掌握多种方式的钞票捆扎技巧。通过本项目的学习，使学生熟练掌握手工点钞与机器点钞技术。

任务1 点钞的基础知识

点钞技能是会计、金融行业出纳岗位必不可缺的技能，在出纳的操作过程中起到了越来越重要的作用，会计、金融专业是一门技术要求很高的专业，这就要求其从业人员必须具有过硬的动手能力，手工点钞技能既是现代会计、金融从业的传统技能，也是最基础的、最重要的技能之一。

活动1 认识点钞技能

点钞就是清点、整理钞票的技术。它是财经类专业学生必须掌握的一项专业技术，也是从事财会、金融、商品经营等工作必须具备的基本技能。

在银行柜员和出纳岗位实际工作中，点钞技能分为手工点钞和机器点钞两种，平时我们所说的点钞一般是指手工点钞。银行柜员、出纳员最主要的工作就是现金的收付和整点，因此，点钞速度的快慢、技术水平的高低，直接影响工作的效率和质量。点钞的质量和效率是考核银行柜员和出纳员业务素质的重要指标，掌握点钞技能是做好银行柜员工作和出纳员工作的基础。

【小贴士】 人民币的发行历史

第一套人民币于1948年12月1日—1953年12月陆续发行。共12种面额62种版别，其中1元券2种、5元券4种、10元券4种、20元券7种、50元券7种、100元券10种、200元券5种、500元券6种、1 000元券6种、5 000元券5种、10 000元券4种、50 000元券2种（1949年发行的正面万寿山图景100元券和正面列车图景50元券各有两种版别）。1948年，随着人民解放战争的顺利进行，分散的各解放区迅速连成一片，为适应形势的发展，急需一种统一的货币替代原来种类庞杂、折算不便的各解放区货币。为此，1948年12月1日，在河北省石家庄市成立中国人民银行，同日开始发行统一的人民币。

第二套人民币于1955年3月1日—1962年4月20日陆续发行。1955年2月21日国务院发布命令，决定由中国人民银行自1955年3月1日起发行第二套人民币，收回第一套人民币。1955年3月1日发行的第二套人民币共10种，1分、2分、5分、1角、2角、5角、1元、2元、3元和5元，1957年12月1日又发行10元1种。同时，为便于流通，国务院发布命令，自1957年12月1日起发行1分、2分、5分三种硬币，与纸分币等值流通。后来，对1元纸币和5元纸币的图案、花纹又分别进行了调整和更换颜色，于1961年3月25日和1962年4月20日分别发行了黑色1元券和棕色5元券，使第二套人民币的版别由开始公布的10种增加到16种。

第三套人民币于1962年4月20日—1980年4月5日陆续发行。经国务院批准，中国人民银行于1962年4月20日开始发行第三套人民币。第三套人民币在第二套人民币的基础上对版别进行了全面调整、更换，取消了第二套人民币中的3元纸币，增加了1角、2角、5角和1元四种金属币。第三套人民币自1962年4月20日发行枣红色1角纸币开始到1980年4月5日发行1角、2角、5角、1元硬币止，经过了18年的逐步调整、更换，共陆续收回第二套人民币（除6种纸、硬分币外）10种，陆续发行第三套人民币13种，其中，10元纸币、5元纸币、2元纸币、1元纸币、5角纸币、2角纸币各1种；1角纸币3种；1元硬币、5角硬币、2角硬币、1角硬币各1种。第三套人民币券别结构合理，纸、硬币品种丰富，设计思想鲜明，印制工艺也比较先进。发行第三套人民币，增强了人民币的反假能力，为健全中国货币制度，促进经济发展发挥了重要作用。

第四套人民币于1987年4月27日—1997年4月1日陆续发行。为了适应经济发展的需要，进一步健全中国的货币制度，方便流通使用和交易核算，1987年4月25日，国务院颁布了发行第四套人民币的命令，责成中国人民银行自1987年4月27日起，陆续发行第四套人民币。第四套人民币主币有1元、2元、5元、10元、50元和100元6种，辅币有1角、2角和5角3种，主辅币共9种。第四套人民币采取“一次公布，分次发行”的办法。1987年4月27日首先发行50元券和5角券，1988年5月10日发行了100

元、2元、1元和2角纸币，1988年9月22日，发行了10元、5元、1角纸币。为提高人民币的防伪能力，1992年8月20日，在全国发行了1990年版50元、100元纸币。根据1992年5月8日第97号国务院令，中国人民银行自1992年6月1日起发行了第四套人民币1元、5角、1角硬币。使第四套人民币结构更加完善。为便于市场流通，1995年3月1日和1997年4月1日，在全国发行了1990年版和1996年版1元纸币。1996年4月10日，在全国发行了1990年版2元纸币。1997年4月1日起停止发行。

第五套人民币于1999年10月1日开始发行。1999年10月1日，在中华人民共和国成立50周年之际，根据中华人民共和国国务院第268号令，中国人民银行陆续发行第五套人民币。第五套人民币共8种面额：100元、50元、20元、10元、5元、1元、5角、1角。第五套人民币根据市场流通中低面额主币实际大量承担找零角色的状况，增加了20元面额，取消了2元面额，使面额结构更加合理。第五套人民币采取“一次公布，分次发行”的方式。1999年10月1日，首先发行了100元纸币；2000年10月16日发行了20元纸币、1元和1角硬币；2001年9月1日，发行了50元、10元纸币；2002年11月18日，发行了5元纸币、5角硬币；2004年7月30日，发行了1元纸币。2005年8月31日对1999年版进行第一次升级，发行了第五套人民币2005年版100元、50元、20元、10元、5元纸币和不锈钢材质1角硬币。2015年，中国人民银行公告〔2015〕第23号，中国人民银行定于2015年11月12日起发行2015年版第五套人民币100元纸币，对2005年版100元纸币进行升级。2019年8月30日，中国人民银行发行2019年版第五套人民币50元、20元、10元、1元纸币和1元、5角、1角硬币。2020年11月5日起发行2020年版第五套人民币5元纸币。至此完成了对2005年版各面值券别的全面升级。

活动2　现金收付整点的基本程序

点钞是从持钞开始到扎把为止的一个连续、完整的过程，具体包括持钞、点数、整理、扎把、盖章等环节。点钞是出纳人员必须掌握的一项技能，出纳人员要想加快点钞速度、提高点钞水平，就必须把各个环节的工作做好。

【小贴士】

现金收付整点的操作程序只介绍手工点钞的基本操作流程，机器点钞操作流程在本项目任务4中将进行详细介绍。

现金收付整点的操作流程主要包括五道工序，如图1-1所示：

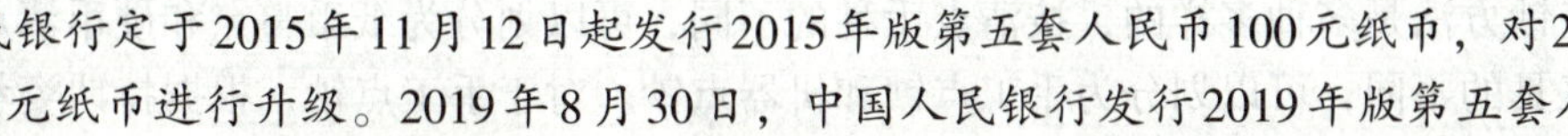

图1-1　点钞基本操作流程

1.持钞

一般左手持钞，持钞的姿势因点钞的方法不同而有所不同。

2.点数

点数时，要求手中点钞，眼睛紧盯捻动的钞票，脑中记数。手、眼、脑三位一体，协调配合，点准100张钞票。点数时的指法因点钞的方法不同而不同。

3. 整理

将已清点无误的钞票整理整齐，将折叠的钞票抚平，将钞票上、下、左、右蹾齐。

4. 扎把

清点后将每100张扎把、捆好。

5. 盖章

将捆好的钞票加盖带有行名的经手人名章。可以逐把盖章，也可集中盖章，或分次盖章；盖章要先轻后重，字迹清晰。

【小贴士】

现金整理的具体要求是：
平铺整齐，边角无折。同券一起，不能混淆。
券面同向，不能颠倒。验查真伪，去伪存真。
剔除残币，完残分放。百张一把，十把一捆。
扎把捆捆，经办盖章。清点结账，复核入库。

活动3 点钞方法的分类

点钞方法是多种多样的，按清点币种的不同，可以划分为纸币整点和硬币清点；按清点工具的不同，可以划分为手工点钞和机器点钞。对于手工点钞，根据持票姿势的不同，又可划分为手持式点钞方法和手按式点钞方法。手持式点钞方法，根据指法的不同又可分为单指单张、单指多张、多指多张等几种。手按式点钞方法，根据指法的不同又可分为单指单张、多指多张两种，具体分类如图1-2所示。

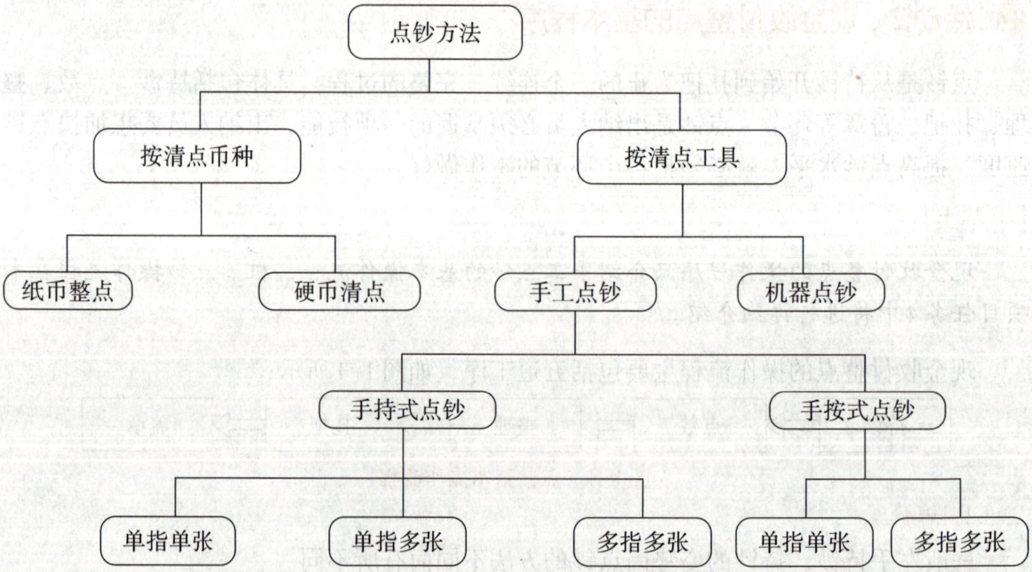

图1-2 点钞方法分类

【小贴士】

手工清点硬币的方法，也是一种手工点钞法。在没有工具之前，硬币全部用手工清点，这是清点硬币的一种基本方法，它不受客观条件的限制，只要熟练掌握，在工作中与用工具清点的速度相差不大。

活动4　点钞的基本要领

点钞不但要求又快又准，还要反假防假，挑剔残钞，严防差错，不出问题。为了更好地完成点钞工作，应做到以下几点：

1.坐姿要端正

点钞的坐姿会直接影响点钞技术的发挥和提高。正确的坐姿应该做到以下几点：

（1）直腰挺胸，两脚平踏地面，身体自然，肌肉放松（如图1-3所示）。

图1-3　点钞坐姿图

（2）双肘自然地放在桌上，持票的左手腕部接触桌面，右手腕部稍抬起，整点过程轻松持久，活动自如。

2.钞券要蹾齐

清点完钞票后，应将钞票蹾齐（四条边水平，不露头，卷角拉平）后才能扎把。

【小贴士】

钞票不齐不易点准。对折角、弯折、揉搓过的钞票要先将其弄直、抹平，明显破裂、质软的钞票要先挑出来。

3.开扇要均匀

手工点钞时，不论采取哪一种点钞方法，都需要把钞票开成一个扇面或微扇形，使钞票有一个坡度，以便于清点。扇面均匀，是指打开扇面后，扇面上每张钞票的间隔距离均匀。扇面开得是否均匀，决定了钞票清点的准确度。

4.手指接触面要小

手工点钞时，捻钞的手指与钞票的接触面要小，这样能使钞票捻出后迅速弹出。如果手指与钞票的接触面太大，一是造成手指往返动作幅度随之增大，导致手指捻钞的频率下降；二是钞票不易弹出，往往会被手指挡住，影响手指动作的频率和下张速度。

5.动作要连贯

点钞时动作要连贯，这是提高点钞效率和质量的必要条件。动作连贯有两层意思：

一是指点钞过程中的持钞、点数、整理、扎把、盖章等每个环节须衔接紧密、动作协调、环环紧扣；二是指清点时动作要连贯，这就要求点钞时，双手动作协调，清点速度均匀，切忌忽快忽慢。

6.点数要准确

点钞的关键字是“准”，这是点钞最基本的要求。点数不准不仅影响日常工作的质量，而且会产生差错，造成损失，所以点数时，精神要集中。平时训练要坚持定型操作，坚持复核。双手点钞时，眼睛看钞，脑子记数，手、眼、脑紧密配合。

7.扎把要牢固

点好的钞票应捆扎牢固，以不散把、抽不出票为准。扎小把要以第一张钞票轻轻向上方提拉，以抽不出票为标准（如图1–4所示）。扎大捆（10把）要以“#”字型捆扎，做到用力推不变形，抽不出票为标准。

8.盖章要清晰

在捆钱条（扎条、腰条）上盖上名章是点钞的最后一个环节，是分清责任的重要标志，因此，名章一定要盖得清晰可见，不能模糊。(如图1–5所示）

图1–4 扎把标准图

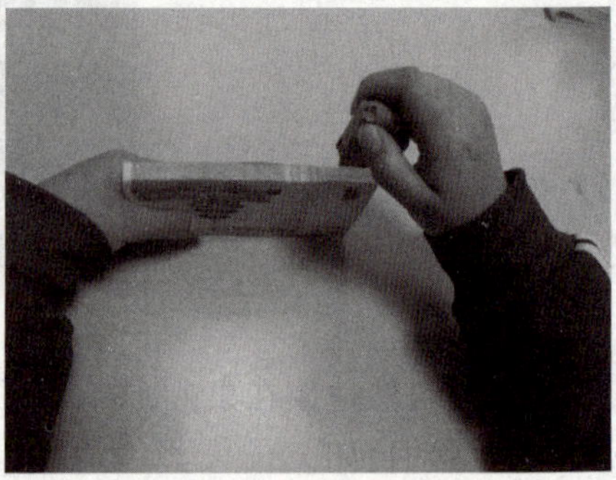

图1–5 加盖名章示意图

实训1 坐姿与用品定位训练

实训目的：

掌握手工点钞的坐姿与用品定位的操作，并养成快速操作的好习惯。

实训准备：

钞票、扎条、海绵缸或点钞蜡、名章。

实训时间：

10分钟。

实训要求：

每小组抽出一名检查人员，组成检查小组，对每位同学的坐姿和用品摆放进行打分评价。

练习一：坐姿训练

（1）每位学生按标准坐姿要求坐好，由每个小组的检查人员进行检查，有问题须指出并要求改进。

（2）分小组进行坐姿练习，由学生互相检查坐姿是否标准。

练习二：用品摆放训练

将点钞所需用品摆放在桌面上，让学生按要求快速摆放。

练习三：坐姿与用品定位综合训练

1.老师发令“开始”，学生进行操作，要求学生在5秒内完成全部用品的定位。

2.同座之间进行用品定位操作PK，一看谁先完成，二看谁完成的质量好。

3.进行全班比赛，速度最快的十名同学予以表扬，最慢的十名同学需要强化练习。

【小贴士】

训练用品定位除要求学生做到摆放位置合理舒适外，还应训练学生操作的速度，因为一个教学班人数较多，快速准确地用品定位，有利于训练时间的保证。

任务2　手工点钞的基本方法

手持式单指单张捻弹式点钞法与手持式四指四张点钞法是日常工作和比赛中常用到的两种点钞方法，本任务将通过讲授和训练，使学生熟练掌握这两种点钞方法的起把、点数，并进行点钞和扎把连贯性的训练，迅速提高学生点钞的速度。

活动1　手持式单指单张捻弹式点钞法

手持式单指单张捻弹式点钞法是最基本、最常用的点钞方法，是指用一根手指一次点一张的方法。它的适用范围比较广，可用于收款、付款的初点、复点和整点各种新旧、大小面额钞票。使用这种点钞方法由于持票面小，能看到票面的3/4，又由于是逐张捻动钞票，容易发现假钞票及残破票；其缺点是点一张记一个数，比较费力。具体操作方法如下：

1.持钞

钞票横立于桌面，左手手心向上，用中指和无名指夹紧钞票左端，拇指按住钞票内侧将钞票沿着上端向外滑推，推出一个微开的扇面形状，食指托住钞票背面，使钞票直立，与桌面基本垂直（如图1-6所示），同时右手拇指、食指作点钞准备。

图1-6　持票

2.清点

左手持钞并打开扇面后，右手食指托住钞票背面右上角，用拇指尖逐张向下捻动钞票右上角（如图1-7所示），拇指每捻下一张，无名指弹拨一张，捻动幅度要小。要轻捻快弹，食指在钞票背面的右端配合拇指捻动，左手拇指按捏钞票不要过紧，要配合右手起自然助推的作用。

图1-7　清点

【小贴士】

每天坚持计时点数30分钟，注意先准确再提速，争取达到每把在20秒以内完成。

3.记数

记数与清点同时进行，可采用单数分组记数法和双数记数法记数。

（1）单数分组记数法把10作1记，有两种方法：

①末尾数变动法：

1、2、3、4、5、6、7、8、9、1（即10），

1、2、3、4、5、6、7、8、9、2（即20），

……

1、2、3、4、5、6、7、8、9、10（即100）

②首位数变动法：

1、2、3、4、5、6、7、8、9、10，

1（即11）、2、3、4、5、6、7、8、9、10，

2（即21）、2、3、4、5、6、7、8、9、10，

……

9（即91）、2、3、4、5、6、7、8、9、10。

（2）双数记数法：

01、02、03、04、05、06……45、46、47、48、49、50

清点两张钞票记一个数，十位数和个位数各代表一张。

单数分组记数法的优点是既简单又快捷，省力又好记。但记数时应默记，不要念出声，做到脑、眼、手密切配合，既准又快。双数记数法适合于清点散钞。

【小贴士】

采用此种方式点钞时，右手拇指捻钞的幅度要小，最好使用拇指指尖偏右的地方进行捻钞，右手无名指要轻点轻弹。记数时精力要高度集中，千万不要分神，心随手动。

课堂练习

练习一　持钞练习。

准备20本点钞券（整把），老师计时1分钟，学生进行持钞环节训练。要求学生左手起把后右手点数四张后即交给右手进行放钞，左手同时进行下一本点钞券的持钞动作。要求待点的钞券站立着放在桌面的左侧（左手边），点好的钞券整齐放在桌面的右侧（右手边），动作连贯。

练习二　定量练习。

准备10本点钞券（整把），依次进行持钞、点数训练，看谁速度快。

练习三　定时练习。

老师计时5分钟，学生进行持钞、点数（整把）的训练。

每一次练习完成后，如果学生掌握的情况不太好，可以反复多次练习，并记录下每一位同学的成绩，以便老师安排下一项目的实训。

活动2　钞券捆扎

钞票（券）的捆扎是点钞过程中一个重要的环节，捆扎钞票以100张为一把，经清点无误后用扎条在钞票1/3处捆扎牢固；不足百张的则用扎条进行捆扎后，将钞票的张数、金额写在扎条的正面。钞票捆扎的速度是提高点钞整体水平的重要因素。钞票捆扎完毕，还应在扎条的侧面加盖点钞人员的名章，以明确责任。

钞票的捆扎方法有手工捆扎和机器捆扎两种。

一、缠绕捆扎法

工作与比赛中常采用缠绕捆扎法进行钞票的捆扎，其特点是捆扎后的钞票非常牢固。此方法按缠绕方向不同可分为向上缠绕和向下缠绕两种方法。

1.向上缠绕捆扎法

（1）将清点准确的100张钞票蹾齐。

（2）左手横握蹾齐的钞券的左侧，左手拇指在内，其余四指在外握住钞券左端，五指配合将钞券握成一个弧形。

（3）左手握紧钞券，右手拇指、食指捏住扎条一端，将扎条一端从钞券下侧贴在钞券背面，用左手食指将扎条压住（如图1-8所示）。

（4）右手拇指和食指夹住扎条，由下向上顺时针方向缠绕扎条两圈至钞券下端（如图1-9所示）。

（5）右手腕向右侧翻转，将扎条折成45度角（如图1-10所示），用右手大拇指将其塞入扎条圈内，并用左手大拇指配合将扎条拉紧（如图1-11所示），右手大拇指将下端折角压平，以防扎条松脱。

图1-8 向上缠绕捆扎法（1）

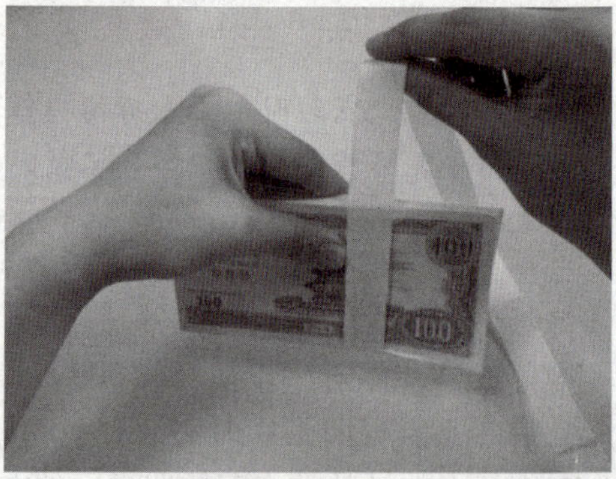

图1-9 向上缠绕捆扎法（2）

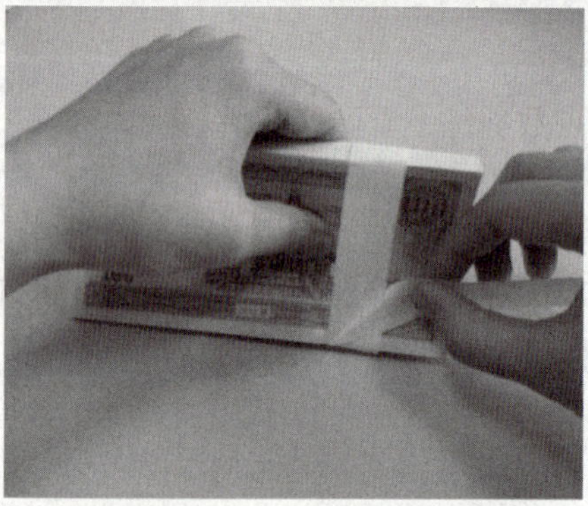

图1-10 向上缠绕捆扎法（3）

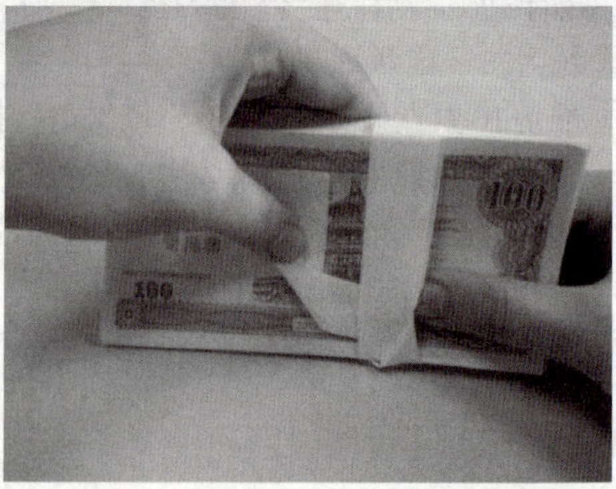

图1-11 向上缠绕捆扎法（4）

2. 向下缠绕捆扎法。

（1）将清点准确的100张钞票蹾齐。

（2）左手抓住钞票的左上端，拇指按在钞票前，中指、无名指和小指在钞票后，食指伸直放在钞票的上侧。

（3）右手拇指和食指握着扎条头将其夹在钞票右边三分之一处（或直接将扎条一端以左手食指按在钞票背面，如图1-12所示），由内向外开始绕钞票两圈。

图1-12 向下缠绕捆扎法（1）

（4）绕到钞票上端时，右手拇指将扎条向右折叠90度，用拇指或食指将扎条头塞入扎条与钞票的空隙间（如图1-13所示），同时用拇指将折角压平，以防松脱（如图1-14所示）。

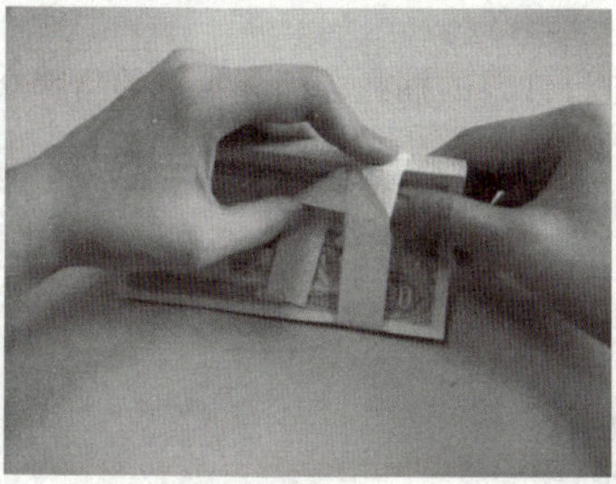

图1-13　向下缠绕捆扎法（2）

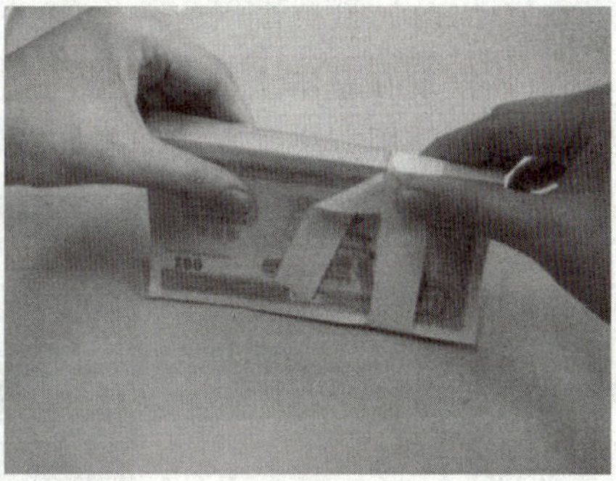

图1-14　向下缠绕捆扎法（3）

（5）整理钞票。

【小贴士】

缠绕时应以肘部为轴绕圈，且左右手臂应同时从相反方向进行缠绕，注意平均用力，保护手指，以防被扎条划伤。最后一个动作扎条塞入时，右手拇指应快进快出，提高速度。

二、拧结捆扎法

考核、比赛常采用拧结捆扎法进行钞票的捆扎，其特点是操作简单，捆扎速度快，但捆扎得不够牢固。其具体操作方法介绍如下：

（1）将清点准确的100张钞票蹾齐。

（2）左手抓住钞票的左上端，拇指按在钞票前，食指、中指、无名指和小指在钞票后。

（3）右手拇指和食指握着扎条头将其送至钞票背面左手食指处，用左手食指压住扎条三分之一处，右手拇指与中指捏住扎条较长的一端，从钞票的正面往下向外绕半圈，在钞票背面用右手食指钩住扎条短的一头，将扎条两端合拢捏紧。

（4）左手稍用力握住钞票的正面，将钞票捏成瓦状（此瓦状的幅度影响扎钞的松紧），左手腕向外转，右手捏住扎条向里转，然后在双手还原的同时将右手中的腰条拧成花结（如图1-15所示）。

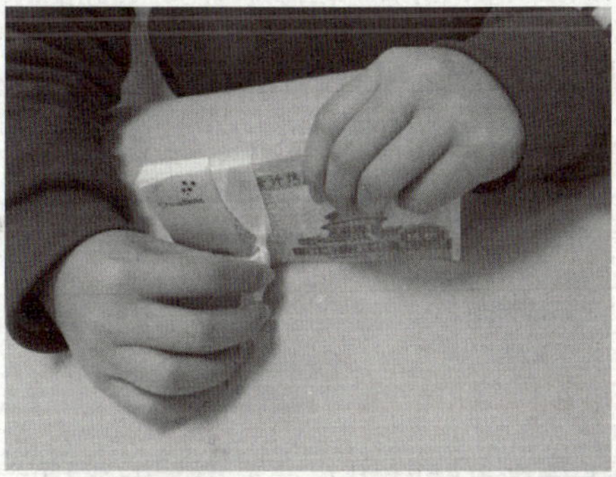

图1-15　拧结捆扎法

（5）同时用右手食指按压花结外侧，顺势将扎条花结塞进扎条与钞票的空隙间，再把钞票抚平。

三、机器捆扎钞票的方法

银行临柜现在基本上都使用自动扎把机来进行钞票的捆扎，而扎把机的品牌众多，但基本功能与使用方法基本相似（如图1-16所示）。

图1-16 自动扎把机

1.将机器捆扎专用纸条盘（如图1-17所示）装入机器。

图1-17 机器捆扎专用纸条盘

2.开机进行预热。

3.将清点完毕的100张钞票放入扎钞口，机器自动捆扎，完毕后将捆扎好的钞票取出即可。

【小贴士】

银行在实际工作中，除了将每100张钞票清点完毕后捆成一把外，还需将钞票按一定的方向排列，成双十字每十把钞票捆扎成一捆，并在每捆两端加入垫衬纸，用于粘贴封签。封签上加盖日期戳以及点钞员和捆钞员的名章，以明确职责，便于查找差错。

课堂练习

练习一：练习捆扎，准备一把点钞券和若干扎条，先拆掉原扎条，再采用缠绕捆扎法捆上扎条，反复练习20次。

练习二：练习绕圈，将扎条一端夹在（或贴在）钞票右侧三分之一处，右手开始绕两圈，松手，再进行绕圈，如此反复，老师计时1分钟，看能绕多少次。

练习三：计时1分钟，学生按顺序进行扎把，扎完第一把后交给右手进行放把，左手同时去拿下一把点钞券，以此循环。

活动3 手持式四指四张点钞法

手持式四指四张点钞法是指点钞时用右手小指、无名指、中指、食指四个手指依次捻动四张钞票的方法，这种点钞方法的优点是速度快、点数准，省力、省脑，是钞票复点中常用的一种方法。具体操作要点如下：

1.持钞

钞票横立于桌面，左手持钞。持钞时，手心朝胸前，手指向下，中指在钞票内侧中部，食指、无名指、小指在钞票外侧，将钞票夹紧；以中指为轴心，五指自然弯曲，中指第二关节顶住钞票，向外用力，小指、无名指、食指、拇指同时向手心方向用力（如图1-18所示），将钞票压成"U"形，"U"形口朝里；这里要注意食指要从右上侧将钞票往里下方轻压，打开微扇；手腕向里转动90度，持钞于胸前，拇指按在钞票右侧扇面的右上角处，左手手腕平放，"U"形口朝左侧（如图1-19所示）。

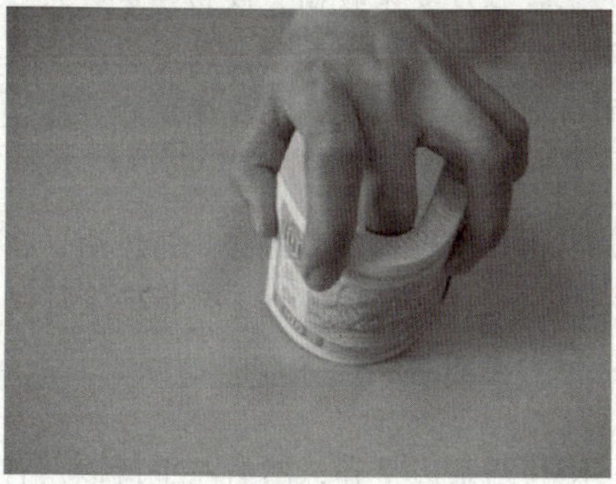

图1-18　持钞（1）

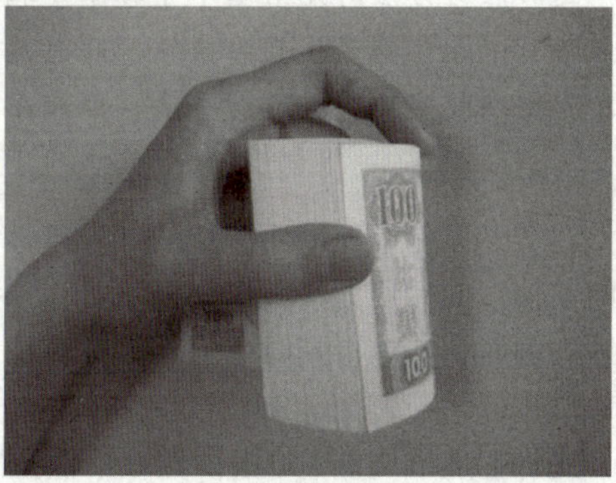

图1-19　持钞（2）

2.清点

右手腕抬起，拇指贴在钞票的右里角，其余四指同时弯曲并拢，指尖成斜直线，点数时，从小指开始每指捻动一张钞票，依次下滑四个手指，每一次下滑动作捻下四张钞票（如图1-20所示），循环操作，同时左手拇指、食指配合右手动作向右侧轻推，保证清点时下钞顺畅，直至点完100张。

图1-20　清点

清点时应注意以下要点：

（1）捻钞票时动作要连续，下张时一次一次连续不断，当食指捻下本次最后一张时，小指要紧紧跟上，每次之间不要间歇。

（2）捻钞的幅度要小，手指离票面不要过远，四个指头要一起动作，加快往返速度。

（3）四个指头与票面接触面要小，应用指尖接触票面进行捻动。

（4）右手拇指随着钞票的不断下捻向前移动，托住钞票，但不能离开钞票。右手捻钞的同时左手要配合动作，每当右手捻下一次钞票，左手拇指就要推动一次，二指同时松开，使捻出的钞票自然下落，再按住未点的钞，往复动作，使下钞顺畅自如。

3.记数

采用分组记数法，每次点数四张为一组，记满25组为100张。

【小贴士】

这种点钞方法对左右两个手各个手指之间的配合程度要求较高，故初学这种点钞方式点钞时，学生易产生畏难情绪，此时应多鼓励，让学生加大训练量，且不要急于提高速度，要在扎实地掌握点钞手法、准确率稳定的情况下，逐渐提高清点速度。

4.拆把

在实际工作中如果要清点的钞券已捆扎好，需将扎条拆掉。其方法是持钞后，将食指向前伸，向后用力将扎条勾断（如图1–21所示）。或者将食指伸直，拇指向上移动按住钞券侧面，与中指同时用力将钞券压成瓦形，右手上前脱去扎条。

5.扎把

先将整点准确的100张钞券在桌面上蹾齐，使其四条边整齐，然后左手持钞，右手取扎条将钞券捆扎牢固。扎把方法可依据自己的习惯，采用拧结捆扎法或缠绕捆扎法（具体捆扎方法见活动2）。

6.盖章

钞券扎把后，在钞券侧面的纸条上盖上点钞人员的名章，表示对此把钞券的质量和数量负责。盖章时要求用力均匀，印章清晰可辨，不能模糊不清（如图1–22所示）。

图1–21 拆把

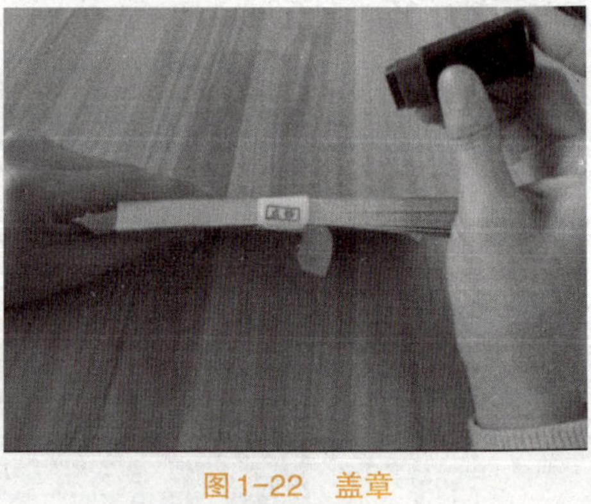

图1–22 盖章

课堂练习

练习一 持钞练习。

准备30本点钞券（整把），老师计时1分钟，学生进行持钞环节训练。要求学生左手持钞，右手点完四张（一手）后迅速交给右手进行放把，左手同时进行下一本点钞券的持钞动作。

练习二 定量练习。

准备20本点钞券（整把），依次进行持钞、点数训练，看谁速度快。

练习三　定时练习。建议初学者先进行整把练习，动作掌握熟练后再进行散把练习。

1. 老师计时5分钟，学生进行起把、点数、扎把（整把）的训练。

2. 老师计时5分钟，学生进行起把、点数、扎把（散把）的训练。

每一次练习完成后，如果学生掌握的情况不太好，可以反复多次练习，并记录下每一位同学的成绩，以便老师安排下一项目的实训。

实训2　手工点钞技能的连贯性训练

手工点钞技能包括持钞、点数、整理、扎把和盖章的全过程，不仅仅是大家常规认为的清点出钞票张数，因此训练学生在点钞过程中各步骤间的衔接，使其自然、流畅、迅速，环环紧扣，是至关重要的一项训练，也是提高点钞水平的必要训练。

实训目的：

训练学生点钞时动作之间的连贯性，须衔接紧密、环环紧扣。

实训内容：

1. 持钞、放钞练习。

2. 持钞、扎把、放钞练习。

3. 全流程练习。

实训时间：

4课时。

实训准备：

钞票、扎条、海绵缸、印章、挡板、笔。

实训要求：

1. 严格按照点钞的规范流程进行操作。

2. 一个动作完成后迅速进行下一个动作，不得停顿。

3. 坐姿端止，指法规范。

4. 持钞时要快，要求左手单手完成起把动作，开扇均匀且扇面大小合适。

5. 右手放钞时，左手应同时起下一把钞票。

6. 整把拆把时一次拆开，动作要干净利索。

7. 散把练习时抓钞宁多勿少，多出的零钞丢在适当的位置，丢钞时动作干净利落，不要拖泥带水。

8. 清点过程中点数和计数要配合好，清点准确每一把钞券。

9. 扎把时要一次把扎条拿起，并左右手配合，迅速地进行捆扎。

10. 盖章的动作要快，印章要清晰。

实训任务：

练习一：准备20本点钞券（整把），按持钞、点数（4张）、扎把、放把的操作流程进行训练，老师计时1分钟。

练习二：准备3 000张点钞券（散把），按持钞、点数（4张）、扎把、放把的操作流程进行训练，老师计时1分钟。

练习三：单指设错训练，小组内成员交换在钞券中设错，设错时要求每把错张数控制在正负4张以内，错把率控制在50%以内（下同），计时5分钟，清点完后交换检查并记录成绩。

练习四：单指散把训练，准备3 000张点钞券，按持钞、点数、扎把、放把、盖章的操作流程进行操作，计时5分钟。

练习五：多指设错训练，小组内成员交换在钞券中设错，计时5分钟，清点完后交换检查并记录成绩。

练习六：多指散把训练，准备3 000张点钞券，按持钞、点数、丢钞、扎把、放把、盖章的操作流程进行操作，计时5分钟。

【小贴士】

指导学生正确选用练习方式，动作技能的练习方式有很多种，有局部练习、整体练习、集中练习、分配练习、心理练习等，正确选用练习方式，可以避免盲目地尝试，提高练习的效果。在点钞练习的过程中，关键是通过练习指导教给学生练习的策略，让学生不仅提高点钞速度与质量，而且获得策略知识，学会学习。

实训考核（见表1-1）：

表1-1 实训考核

标准	优	良	合格
单指单张（整把）	10本/5分钟	9本/5分钟	8本/5分钟
单指单张（散把）	9本/5分钟	8本/5分钟	7本/5分钟
多指多张（整把）	16本/5分钟	14本/5分钟	12本/5分钟
多指多张（散把）	15本/5分钟	13本/5分钟	11本/5分钟

【小贴士】

手工点钞的过程是一个分秒必争的过程，哪怕是0.01秒的时间也不应浪费，学生点钞动作的连贯性训练，主要是训练学生“左手划圆，同时右手划方”的能力，能左右手同时完成的动作一定不要分一先一后完成，挤出的时间可以清点更多的钞票。

任务3　手工点钞的其他方法

点钞的方法随着工作岗位的需求转变以及各种比赛规则的变化，再加上地域性的差别，除了手持式单指单张捻弹式点钞法、手持式四指四张点钞法这两种基本的点钞方法外，在此基础上又演变而出手持式食指削式点钞法、扇面点钞法、手按式点钞法和手持式单指多张捻弹式点钞法等，这些点钞方法也经常应用在实际工作和各种比赛中，掌握这些点钞方法的操作技巧，可以提高学生点钞的速度和水平。

活动1　手持式食指削式点钞法

手持式食指削式点钞法是近年来全国会计技能大赛中常采用的一种单指单张点钞法，清点时用右手食指像削面条一样一次点一张，此种点钞法速度较快，适合于比赛使用。

具体操作方法如下：

1.持钞

钞票横立于桌面，左手持钞。持钞时，手心朝胸前，手指向下，中指在钞票内侧中部，食指、无名指、小指在钞票外侧，将钞票夹紧；以中指为轴心，五指自然弯曲，中指第二关节顶住钞票，向外用力，小指、无名指、食指、拇指同时向手心方向用力（如图1-23所示），将钞票压成"U"形，"U"形口朝里；这里要注意食指要从右上侧将钞票往里下方轻压，打开微扇；手腕向里转动90度，持钞于胸前，拇指按在钞票右侧扇面的右上角处，左手手腕平放，"U"形口朝左侧（如图1-24所示）。

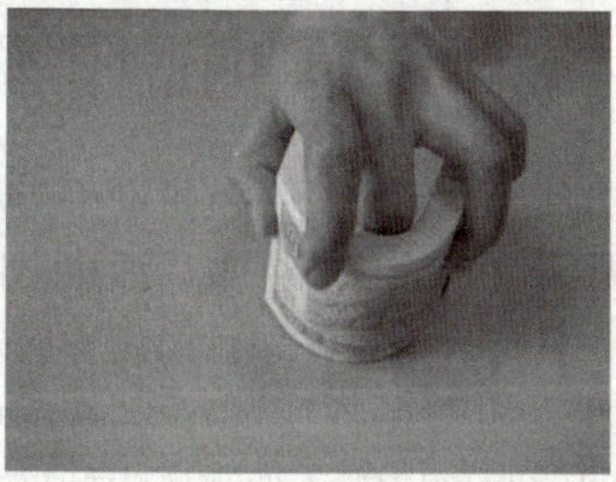

图1-23　持钞（1）

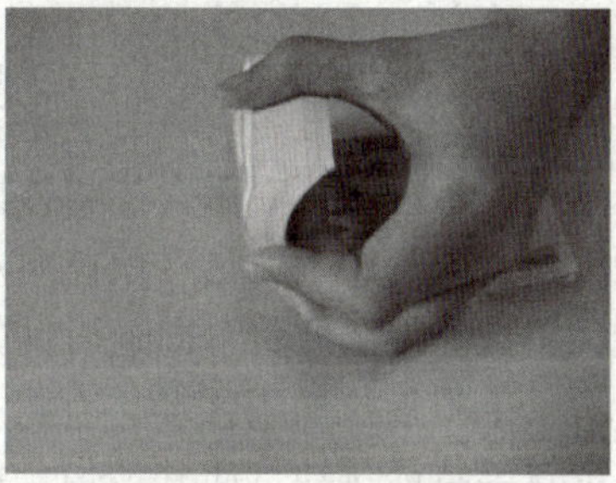

图1-24　持钞（2）

2.清点

右手腕抬起，拇指贴在钞票的右里角，食指（或中指）伸直，将食指（或中指）指尖前部左侧放在钞券上角或下角均可，将钞券向下削下，削点时幅度要小，动作要快（如图1 25所示）。左手拇指随着点钞的进度逐步向后移动，以便加快钞券下落的速度。

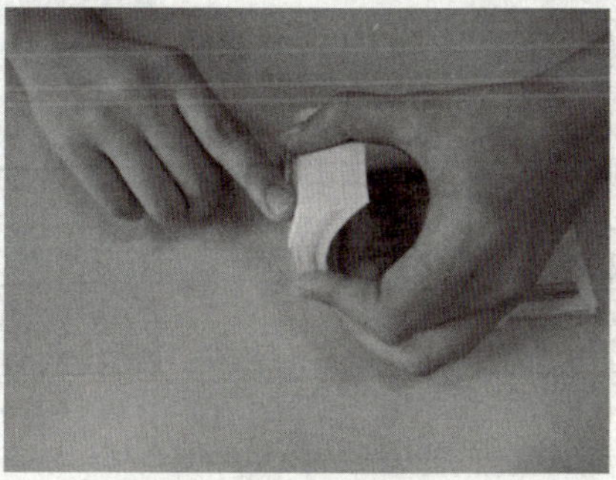

图1-25　清点

3.记数

记数方法与弹拨式单指单张点钞法相同。

【小贴士】

此种点钞方法是从四指四张点钞法演变而来的，因右手食指清点动作与刀削面近似，故称之为削式点钞法。起把方式与四指四张点钞法相似，区别在于左手拇指与食指压住的扇面需更小，捏得更紧，且清点的扇面需尽量垂直于桌面。

活动2 扇面点钞法

扇面点钞法是把钞票捻成扇面状进行清点的技术方法，常用的是一次清点五张和一次清点十张，这种点钞方法速度快，是手工点钞中效率最高的一种。但它只适合清点新票币，不适于清点新、旧、破混合的钞票。

1. 持钞

左手持钞，钞票竖拿，左手拇指在票前下部中间票面约1/4处。左手食指、中指在票后同拇指一起捏住钞票，无名指和小指向手心自然弯曲。右手拇指在钞票正面中间，其余四指伸向钞票背面横托钞票，用虎口从右侧卡住钞票，做开扇准备（如图1-26所示）。

2. 开扇

开扇是扇面点钞的一个重要环节，也是难度较大的一个环节，扇面要开得均匀，为点数打好基础，做好准备。其方法是：

以左手拇指为轴，右手食指将钞票向胸前左下方压，然后右手手腕带动手指从左向右甩动钞票，同时右手拇指在票前向左上方推动钞票，食指、中指在票后面用力向右捻动，左手拇指在钞票原位置向逆时针方向画弧捻动，食指、中指在票后面用力向左上方捻动，右手手指逐步向下移动，直至打开如扇开形状（如图1-27所示），如有不均匀的地方，可双手持钞抖动，使其均匀。每两张钞票之间的距离以能清晰辨认为标准。

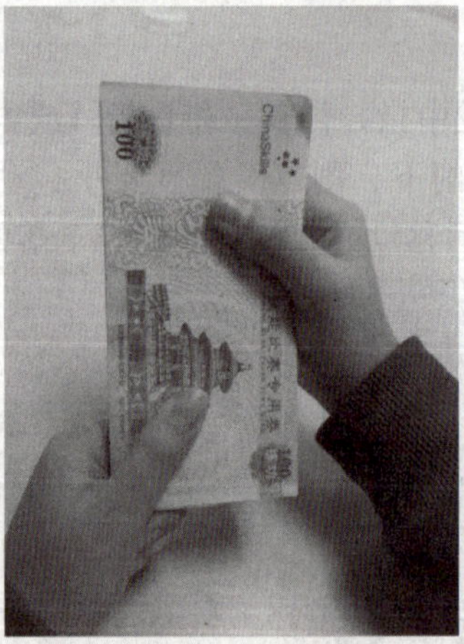

图1-26 持钞

图1-27 开扇

【小贴士】

开扇时，左右两手一定要配合协调，不要将钞票捏得过紧，如果点钞时采取一按十张的方法，扇面要开小些，便于清点。

3. 清点

左手持钞，平持扇面，右手中指、无名指、小指托住钞票背面，拇指在钞票右上角

1cm处，眼睛与扇面保持一定距离，从扇面右上角开始向左看，确认一组五张或十张后，右手拇指快速向下按压，同时食指跟上将这组钞票压住，拇指继续向前按第二次，以此类推，同时左手应随右手点数速度向内转动扇面，以迎合右手的按动（如图1-28所示），直到点完100张为止。

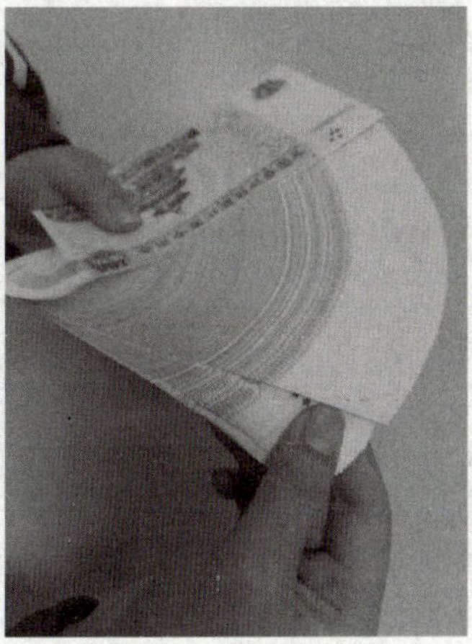

图1-28　清点

4.记数

采用分组记数法。如一次按5张为一组，记满20组为100张；如一次按10张为一组，记满10组为100张。

5.合扇

钞票清点完毕合扇时，右手拇指放在钞票右侧正面中间，其余四指托住钞票背面，双手同时快速向中间推钞合把，钞票竖立在桌面上，然后两手松拢轻墩，把钞票墩齐，准备扎把。

活动3　手按式点钞法

手按式点钞法是将点钞券按压在桌面上进行清点计数的点钞方法，常用的方法有手按式食指点钞法、手按式拇指点钞法、手按式多指多张点钞法，其中手按式拇指点钞法因清点钞票速度较快，在比赛中经常使用。

一、手按式食指点钞法

采用手按式食指点钞法清点时，可以看到的钞票面积较大，便于鉴别变造币和伪造币及挑剔残损钞票。该方法适用于整点新旧、大小钞票，特别适用于残破币较多以及不足100张的钞票，也是初学者经常会采用的方法之一。这种点钞方法劳动强度相对手持式单指单张而言有些偏大，速度比手持式单指单张要慢，但准确度要高些。

1.按钞

将拆把后准备清点的钞票横放在桌面上，距离胸前20cm，左手的食指、中指、无名指及小拇指并拢按住钞票左侧中间处，右手的拇指托起右侧部分钞票，准备点数（如图1-29所示）。

2. 清点

用右手的拇指托起部分钞票后，用右手的食指捻动一张钞票，使最上面的一张与小叠钞票分离，用左手拇指按住这张已分离的钞票，同时记数（如图1-30所示）。依此动作连续操作，直到清点完所有钞票。如果清点的钞票张数过多，点数中双手把持不住而影响继续点钞时，可以将已清点过的钞票翻扣在未点的钞票前面，再按上述要领继续清点未点的钞票。

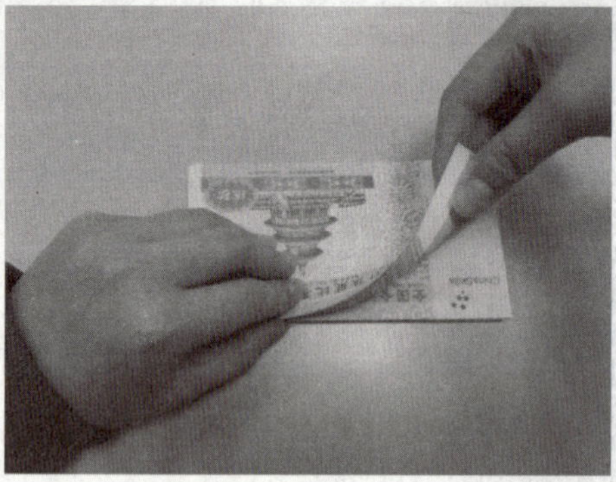

图1-29 按钞（1）

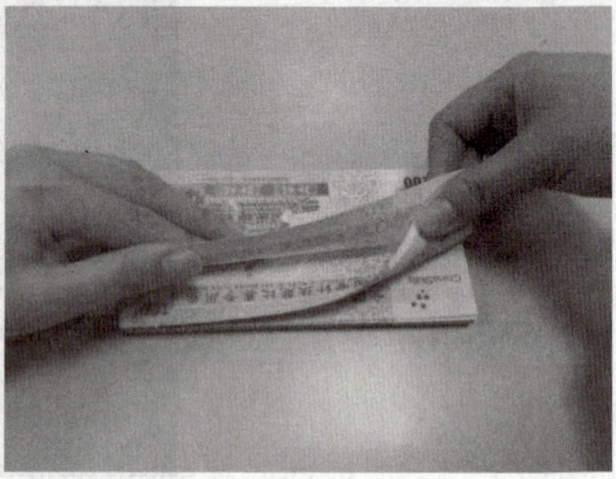

图1-30 清点

3. 记数

记数方法同手持式单指单张点钞的记数方法，要注意不要漏记数。

二、手按式拇指点钞法

1. 按钞

将钞券平放在胸前的桌面上，以左手手掌外侧按住钞券左端约三分之一处，左手食指、中指和大拇指抓住钞券右端向上提起，小指、无名指自然弯曲（如图1-31所示）；右手大拇指放在钞券右端里侧的角上，食指和中指放在右端外侧，其他手指自然弯曲，为点数作准备（如图1-32所示）。

图1-31 按钞（2）

图1-32 按钞（3）

2. 清点

右手大拇指向掌心方向用力，将钞券逐张滑下，滑动时幅度要小，动作要轻，用力要均衡，左手拇指随着点钞的进度逐步向后移动，以便加快钞券下落的速度（如图1-33所示）。

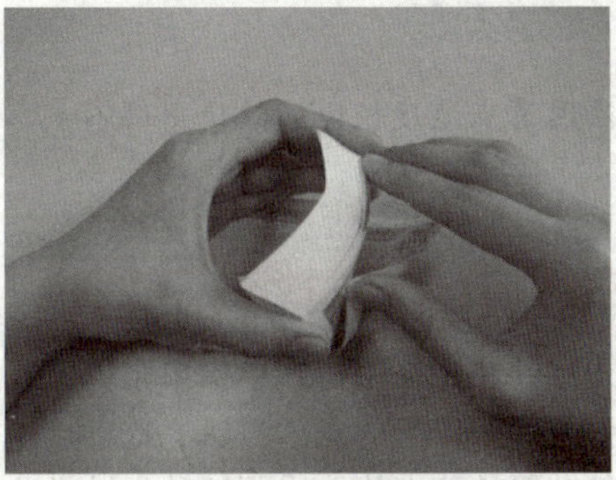

图1-33　清点

3.记数

记数与清点同时进行，具体方法同手持式单指单张点钞法。

【小贴士】

此种点钞法不像手持式食指削式点钞法的练习需要有四指四张点钞法作为基础，且持钞动作较为简单，故上手较快，适合于初学点钞的学生使用。

三、手按式多指多张点钞法

手按式多指多张点钞法，可分为手按式两指两张点钞法、三指三张点钞法及四指四张点钞法。这些点钞法的主要优点是速度比手按式单张点钞法快一些；缺点是挑残破币不方便。故不适用于整点残破的钞票，劳动强度也较大。这里主要介绍手按式四指四张点钞法。

1.按钞

将拆把后准备清点的钞票放在桌面正前方，左手食指、中指、无名指及小拇指按住钞票左端中间处（如图1-34所示）。

2.清点

右手食指、中指、无名指、小指依次从钞票右上角处向左下角方向各拨动一张钞票，然后用左手拇指同时按住这四张钞票，并记数，依此动作连续操作，直至清点完所有钞票（如图1-35所示）。

图1-34　按钞

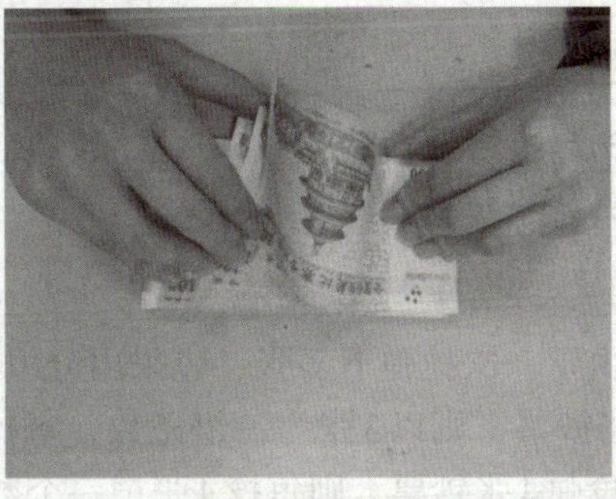

图1-35　清点

3.记数

采用分组记数，四张为一组，记一个数，数到25就是100张。

【小贴士】

手按式多指多张点钞法因清点速度较慢，故使用得不多，实际工作中多采用手持式点钞法来清点钞票。

活动4 手持式单指多张捻弹式点钞法

手持式单指多张捻弹式点钞法是在手持式单指单张捻弹式点钞法的基础上发展起来的，是指用一指同时点两张或两张以上的点钞方法。这种点钞方法适用于收款、付款和各种券别的整点工作，各种钞票的清点均能采用这种点钞方法。该点钞法的优点是点钞效率高，计数简单省力。缺点是由于一指一次捻下几张钞券，除第一张外，后面几张看到的票面较少，不易发现残破券和假币。

手持式单指多张捻弹式点钞法除了清点和记数外，其他均与手持式单指单张捻弹式点钞法相同。

1.清点

清点时，右手拇指肚放在钞券的右上角，拇指尖略超过票面。如点两张，先用拇指肚捻下第1张，拇指尖捻下第2张；如一次清点3张或3张以上时，同样先用拇指肚捻下第1张，然后依次捻下后面一张，用拇指尖捻下最后一张，要注意拇指均衡用力，捻的幅度也不要太大，食指、中指在钞券后面配合拇指捻动，无名指向怀里弹（如图1-36所示）。

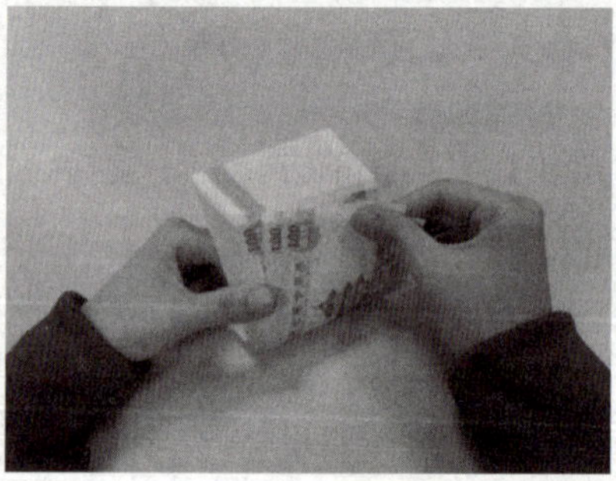

图1-36 清点

【小贴士】

为增大可视面积，并保证点数准确，点数时眼睛要从左侧向右看，这样容易发现夹张和看清残破券、假币。

2.记数

由于一次捻弹下多张，应采用分组记数法，以每次捻弹的张数为一组。如一次性捻弹3张钞票，则以3张为一组记数，每捻3张记一个数，33组余1张就是100张；又如一次性捻弹4张钞票，则每捻4张记一个数，25组就是100张。

【小贴士】 银行柜员业务操作时使用手工点钞的原因?

1.首先，点钞作为银行职员的一项基本技能，是银行职员必须掌握的技术之一。

2.使用手工点钞的最重要的原因在于点钞机其实不是百分之百可靠的，目前点钞机的原理大同小异，基本都是根据钞票的防伪特征加装固定的传感器来辨别钞票的真伪，比如红外线、紫外线、图像以及磁性传感器等，固定识别几个防伪特征点来判断钞票的真伪，但是随着犯罪分子伪造钞票技术的不断提高，有一部分的假钞是变造币（变造币指的是在真钞的基础上通过挖补、揭层等方式制成的），单纯依靠点钞机是无法百分之百检测出的，漏检的现象在一定程度上是存在的，所以，这个时候要依靠银行柜员的手工点钞来辅助识别。

3.钞票的类别分为三类，第一类是从印钞厂直接到央行，由央行投放出去，叫原封新券；第二类是流通了一段时间后回到银行体系，叫回笼券；第三类就是不符合流通标准需要销毁的，叫残损券。残损券的票面质量差，纸质绵软，起皱或者是缺失，机器无法清点这些钞票，这时手工清点的作用就显现出来了，虽然这项工作很是辛苦，但只有这样才能确保流通中人民币的票面品质。

任务4　机器点钞与硬币清点

活动1　认识点钞机、熟悉点钞准备工作

机器点钞法亦称点钞机点钞法，是用点钞机代替部分手工操作的点钞方式。当计数器反映100张时，即可将出钞口的钞票捆成一把。机器点钞用机械操作代替手工劳动，效率是手工点钞的2～3倍，不但有效减轻了工作人员的劳动强度，提高了工作效率，而且点钞的同时还能检验钞票的真伪。但机器点钞存在一定的局限性，因此机器点钞适用于现金收入较多且较频繁的单位，用于清点整齐的大票。

一、认识点钞机

点钞机是指自动清点钞票数目的机电一体化装置。其优点是既节省劳动力，又节省工作时间，在当今社会，点钞机已成为不可缺少的设备。现代点钞机是中国人发明的，最早出现在20世纪80年代的浙江省温州市。现代点钞机是伴随着假钞的出现而产生的，是市场和民间打击假钞的产物。

1.点钞机的发展

点钞机的发展经历了三个阶段：

（1）20世纪80年代至90年代中期

这一阶段，点钞机主要是小作坊式生产，集中分布在温州和上海一带。其特点是机械功能大于电子功能，可以简单计数，鉴伪能力有限，主要利用机械原理对钞票计数，小规模生产。

（2）20世纪90年代中期至21世纪初

在点钞机发展的第二阶段，它得到了大规模生产。其特点是体积变小，性能更加稳定。

（3）21世纪至今

在这个阶段，我国的点钞机开始走数字、电子和机械相结合的道路，点钞技术日益稳定和成熟。

2.点钞机的结构组成

点钞机主要由捻钞、出钞、接钞、传动、机架组件、电子电路等部分组成（如图1-37所示）。

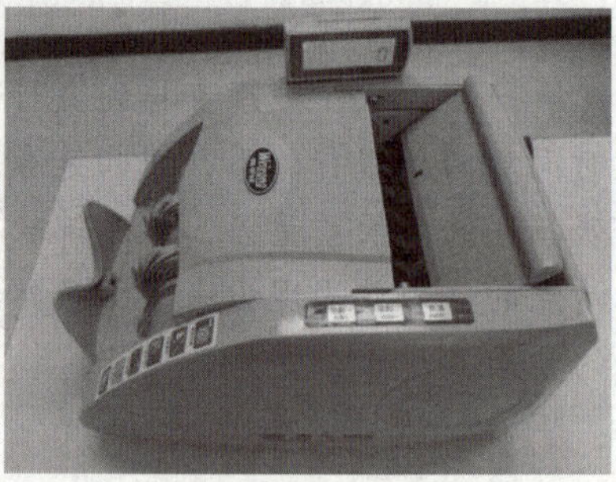

图1-37 点钞机

（1）捻钞部分

捻钞部分主要由滑钞板、送钞舌、阻力橡皮、落钞板调节螺丝、捻钞胶圈等组成。其功能是将要清点的钞票逐张捻出，这是保证计数准确的前提。

（2）出钞部分

出钞部分主要由出钞胶轮、出钞对转轮等组成。其功能是出钞胶圈以捻钞胶圈两倍的线速度，将连贯送过来的先到的钞票与后面的钞票有效分开，再送往计数器与检测器进行计数与辨伪。

（3）接钞部分

接钞部分主要由接钞爪轮、脱钞板、挡钞板等组成。其功能是将点验后的钞票一张一张分别卡入接钞爪轮的不同爪，由脱钞板将钞票取下并堆放整齐。

（4）传动部分

传动部分可采用单电机或双电机驱动，由电动机通过传动带、传动轮，将动力输送给各传动轴，采用双电机驱动，易于实现预置数功能。

（5）机架组件部分

机架组件部分采用冲力边板效果较好。其优势为：在机架的左、右边板中相对精度较高的部分，可以采用同一模具一次加工完成，提高了机架的装配精度，降低了成本，也为运动中的钞票得到有效识别提供了所需的定位精度。

（6）电子电路部分

电子电路部分是由主控部分、传感器部件、驱动组件、电源板等组成的一个单片机控制系统，通过多个接口把紫光、磁性、红外穿透、计数信号引入主控器。其功能是将清点中各传感器接收到的信号进行统计取样、识别，并储存起来，作为检测的依据。

二、点钞前的准备工作

使用点钞机前，需要做好以下准备工作：

1.放置点钞机

将点钞机放在工作人员的正前方或右前方，离桌边10厘米为宜。

2.用品摆放

等待清点的钞票放在点钞机的右侧，按大面额票券在前，小面额票券在后的顺序排列，扎条和印章放在合适的位置（如图1-38所示）。

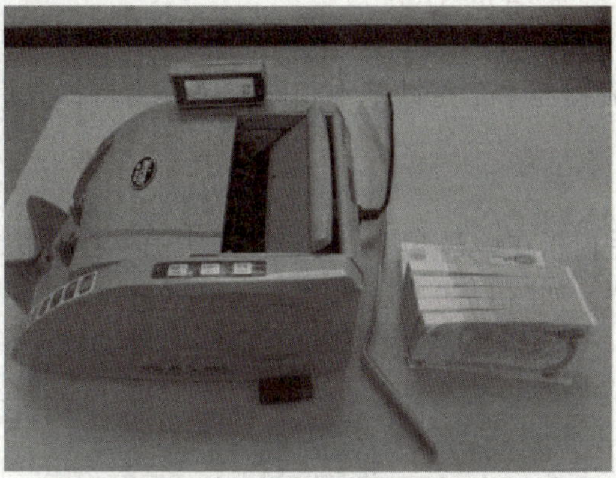

图1-38　点钞机及用品摆放图

3.试机

打开电源，观察荧光数码显示是否正常。根据清点的钞票票面调整好下钞斗，并且选择相应的功能键。按下功能键，先仔细观察捻钞轮、接钞爪轮、挡钞板和转速是否正常；然后拿一把钞票试点，看机器运转是否正常，下钞是否流畅，点钞是否准确，落钞是否整齐。试机一般要求达到不松、不紧、不吃、不塞。

【小贴士】　各类点钞机的区别

根据国家标准和要求，点钞机被分为A类、B类、C类三个类别。

具体要求如下：根据GB16999-2010《人民币鉴别仪通用技术条件》的规定，点钞机增加了人民币鉴别仪鉴伪等级指标，将点验钞机分为3个等级，即A类、B类、C类三个等级，其中A类、B类为银行类点验钞机等级，C类为商业类点验钞机等级。

1.从鉴别能力上区分

A类点验钞机，必须具备9种以上鉴别方法/鉴别技术。

B类点验钞机，必须具备5种以上鉴别方法/鉴别技术。

C类点验钞机，必须具备4种以上鉴别方法/鉴别技术。

2.从硬件上区分

A类：5个磁头，8组红外，外加图像传感器一个。

B类：5个磁头，8组红外。

C类：3个磁头，2组红外或没有。

A类非常大，比较容易识别；B类、C类需进行实物对比才容易区别。

3.从功用上比较

A类：鉴伪能力最强，具有多光谱图像分析鉴别和冠字号识别能力，能有效识别机制假币和变造假币，但是价格非常高，很多功能都是针对银行系统的需求开发的，普通单位基本用不到，一般是银行专用。

B类：比较适合公司使用。

C类：价格较低，商业专用。

当然，A、B、C三类的价格差异是很大的，A类>B类>C类。

活动2　机器点钞的操作方法

机器点钞的操作流程与手工点钞基本相同，也分为持钞、拆把、清点、扎把、盖章等。

1.持钞

用右手持钞，右手拇指在钞票下侧，食指在钞票正中心附近，中指、无名指、小指在钞票背面，捏住钞票（如图1-39所示）。

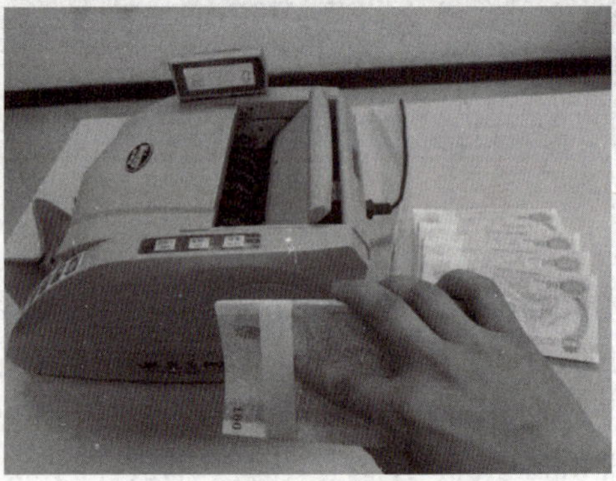

图1-39　持钞

2.拆把

左手将扎条撕下，放在桌上，右手拇指与食指夹住钞票上侧边，松开中指、无名指、小指，钞票自然形成斜坡形，放入下钞斗（如图1-40所示）。此时需注意观察计数器是否显示为“0”。

图1-40　拆把

3.清点

（1）将钞票轻轻放入下钞斗时，勿用力过大，否则会造成塞钞，应使其自然下滑，通过捻钞轮进入机器内。

（2）目光迅速转向传送带。如果发现有夹杂券、破损券、假钞或其他异物，应立即剔出。

（3）钞票全部下到出钞口的挡钞板后，看清计数器显示的数字是否与该把所标金额相符（如图1-41所示）。

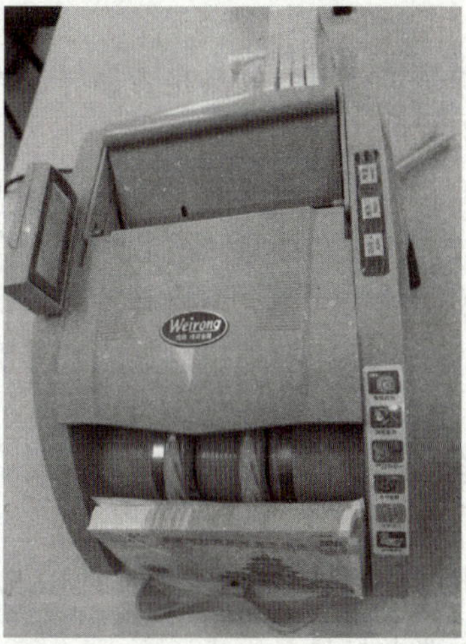

图1-41　清点

（4）确认金额无误，将钞票取出蹾齐、扎把。

（5）在清查过程中要根据票面大小，随时调整挡钞板大小档次，以适应大小不同的票币，使其整齐。

（6）在整点整把钞票时，如果发现计数器显示的不是100（即不是100张）时，需立即复点。在复点前必须首先将计数器显示的数字还原为0，并注意保管好原把扎条，不能混淆，以便分清责任。

4.扎把、盖章

扎把与盖章的具体操作方法同手工点钞。

活动3　机器点钞的注意事项

一、点钞机常见故障及解决方法

点钞机出现故障需要维修，一般需要一定专业知识和技能的人员，一般由厂家专业的维修技术人员去完成。但有时，对于点钞机出现的一些小问题，非专业人员也是可以修理的。

1.点钞机不计数或计数不准

点钞机不计数或计数不准一般是由码盘和计数管产生问题造成的。

（1）码盘故障。先观察码盘有无断齿、积尘，码盘传感器的发射管和接收管之间的缝隙是否堵塞，如有，则该清尘的清尘，该更换的更换。如果故障还不能解决，则检查码盘传感器的连接线、插口，并调整主板上的码盘电压电位器，一般码盘的电压为2.5V~3V。

（2）计数管故障。首先检查红外发射管、接收管有没有积尘，如有积尘，则须将灰尘清扫干净。然后测量发射管电压，正常工作情况下电压为1.1V左右。根据经验，在计数管出现故障时，接收管不容易出现问题，更多的是发射管老化造成的。

根据经验，出现计数不准的故障，最常用的解决方法是调整调节螺丝，增大拉力；出现下钞不顺畅的故障，最常用的解决方法则是调整滑钞舌的位置。

2.开机后无显示或显示乱码

开机无显示应先检查电源是否接电，插头是否插好。显示乱码主要是由芯片、晶振和某些地方短路或没有接地引起的。

（1）首先观察芯片有没有插到底，一般出现乱码时，先将机器关掉，将盖子打开，用手压一压芯片，将它插到底，同时，注意观察芯片是否有弯曲变形的现象。

（2）如果按完芯片后还不能解决问题，则将开关线拔掉，再试机。

（3）晶振也是引起乱码的一个原因。如果晶振或其外围的起振电容坏掉了，导致不能起振，也会显示乱码。

（4）观察一下显示板的连接线是否有断开的现象。

3.荧光鉴伪不报警或鉴伪灵敏度降低。

（1）调节荧光鉴伪的灵敏度。（具体方法一般在使用说明书上有注明）

（2）检查荧光灯管光传感器上是否有灰尘。

（3）检查荧光灯管是否有老化现象。

除以上故障外，机器还可能出现其他的故障。但无论出现什么故障，首先应确认是否是因为杂物掉入机器内导致的，如果不是的话，较安全可靠的办法就是请厂家专业的维修人员来维修，以使机器故障尽早得到彻底的解决。

二、点钞机的日常保养和维护

点钞机在日常使用过程中，因为直接与金钱挂钩，一旦出现故障，影响可能甚为严重，所以在日常使用中要懂得一些点钞机的基本保养和维护知识。

1.点钞机的工作环境

点钞机的工作环境直接决定了点钞机的性能和使用寿命，环境温度在0℃~40℃为宜，请不要在潮湿的环境中使用，以免引起触电危险。为了避免机器错误鉴别，点钞前也需要将明显的异常币（如粘补过的纸币、经过洗涤的纸币、污渍十分严重的纸币、破损厉害有明显裂口的纸币）取出。

2.经常除尘

日常保养点钞机最主要的工作就是除尘。在潮湿地区，如果灰尘积累得比较多，会对机器的强电部分产生很大影响。在干燥地区，灰尘中带有大量自由电荷，而点钞机在清点的过程中也会产生一部分自由电荷，这样就会造成自由电荷在钞票上积累，最终产生尖端放电，也就是“静电”。静电产生放电现象就会对机器产生影响，轻则影响鉴伪，重则对机器的集成电路造成无法补救的损害。

点钞机中灰尘积累较多的地方是紫外灯管，紫外灯管是点钞机利用光学技术进行鉴伪的光源，当它被遮挡时，光源的强度就会下降，这样鉴伪的灵敏度也会随之下降。这里的灰尘可以用抹布和毛刷进行清理，记得清理前一定要先将点钞机的电源线拔下来，以免触电。同时，清理点钞机的积尘盒时，可以将积尘盒拆下来，然后用抹布和毛刷进行清理。点钞机的结构是很复杂的，用毛刷和抹布无法除尘的地方就不要强行清理，否则容易造成点钞机的损坏。

3.定期更换易损件

点钞机的易损件主要包括橡胶器件和紫外灯管。点钞机是模仿人类点钞的机器，它模仿的主要是摩擦作用，因此使用一些橡胶器件，橡胶器件使用时间过长会由于磨损而导致摩擦力下降，从而导致点钞机的性能也随之下降，容易造成计数不准的情况发生。紫外灯管使用时间过长时，紫外光的发射能力就会下降，从而导致点钞机的鉴伪能力下降，容易造成假币的鉴别出错。按使用说明书要求拆下相应的部件，再安装新的即可。

4.随时调节点钞机的间隙

大多数点钞机的后部都有一个外形类似于圆形的钮，被称为“旋钮”。它是用来调整摩擦力大小的一个结构。调整规律是“顺时针旋转，摩擦力增加；逆时针旋转，摩擦力减小”。使用时若感觉点钞机清点出现过松或过紧的情况，可随时进行旋转调整。

【小贴士】

点钞机使用小知识：

1.点钞机应放在稳固的平台上使用，避免振动、高温、潮湿和强光照射，并远离电磁干扰源，如使用中的手机、电吹风、电钻、电视机、CRT显示器等。

2.搬动点钞机时请使用提手，切勿提拉上盖、进钞台、胶轮轴、灯管架等，以免机件变形等损坏机器。

3.点钞机专为纸币设计，勿将非纸币如扑克牌、卡片等放入点钞机，以免损坏机器。

4.保持各橡胶轮清洁，不能粘有污物、液体、油脂等，否则会造成计数不准，干扰传感器工作而出现误报漏报等现象。

5.经常清洁点钞机机器内外，保持接收管、发射管、磁头等传感器的清洁，防止积尘，影响机器的正常工作。

6.点钞机只作辅助验钞之用，识别假钞时使用者应结合外观、手感、纸质等多方面特征综合判断。

7.使用完毕后，应及时关闭点钞机电源，这样既能延长点钞机的使用寿命，又能节约用电。

活动4　硬币整点技术

硬币的整点方法一般包括手工整点和工具整点。两种方法的适用范围见表1-2。

表1-2 硬币整点方法及适用范围

硬币整点方法	适用范围
手工整点	收点硬币尾零款
工具整点	整点大批硬币

下面分别介绍这两种方法的操作过程。

1. 手工整点硬币

手工整点硬币操作程序包括五个环节（如图1-42所示）。

拆卷 → 清点 → 记数 → 包装 → 盖章

图1-42 手工整点硬币操作程序

（1）拆卷。

用双手的拇指与食指、中指捏住硬币的两端向下震动，同时左手稍向里扭动，右手稍向外扭动，两手腕同时转动，使硬币散落，然后取出包装纸准备清点。拆卷时，注意用力要适度，不要使硬币震松散以致硬币掉落。

（2）清点。

从左向右分组清点。根据个人技术熟练程度的不同，每次清点的枚数可以是5枚或10枚，也可以是12枚、14枚、16枚等（如图1-43所示），清点时，为保证准确，可用右手中指从一组中间分开查看。

（3）记数。

采用分组记数法，一组为一次。如一次清点10枚，那么10组即为100枚。

（4）包装。

清点完毕即可包装。硬币每五十枚或一百枚包一卷。包装时，用双手的无名指分别顶住硬币的两头，用拇指、食指、中指捏住硬币的两端，再用双手拇指把里半边的包装纸向外掀起并用食指掖在硬币底部，然后用右手掌心用力向外推卷，随后用双手的拇指、食指和中指分别把两头包装纸向中间方向折压紧贴硬币，再用拇指将后面的包装纸往前压，食指将前面的包装纸往后压，使包装纸与硬币贴紧，最后再用拇指、食指向前推币，包装完毕（如图1-44所示）。包装的硬币要求紧，不能松，两端不能露出硬币。

图1-43 清点

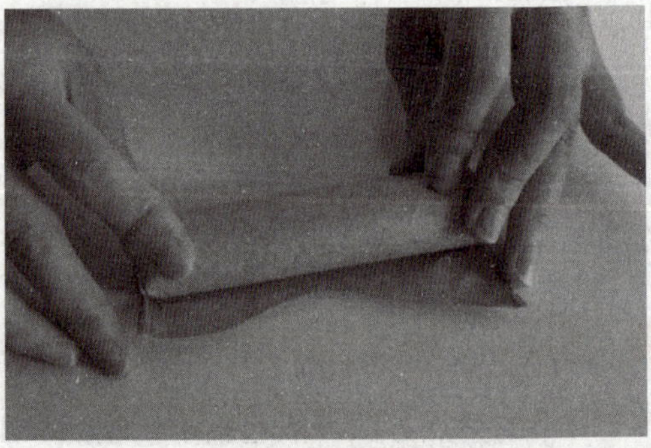

图1-44 包装

（5）盖章。

硬币包装完成后，在硬币卷的左、右端和卷缝处逐一盖上名章即可。

2.工具整点硬币

工具整点硬币是指借助硬币整点器（亦称硬币计数器，如图1-45）进行清点。硬币整点器内根据1元、5角、1角三种硬币的直径设计有三种相应的弧形槽式硬币板，又根据流通中硬币的平均厚度，固定了百枚硬币的总长度，每次可清点一百枚硬币。

图1-45　硬币整点器

每一槽由两部分组成。一部分是定槽，另一部分是动槽，动槽可以前后移动。动槽和定槽相间均等排列，每一个槽相当于五枚硬币的厚度。当清点人员拉动动槽时，硬币以五枚一组被分开，便于点数。这种工具使用简便，携带方便，工效高，是银行清点硬币不可缺少的工具。

工具整点硬币操作程序包括四个环节（如图1-46所示）。

拆卷 ⇒ 清点 ⇒ 包装 ⇒ 盖章

图1-46　工具整点硬币操作程序

（1）拆卷。

拆卷常用的方法有两种：

①震裂法：用双手的拇指与食指、中指捏住硬币的两端向下震动，在震动的同时左手稍向里扭动，右手稍向外扭动，拆卷时，注意用力要适度，不要使硬币震散以致硬币掉落。

②刀划法：首先在硬币整点器的右端安装一个坚硬且刃向上的刀片，拆卷时用双手的拇指、食指、中指捏住硬币的两端，从左端向右端使其从刀刃上划过，包装纸划破后，硬币即进入到整点器槽内。

（2）清点。

硬币放入整点器内进行清点时，用双手食指扶在整点器的两端，拇指推动弹簧轴，眼睛从左端到右端，看清每格内是否是5枚，如有氧化变形及伪币随时挑出，如数补充上即可。

（3）包装和盖章。

包装和盖章的操作方法与手工整点硬币相同。

实训3 机器点钞技能的连贯性训练

实训练习：

准备点钞机和点钞券若干，让学生使用点钞机进行清点钞票练习。

练习一 定时练习

老师计时3分钟，学生利用点钞机进行钞票的清点。注意各个环节的连贯性，看谁点得多。

练习二 定量练习

准备10本点钞券（整把），利用点钞机进行钞票的清点，看谁速度快。

机器点钞实训情况记录表见表1-3。

表1-3 机器点钞实训情况记录表

成绩 姓名	定时练习（计时3分钟）			定量训练（10本）		
	第一次	第二次	第三次	第一次	第二次	第三次

项目二

出纳挑残识假技能

【知识目标】 掌握第五套人民币的防伪特征，认识与了解假币。

【能力目标】 1. 熟练掌握2005年版第五套人民币的防伪特征。
2. 熟练掌握辨别真假人民币的主要方法。

【情感目标】 从爱护人民币做起，自觉学习、执行国家有关保护人民币的法律、法规，同制贩假币的违法犯罪行为作斗争，做诚实守信、遵守社会公德的好公民。

随着经济的快速发展和科技的进步，近年来，假币的仿真度不断提高。制造和贩卖假币，已经成为经济流通领域中的一个不容忽视的犯罪现象。防范和打击制贩假币的违法犯罪活动，关系到国家的经济稳定和人民群众的切身利益。人民币反假是全社会的责任。我们每个人都应该了解相关的反假币知识。在全社会筑起一道坚实的反假币防线，让假币没有藏身之地。

任务1　认识人民币的防伪特征

作为会计及金融相关专业的学生，需要掌握各项适应岗位的专业技能，反假币是银行从业人员以及会计人员必须掌握的技能之一，掌握识别假币的技能对会计及金融相关专业的学生有着重要的意义。只有掌握人民币的防伪特征，才能更有效地提高识别假币的能力。由于目前流通的是第五套人民币，所以这里主要介绍一下第五套人民币的防伪特征。

活动1　第五套人民币（2005年版）的防伪特征

截至目前，第五套人民币分为1999年、2005年、2015年、2019年和2020年五个版本，目前流通的是2005年版、2015年版、2019年版和2020年版。2005年版人民币6个券别，保持了1999年版第五套人民币主图案、主色调、规格不变，从构成货币的基本要素来说，它不是发行一套新的人民币，所以2005年版人民币属于第五套人民币的范畴。

一、2005年版第五套人民币（100元）的防伪特征

2005年版100元防伪特征如图2-1所示。

图2-1 2005年版100元防伪特征

（1）固定人像水印（如图2-2所示）：位于正面左侧空白处，迎光透视，可以看到立体感很强的毛泽东人像水印。

（2）隐形面额数字（如图2-3所示）：正面右上方有一椭圆形图案，将钞票置于与眼睛接近平行的位置，面对光源上下倾斜晃动，可以看到面额数字“100”字样。

（3）胶印对印图案（如图2-4所示）：正面左侧和背面右侧均有一圆形局部图案，迎光透视，可以看到正背面图案重合并组成一个完整的古钱币图案。

图 2-2　固定人像水印

图 2-3　隐形面额数字

（4）胶印缩微文字（如图 2-5 所示）：票面正面上方椭圆形图案中，多处印有胶印缩微文字，在放大镜下可看到“100”和“RMB100”字样。

图 2-4　胶印对印图案

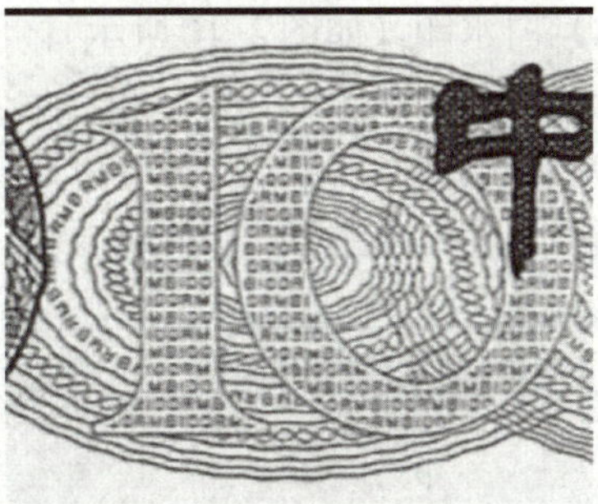

图 2-5　胶印缩微文字

（5）凹印手感线（如图 2-6 所示）：正面主景图案右侧，有一组自上而下规则排列的线纹，采用雕刻凹版印刷工艺印制，用手指触摸，有极强的凹凸感。

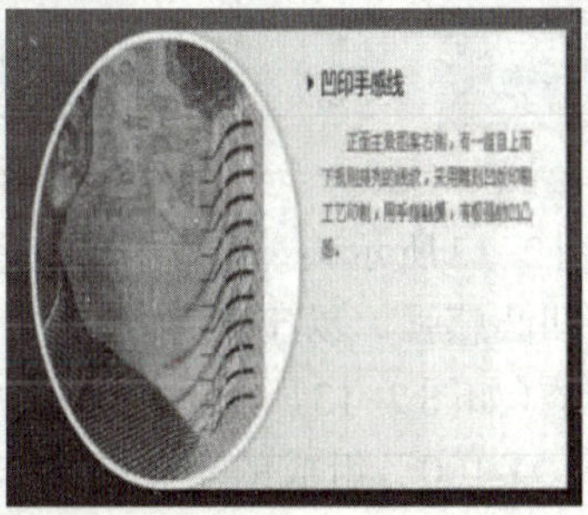

图 2-6　凹印手感线

（6）双色异形横号码（如图 2-7 所示）：正面左下角印有双色异形横号码，左侧部分为暗红色，右侧部分为黑色。字符由中间向左右两边逐渐变小。

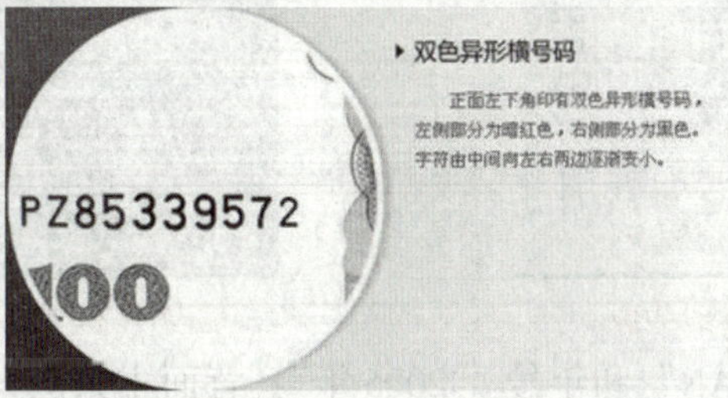

图 2-7　双色异形横号码

（7）光变油墨面额数字（如图2-8和图2-9所示）：正面左下方“100”字样，与票面垂直角度观察为绿色，倾斜一定角度则变为蓝色。

图2-8　光变油墨面额数字（1）

图2-9　光变油墨面额数字（2）

（8）白水印（如图2-10所示）：位于正面双色异形横号码下方，迎光透视，可以看到透光性很强的水印“100”字样。

（9）雕刻凹版印刷（如图2-11所示）：正面“中国人民银行”行名、面额数字、盲文面额标记和背面主景“人民大会堂”图案等均采用雕刻凹版印刷，用手指触摸有明显凹凸感。

图2-10　白水印

图2-11　雕刻凹版印刷

（10）手工雕刻头像（如图2-12所示）：正面主景毛泽东头像，采用手工雕刻凹版印刷工艺，形象逼真、传神，凹凸感强，易于识别。

（11）全息磁性开窗安全线（如图2-13所示）：背面中间偏右，有一条开窗安全线，开窗部分可以看到由缩微字符“¥100”组成的全息图案，仪器检测有磁性。

图2-12　手工雕刻头像

图2-13　全息磁性开窗安全线

（12）汉语拼音“YUAN”和年号“2005年”：背面主景图案下方的面额数字后面，

增加了人民币单位元的汉语拼音“YUAN”；年号为“2005年”。

二、2005年版第五套人民币（50元）的防伪特征

2005年版50元防伪特征如图2-14所示。

图2-14　2005年版50元防伪特征

（1）固定人像水印：位于正面左侧空白处，迎光透视，可见与主景人像相同、立体感很强的毛泽东水印。

（2）胶印缩微文字：正面上方椭圆形图案中，多处印有胶印缩微文字，在放大镜下可看到“50”和“RMB50”字样。

（3）胶印对印图案：票面正面主景图案左侧中间处和背面主景图案右侧中间处均有

圆形局部图案，迎光透视，可以看到正背面图案重合并组成一个完整的古钱币图案。

（4）隐形面额数字：正面右上方有一椭圆形图案，将钞票置于与眼睛接近平行的位置，面对光源做上下倾斜晃动，可以看到面额数字“50”字样。

（5）凹印手感线：正面主景图案右侧，有一组自上而下规则排列的线纹，采用雕刻凹版印刷工艺印制，用手指触摸，有极强的凹凸感。

（6）双色异形横号码：正面左下角印有双色异形横号码，左侧部分为暗红色，右侧部分为黑色。字符由中间向左右两边逐渐变小。

（7）光变油墨面额数字：正面左下方“50”字样，与票面垂直角度观察为金色，倾斜一定角度则变为绿色。

（8）白水印：位于正面双色异形横号码下方，迎光透视，可以看到透光性很强的水印“50”字样。

（9）雕刻凹版印刷：正面“中国人民银行”行名、面额数字、盲文面额标记和背面主景“布达拉宫”图案等均采用雕刻凹版印刷，用手指触摸有明显凹凸感。

（10）手工雕刻头像：正面主景毛泽东头像，采用手工雕刻凹版印刷工艺，形象逼真、传神，凹凸感强，易于识别。

（11）全息磁性开窗安全线：背面中间偏右，有一条开窗安全线，开窗部分可以看到由缩微字符“￥50”组成的全息图案，仪器检测有磁性。

（12）汉语拼音“YUAN”和年号“2005年”：背面主景图案下方的面额数字后面，增加人民币单位元的汉语拼音“YUAN”；年号为“2005年”。

三、2005年版第五套人民币（20元）的防伪特征

2005年版20元防伪特征如图2-15所示。

（1）固定花卉水印：位于正面左侧空白处，迎光透视，可见立体感很强的荷花水印。

（2）全息磁性开窗安全线：正面中间偏左，有一条开窗安全线，开窗部分可以看到由缩微字符“￥20”组成的全息图案，仪器检测有磁性。

（3）隐形面额数字：正面右上方有一椭圆形图案，将钞票置于与眼睛接近平行的位置，面对光源做上下倾斜晃动，可以看到面额数字“20”字样。

（4）凹印手感线：正面主景图案右侧，有一组自上而下规则排列的线纹，采用雕刻凹版印刷工艺印制，用手指触摸，有极强的凹凸感。

（5）双色横号码：正面左下角印有双色横号码，左侧部分为暗红色，右侧部分为黑色。

（6）胶印对印图案：正面左下角和背面右下角均有圆形局部图案，迎光透视，可以看到正背面图案重合并组成一个完整的古钱币图案。

（7）白水印：位于正面双色异形横号码下方，迎光透视，可以看到透光性很强的水印“20”字样。

（8）胶印缩微文字：正面右侧和下方及背面图案中，多处印有胶印缩微文字“RMB20”字样。

图2-15　2005年版20元防伪特征

（9）手工雕刻头像：正面主景毛泽东头像，采用手工雕刻凹版印刷工艺，形象逼真、传神，凹凸感强，易于识别。

（10）雕刻凹版印刷：正面“中国人民银行”行名、面额数字、盲文面额标记和背面主景“桂林山水”图案等均采用雕刻凹版印刷，用手指触摸有明显凹凸感。

（11）汉语拼音“YUAN”和年号“2005年”：背面主景图案下方的面额数字后面，增加人民币单位元的汉语拼音“YUAN”；年号为“2005年”。

四、2005年版第五套人民币（10元）的防伪特征

2005年版10元防伪特征如图2-16所示。

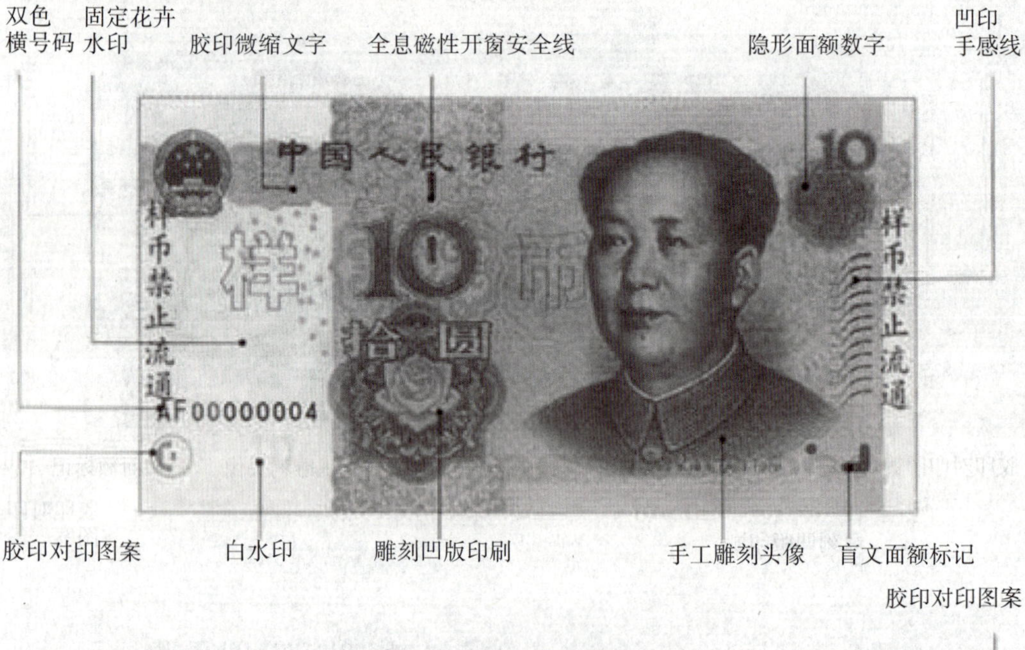

图2-16　2005年版10元防伪特征

（1）固定花卉水印：位于正面左侧空白处，迎光透视，可见立体感很强的月季花水印。

（2）胶印缩微文字：正面上方胶印图案中，多处印有胶印缩微文字“RMB10”字样。

（3）全息磁性开窗安全线：正面中间偏左，有一条开窗安全线，开窗部分可以看到

由缩微字符“￥10”组成的全息图案，仪器检测有磁性。

（4）隐形面额数字：正面右上方有一椭圆形图案，将钞票置于与眼睛接近平行的位置，面对光源做上下倾斜晃动，可以看到面额数字“10”字样。

（5）凹印手感线：正面主景图案右侧，有一组自上而下规则排列的线纹，采用雕刻凹版印刷工艺印制，用手指触摸，有极强的凹凸感。

（6）双色横号码：正面左下角印有双色横号码，左侧部分为暗红色，右侧部分为黑色。

（7）胶印对印图案：正面左下角和背面右下角均有圆形局部图案，迎光透视，可以看到正背面图案重合并组成一个完整的古钱币图案。

（8）白水印：位于正面双色异形横号码下方，迎光透视，可以看到透光性很强的水印“10”字样。

（9）雕刻凹版印刷：正面“中国人民银行”行名、面额数字、盲文面额标记和背面主景“长江三峡”图案等均采用雕刻凹版印刷，用手指触摸有明显凹凸感。

（10）手工雕刻头像：正面主景毛泽东头像，采用手工雕刻凹版印刷工艺，形象逼真、传神，凹凸感强，易于识别。

（11）汉语拼音“YUAN”和年号“2005年”：背面主景图案下方的面额数字后面，增加人民币单位元的汉语拼音“YUAN”；年号为“2005年”。

五、2005年版第五套人民币（5元）的防伪特征

2005年版5元防伪特征如图2-17所示。

（1）固定花卉水印：位于正面左侧空白处，迎光透视，可见立体感很强的水仙花水印。

（2）胶印缩微文字：正面上方胶印图案中，多处印有胶印缩微文字，在放大镜下可看到“RMB5”和“5”字样。

（3）全息磁性开窗安全线：正面中间偏左，有一条开窗安全线，开窗部分可以看到由缩微字符“￥5”组成的全息图案，仪器检测有磁性。

（4）隐形面额数字：正面右上方有一椭圆形图案，将钞票置于与眼睛接近平行的位置，面对光源做上下倾斜晃动，可以看到面额数字“5”字样。

（5）凹印手感线：正面主景图案右侧，有一组自上而下规则排列的线纹，采用雕刻凹版印刷工艺印制，用手指触摸，有极强的凹凸感。

（6）双色横号码：正面左下角印有双色横号码，左侧部分为暗红色，右侧部分为黑色。

（7）白水印：位于正面双色异形横号码下方，迎光透视，可以看到透光性很强的水印“5”字样。

（8）雕刻凹版印刷：正面“中国人民银行”行名、面额数字、盲文面额标记和背面主景“泰山”图案等均采用雕刻凹版印刷，用手指触摸有明显凹凸感。

（9）手工雕刻头像：正面主景毛泽东头像，采用手工雕刻凹版印刷工艺，形象逼真、传神，凹凸感强，易于识别。

图2-17 2005年版5元防伪特征

（10）汉语拼音“YUAN”和年号“2005年”：背面主景图案下方的面额数字后面，增加人民币单位元的汉语拼音“YUAN”；年号为“2005年”。

六、2005年版各票面纸币防伪特征分析（表2-1）

表2-1　　2005年版第五套各票面纸币防伪特征分析

项目		100元	50元	20元	10元	5元
票面设计	发行时间	2005-08-31	2005-08-31	2005-08-31	2005-08-31	2005-08-31
	规格	155mm×77mm	150mm×70mm	145mm×70mm	140mm×70mm	135mm×63mm
	主色调	红色	绿色	棕色	蓝黑色	紫色
	正面主景	毛泽东头像	毛泽东头像	毛泽东头像	毛泽东头像	毛泽东头像
	背面主景	人民大会堂	布达拉宫	桂林山水	长江三峡	泰山
公众防伪	固定水印	固定人像水印：毛泽东头像	固定人像水印：毛泽东头像	固定花卉水印：荷花	固定花卉水印：月季花	固定花卉水印：水仙花
	白水印	100	50	20	10	5
	安全线	全息磁性开窗安全线开窗在背面，¥100	全息磁性开窗安全线开窗在背面，¥50	全息磁性开窗安全线开窗在正面，¥20	全息磁性开窗安全线开窗在正面，¥10	全息磁性开窗安全线开窗在正面，¥5
	手工雕刻头像	毛泽东头像	毛泽东头像	毛泽东头像	毛泽东头像	毛泽东头像
	隐形面额数字	100	50	20	10	5
	胶印缩微文字	RMB100、100	RMB50、50	RMB20	RMB10	RMB5、5
	光变油墨面额数字	绿变蓝	金变绿	无	无	无
	胶印对印图案	古钱币	古钱币	古钱币	古钱币	无
	雕刻凹版印刷	止面国徽、行名、主景、面额、装饰图案、团花、凹印手感线、盲文面额标记、背面主景、民族文字、凹印缩微文字、年号、行长章	正面国徽、行名、主景、面额、装饰图案、团花、凹印手感线、盲文面额标记、背面主景、民族文字、凹印缩微文字、年号、行长章	正面国徽、行名、主景、面额、装饰图案、团花、凹印手感线、盲文面额标记、背面主景、民族文字、凹印缩微文字、年号、行长章	正面国徽、行名、主景、面额、装饰图案、团花、凹印手感线、盲文面额标记、背面主景、民族文字、凹印缩微文字、年号、行长章	正面国徽、行名、主景、面额、装饰图案、团花、凹印手感线、盲文面额标记、背面主景、民族文字、凹印缩微文字、年号、行长章
	冠字号码	双色异型横号码，二位冠字，八位号码，左暗红右黑	双色异型横号码，二位冠字，八位号码，左暗红右黑	双色横号码，二位冠字，八位号码，左暗红右黑	双色横号码，二位冠字，八位号码，左暗红右黑	双色横号码，二位冠字，八位号码，左暗红右黑
	凹印手感线	有	有	有	有	有

续表

项目		100元	50元	20元	10元	5元
专业防伪	胶印接线印刷	有	有	有	有	无
	凹印接线印刷	有	有	有	有	有
	凹印缩微文字	RMB100，人民币，100	RMB50，人民币，50	RMB20，人民币，20	RMB10，人民币，10	RMB5，人民币，5
	无色荧光油墨印刷图案	100	50	20	10	5
	有色荧光油墨印刷图案	桔黄色	黄色	绿色	黄色	绿色
	无色荧光纤维	黄、蓝	黄、蓝	黄、蓝	黄、蓝	黄、蓝
	磁性号码	有	有	有	有	有
	特种标记	有	有	有	有	有
	专用纸张	中性	中性	中性	中性	中性
公众防伪		11项	11项	10项	10项	9项
专业防伪		9项	9项	9项	9项	8项

实训1　第五套人民币（2005年版）100元、50元的防伪特征训练

一、单项选择题

1. 人民币是中国人民银行依法发行的货币，包括（　　）。

A.　主币和辅币　　B. 纸币和硬币　　C. 流通币和退出流通币

2. 第五套人民币2005年版公告发行时间是（　　）。

A.2005年9月1日　　B.2005年8月31日　　C.2005年10月1日

3.《中华人民共和国中国人民银行法》明确规定：人民币由（　　）统一发行。

A. 中国人民银行　　B. 国务院　　C. 中华人民共和国

4.2005年版第五套人民币共发行（　　）个券别，其中有（　　）种面额硬币。

A.6、3　　B.5、3　　C.6、1

5. 第五套人民币100元纸币正面主景是（　　）、背面主景是（　　）。

A. 毛泽东头像、人民大会堂图案　　B. 毛泽东头像、布达拉宫

C. 毛泽东头像、桂林山水

6. 第五套人民币50元纸币正面主景是（　　）、背面主景是（　　）。

A. 毛泽东头像、人民大会堂图案　　B. 毛泽东头像、布达拉宫

C. 毛泽东头像、桂林山水

7.2005年版第五套人民币50元纸币正面行名下方底纹中的胶印缩微文字是（　　）。

A.50、RMB50　　B.RMB、RMB50　　C.50、RMB

8.第五套人民币100元纸币的光变油墨面额数字垂直观察的颜色变化是（　　）。

A.绿变金　　B.绿变蓝　　C.蓝变黄

9. 第五套人民币2005年版100元、50元纸币的冠字号码颜色是（　　）。

A.暗红色、黑色　　B.红色、黑色　　C.红色、蓝色

10. 第五套人民币2005年版100元、50元纸币的冠字号码是（　　）。

A.双色横号码　　B.双色异形横号码　　C.横竖双号码

二、多项选择题

1.下列防伪措施中，（　　）需迎光透视观察。

A.光变油墨　　B.白水印　　C.隐形面额数字

D.胶印对印图案　　E.凸印缩微文字

2.2005年版第五套人民币50元纸币正面（　　）是采用雕刻凹版印刷的。

A.头像　　B.行名　　C.国徽

D.对印图案　　E.含隐形面额数字的装饰图案

3.第五套人民币采用固定人像水印的有（　　）。

A.100元　　B.50元　　C.20元

D.10元　　E.5元

4.2005年版第五套人民币（　　）券别纸币采用了胶印对印图案的防伪措施。

A.100元　　B.50元　　C.20元

D.10元　　E.5元

5.2005年版第五套人民币（　　）券别纸币采用了透光性很强的白水印防伪特征。

A.100元　　B.50元　　C.20元

D.10元　　E.5元

6.2005年版第五套人民币（　　）券别纸币采用了双色异形横号码。

A.100元　　B.50元　　C.20元

D.10元　　E.5元

7.2005年版第五套人民币（　　）券别纸币采用背开式全息磁性开窗安全线。

A.100元　　B.50元　　C.20元

D.10元　　E.5元

8.2005年版第五套人民币纸币采用光变油墨面额数字的有（　　）。

A.100元　　B.50元　　C.20元

D.10元　　E.5元

三、判断题

1.当前市场上流通的第五套人民币有1999年和2005年两种版别。（　　）

2.第五套人民币100元、50元和10元纸币上的“阴阳互补对印图案”是花卉。（　　）

3.2005年版的50元人民币背面主题为“西藏”。（　　）

4.2005年版第五套人民币100元、50元纸币在正面主景图案右侧都有凹印手感线。 （ ）

5. 第五套人民币2005年版100元、50元纸币安全线包含的防伪措施是全息图案、缩微文字、开窗和磁性。 （ ）

四、按图2-18中的标识写出100元的防伪特征

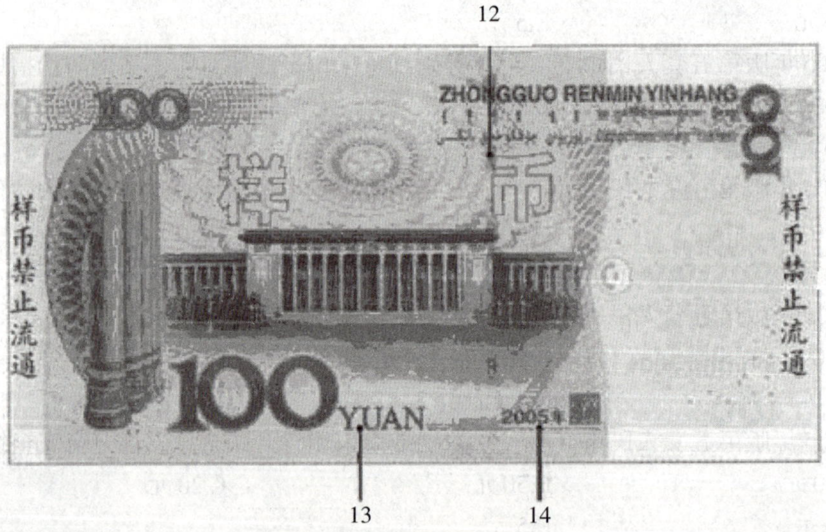

图2-18 100元的防伪特征

1.______ 2.______ 3.______
4.______ 5.______ 6.______
7.______ 8.______ 9.______
10.______ 11.______ 12.______
13.______ 14.______

实训2　第五套人民币（2005年版）20元、10元、5元和（1999年版）1元的防伪特征训练

一、单项选择题

1.第五套人民币20元纸币背面主景图案是（　　）。

A.长江三峡　　B.布达拉宫　　C.桂林山水

2.为完善币制，满足市场货币流通的需要，第五套人民币在第四套人民币的基础上，新增加了（　　）面额的钞票。

A.20元　　B.50元　　C.100元

3.第五套人民币10元纸币正面主景是（　　）图案，背面主景是（　　）图案。

A.毛泽东头像、布达拉宫　　B.毛泽东头像、桂林山水

C.毛泽东头像、长江三峡

4.第五套人民币5元纸币正面主景是（　　）图案，背面主景是（　　）图案。

A.毛泽东头像、人民大会堂　　B.毛泽东头像、布达拉宫

C.毛泽东头像、泰山

5.第五套人民币1元纸币背面主景图案是（　　）。

A.泰山　　B.西湖　　C.桂林山水

6.第五套人民币10元纸币安全线包括的防伪措施是（　　）。

A.全息、磁性、开窗　　B.磁性、荧光、开窗　　C.全息、荧光、开窗

7.第五套人民币5元纸币的白水印图案是（　　）。

A.5　　B.水仙花　　C.RMB5

8.第五套人民币5元纸币的固定花卉水印是（　　）图案。

A.兰花　　B.荷花　　C.水仙花

二、多项选择题

1.第五套人民币采用固定花卉水印的有（　　）。

A.100元　　B.50元　　C.20元

D.10元　　E.5元

2.第五套人民币2005年版20元纸币的防伪特征有（　　）。

A.白水印　　B.凹印手感线

C.胶印对印图案　　D.双色异形横号码

3.第五套人民币2005年版（　　）券别纸币采用双色横号码。

A.100元　　B.50元　　C.20元

D.10元　　E.5元

4.第五套人民币2005年版（　　）券别纸币采用正开式全息磁性开窗安全线。

A.100元　　B.50元　　C.20元

D.10元　　E.5元

5.下列各项中，对第五套人民币2005年版20元纸币的防伪特征全息磁性开窗安全线正确叙述的有（　　）。

A.正面中间偏左

B.背面开窗

C.开窗部分可以看到由缩微字符“￥20”组成的全息图案

D.仪器检测有磁性。

三、判断题

1.10元人民币票面主色调为蓝色。（ ）

2.10元人民币背面主景为“泰山”图案。（ ）

3.10元人民币正面左侧空白处，迎光透视，可以看到立体感很强的月季花水印。（ ）

4.5元人民币背面主景为“长江三峡”图案。（ ）

5.1元人民币的背面主景图案为杭州西湖。（ ）

6.5元人民币位于左侧空白处，迎光透视，可以看到立体感很强的荷花水印。（ ）

7.1元人民币票面主色为浅绿色。（ ）

8.固定水印均位于各票面正面右侧空白处，迎光透视，可以看到立体感很强的水印。（ ）

9. 第五套人民币纸币正面主景毛泽东头像，均采用手工雕刻凹版印刷工艺，形象逼真、传神，凹凸感强。（ ）

10. 第五套人民币的5元人民币正面左侧空白处，迎光透视，可以看到立体感很强的兰花水印。（ ）

11.20元人民币的左下角有古钱币圆形图案。（ ）

12.20元人民币的水印是莲花。（ ）

13.20元人民币的背面主景为长江三峡。（ ）

四、按图2-19中的标识写出20元的防伪特征

续图

图2-19　20元的防伪特征

1.________ 2.________ 3.________
4.________ 5.________ 6.________
7.________ 8.________ 9.________
10.________ 11.________ 12.________
13.________

活动2　第五套人民币（2015年版）的防伪特征

2005年版第五套人民币100元纸币发行十年期间，现金流通和银行业金融机构对钞票处理的手段发生了巨大变化，自动售货设备和现金自动处理设备蓬勃发展，对人民币的机读性能提出了更高的要求。同时一些不法分子也不断利用新技术来伪造人民币，给公众识别带来了困难。有资料统计仅2012年至2014年三年时间内，全国公安机关分别缴获假币3.29亿元、4.15亿元、5.32亿元，增幅都在25%以上。从央行的统计数据来看，百元假钞已占全部假钞的一大半，反假钞形势严峻。此外，发行新版百元钞有利于人民币的国际化进程。按照国际惯例，一般5到8年会进行一次货币改版升级。美元、欧元等主流币种已在2013年进行了改版，境外不法分子仿制这些币种的难度增加，在此情况下，人民币也有更新换代的必要。中国人民银行决定发行2015年版第五套人民币100元纸币，在保持规格、主图案、主色调等与2005年版第五套人民币100元纸币不变的前提下，对票面图案、防伪特征及其布局进行了调整，提高了机读性能，采用了先进的公众防伪技术，使公众更易于识别真伪。

一、2015年版第五套人民币100元纸币的防伪特征

2015年11月12日中国人民银行发行的2015版第五套人民币100元纸币的样币如图2-20所示，其主要防伪特征是：

图2-20　2015年版第五套人民币100元纸币的样币

（1）光变镂空开窗安全线（如图2-21所示）：位于票面正面的右侧，当垂直观察票面时，这条安全线呈现品红色，而与票面成一定角度观察时，安全线又会呈现绿色；透光观察，还可以看到安全线中正反交替排列着镂空文字“￥100”字样。

（2）光彩光变数字（如图2-22所示）：在票面正面的中部有面额数字100，垂直观察数字是金色；平视观察则变为绿色。随着观察角度的改变，数字颜色在金色和绿色之间交替变化，还可以看到一条亮光带上下滚动。

（3）人像水印（如图2-23所示）：在票面正面左侧空白处，在透光观察时可看到与主景人像相同、立体感很强的毛泽东头像水印。

（4）胶印对印图案（如图2-24所示）：在票面正面左下方和背面右下方，两面都有数字“100”的局部图案。在透光观察的情况下，正背面图案就可以组成一个完整的“100”。

图2-21　光变镂空开窗安全线

图2-22　光彩光变数字

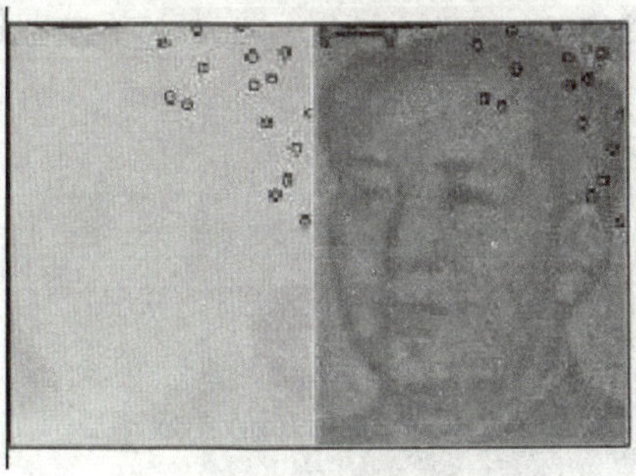

图2-23　人像水印

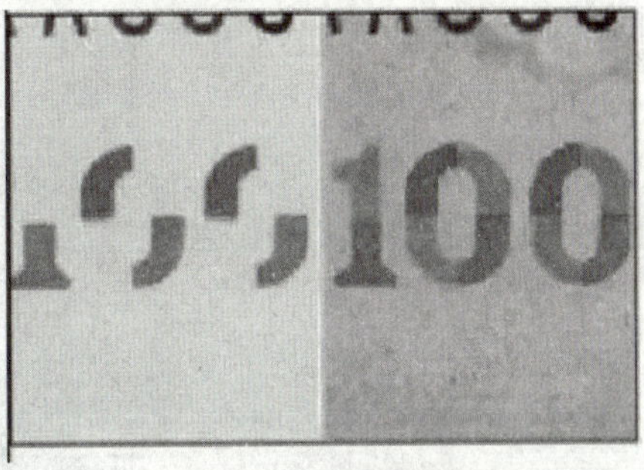

图2-24　胶印对印图案

（5）横竖双号码（如图2-25所示）：票面正面左下方是横号码，冠字和前两位数字是暗红色，后六位数字为黑色；而票面正面右侧则是蓝色的竖号码。

（6）白水印（如图2-26所示）：位于票面正面横号码下方，透光观察时，可以看到透光性很强的水印面额数字“100”。

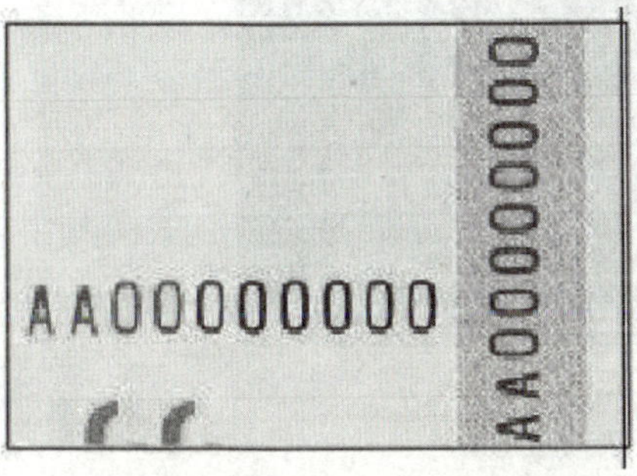

图2-25　横竖双号码

图2-26　白水印

（7）雕刻凹印（如图2-27所示）：毛泽东头像、国徽、“中国人民银行”行名、右上角面额数字、盲文及背面人民大会堂全部采用雕刻凹印印刷，当用手指触摸时会有明显的凹凸感。

二、2015年版第五套人民币100元与2005年版第五套人民币100元防伪特征对比

2015年版第五套人民币100元纸币是2005年版第五套人民币100元纸币（如图2-28和图2-29所示）的升级版，它在保持规格、正背面主图案、主色调等不变的情况下，对图案做了以下调整：

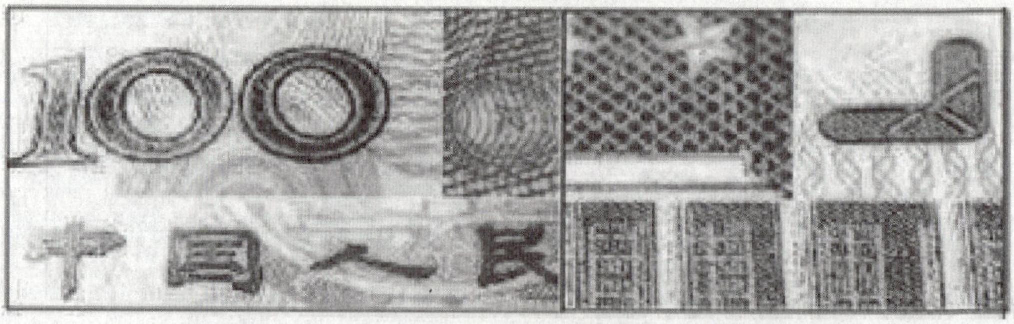

图2-27 雕刻凹印

图2-28 2005年版100元纸币正面

图2-29 2015年版100元纸币正面

（一）正面图案主要调整

（1）取消了票面右侧的凹印手感线（如图2-30所示）、隐形面额数字（如图2-31所示）和左下角的光变油墨面额数字（如图2-29所示）。

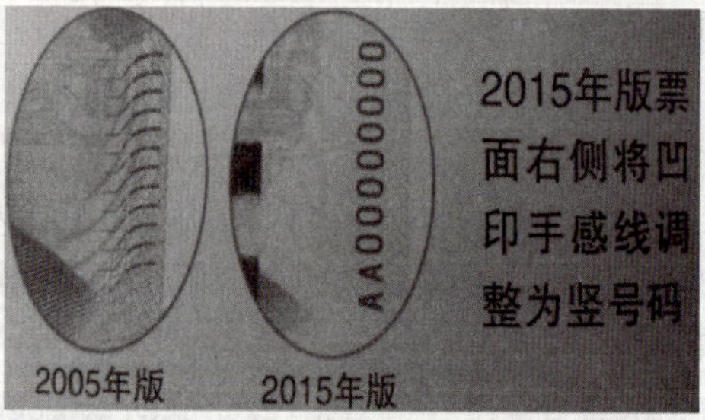

图2-30 票面右侧的凹印手感线

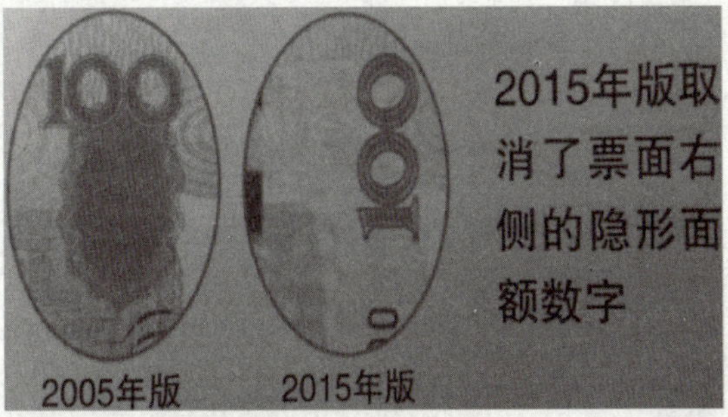

图2-31　隐形面额数字

（2）票面中部增加了光彩光变数字（如图2-32所示），票面右侧增加了光变镂空开窗安全线（如图2-33所示）和竖号码（如图2-30所示）。

图2-32　光彩光变数字

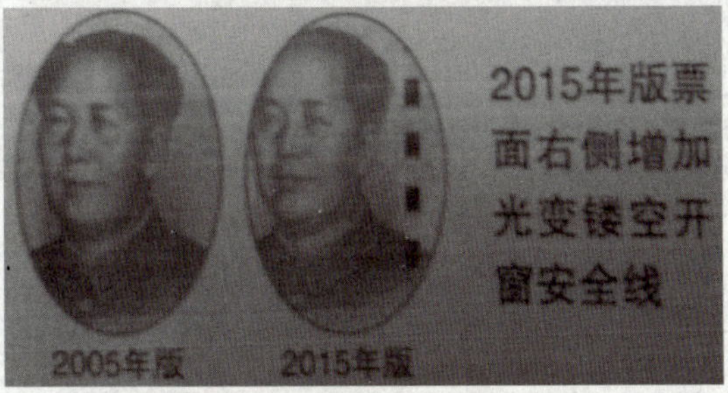

图2-33　光变镂空开窗安全线

（3）票面右上角面额数字由横排改为竖排，并对数字样式做了调整（如图2-34所示）；胶印对印图案由古钱币图案改为面额数字“100”，并由票面左侧中间位置调整至左下角（如图2-35所示）；中央团花图案中心花卉色彩由桔红色调整为紫色，取消花卉外淡蓝色花环，并对团花图案、接线形式做了调整（如图2-36所示）。

图2-34　数字样式

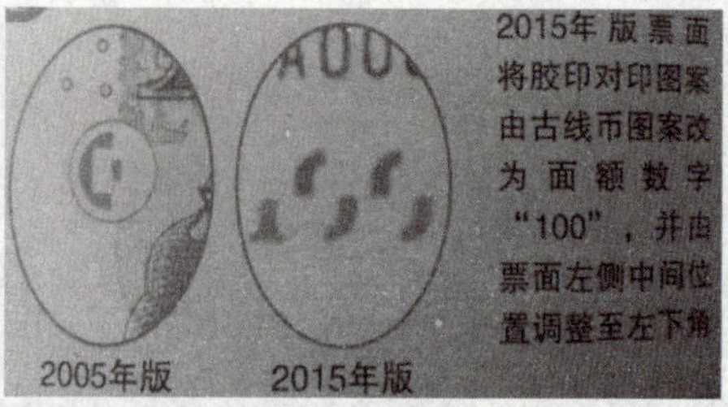

图2-35　胶印对印图案

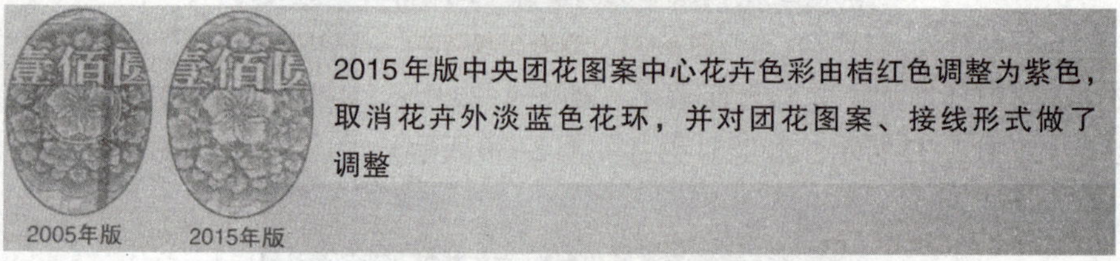

图2-36　中央团花图案

（二）背面图案主要调整（如图2-37、图2-38所示）

图2-37　2005年版100元纸币背面

图2-38　2015年版100元纸币背面

（1）取消了全息磁性开窗安全线（如图2-39所示）和右下角的防复印标记（如图2-40所示）。

（2）减少了票面左右两侧边部胶印图纹，适当留白（如图2-41所示）；胶印对印图案由古钱币图案改为面额数字“100”，并由票面右侧中间位置调整至右下角；面额数字“100”上半部颜色由深紫色调整为浅紫色，下半部由大红色调整为桔红色，并对线纹结构进行了调整（如图2-42所示）；票面局部装饰图案色彩由蓝、红相间调整为紫、红相间；左上角、右上角面额数字样式均做了调整。

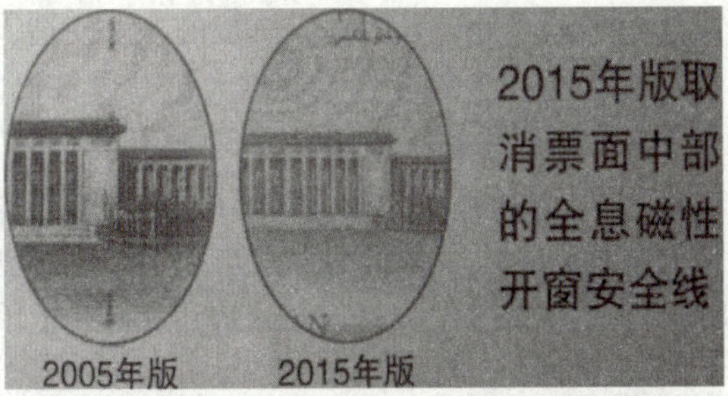

图2-39　全息磁性开窗安全线

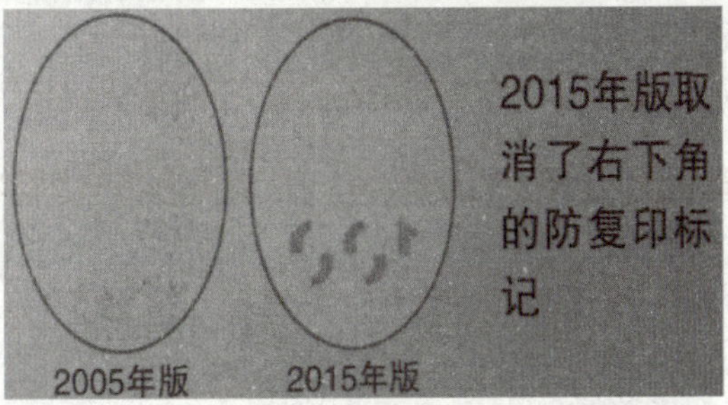

图2-40　防复印标记

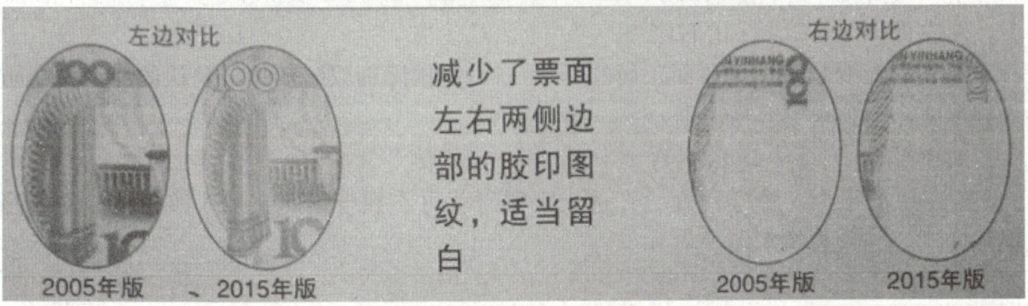

图2-41　边部胶印图纹

3. 年号调整为“2015年”（如图2-43所示）。

图2-42　颜色

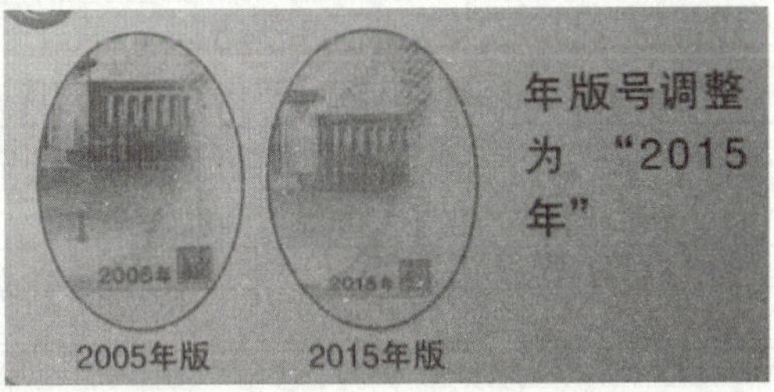

图2-43　年号

三、2015年版第五套人民币100元纸币相较于2005年版第五套人民币100元纸币的防伪技术和印制质量的改进和提升

2015年版第五套人民币100元纸币集成应用的防伪技术更为先进，布局更为合理，防伪技术水平较2005年版100元纸币有明显提升。人像水印清晰度明显提升，层次更加丰富。光彩光变技术是国际钞票防伪领域公认的前沿公众防伪技术之一，公众更容易识别。目前全世界已有包括中国、俄罗斯、欧元区在内的多个国家和地区的钞票采用了该

技术。近年来，我们发现一些不法分子采用真假拼接的办法变造人民币；此外，由于人民币在使用过程中各部位磨损不同，单一号码会增大机具设备误判率。针对以上情况，2015年版第五套人民币100元纸币采用了横竖双号码，以达到防范拼接变造币和提高机具对钞票冠字号码识别准确率的目的，并改变了原有的冠字号码字形，更符合公众的识别习惯和机器的读取要求，有利于冠字号码的识别与记录，也有利于防范变造货币。安全线是人民币的重要防伪特征。2015年版第五套人民币100元纸币针对公众的识别和机具设备的识别，设计了两条安全线。其中，光变镂空开窗安全线线宽4毫米，其光变性能对光源要求不高，颜色变化明显，集成镂空文字特征，更加有利于公众识别。磁性全埋安全线采用了特殊磁性材料和先进技术，机读性能更好。另外，光变镂空开窗安全线和磁性全埋安全线分别位于票面两边，也有利于防止变造人民币。

实训3 第五套人民币（2015年版）100元的防伪特征训练

一、单项选择题

1.按照国际惯例，一般（ ）年会进行一次货币改版升级。

A.5到8　　B.8　　C.10　　D.3到5

2.光变镂空开窗安全线位于票面（ ）。

A.左侧　　B.右侧　　C.上方　　D.下方

3.光彩光变数字位于票面正面的（ ），是国际钞票防伪领域公认的前沿公众防伪技术之一，公众更容易识别。

A.中部　　B.左侧　　C.右侧　　D.下面

4.在票面正面左侧空白处，在透光观察时就可看到与正面主景人像相同、立体感很强的（ ）头像水印。

A.邓小平　　B.毛泽东　　C.周恩来　　D.习近平

5.在票面正面左下方和背面右下方，两面都有数字“100”的局部图案。在（ ）观察的情况下，正背面图案就可以组成一个完整的“100”。

A.平视　　B.俯视　　C.迎光　　D.透光

6.毛泽东头像、国徽、“中国人民银行”行名、右上角面额数字、盲文及背面人民大会堂全部采用雕刻凹版印刷，当用手指触摸时会有明显的（ ）。

A.手感　　B.光滑感　　C.阻力感　　D.凹凸感

7.正面的胶印对印图案由古钱币图案改为面额数字“100”，并由票面左侧中间位置调整至（ ）。

A.左上角　　B.右侧中间　　C.右下角　　D.左下角

8.光变镂空开窗安全线和磁性全埋安全线分别位于票面两边，也有利于（ ）。

A.机读　　B.公众识别

C.防止变造人民币　　D.降低防伪成本

二、多项选择题

1.截至目前中国人民银行发行的第五套人民币有（ ）。

A.1999年版　　B.2005年版　　C.2015年版

D.2019年版　　E.2020年版

2.目前市面上流通的第五套人民币是（　　）。

A. 1999年版　　B.2005年版　　C.2015年版

D.2019年版　　E.2020年版

3.中国人民银行决定发行2015年版第五套人民币100元纸币的原因有（　　）。

A.更好地保护人民币持有人的利益

B.不断提高钞票的防伪技术和印制质量

C.保持人民币防伪技术的领先地位

D.有利于人民币国际化进程

4.2015年版第五套人民币100元纸币在保持规格、主图案、主色调等与2005年版第五套人民币100元纸币不变的前提下，对票面图案、防伪特征及其布局进行了调整，其特点是（　）。

A.提高机读性能　　B.采用了先进的公众防伪技术

C.便于公众识别真伪　　D.降低了防伪制作成本

5.垂直观察票面时，光变镂空开窗安全线呈现（　　）色，而与票面成一定角度观察时，安全线又会呈现（　　）色；透光观察，还可以看到安全线中正反交替排列着镂空文字（　　）字样。

A.品红　　B.绿　　C.RMB100　　D. 100

6.垂直观察光彩光变数字时数字是（　　）色；平视观察则变为（　　）色。随着观察角度的改变，数字颜色在上述两种颜色之间交替变化，还可以看到一条亮光带（　　）。

A.金　　B.黄　　C.绿

D.闪亮　　E.上下滚动

7.位于票面正面左下方是横号码，冠字和前两位数字是（　　）色，后六位数字为（　　）色；而票面正面右侧则是（　　）色的竖号码。

A.大红　　B.暗红　　C.黑　　D.蓝

8.2015年版第五套人民币100元纸币是2005年版第五套人民币100元纸币的升级版，它对正面图案做的调整中取消了（　　）。

A.凹印手感线　　B.隐形面额数字

C.光变油墨面额数字　　D.白水印

9. 2015年版第五套人民币100元纸币对正面图案做的调整中增加了（　　）。

A.光彩光变数字　　B.光变镂空开窗安全线

C.横号码　　D.竖号码

10. 2015年版第五套人民币100元纸币对2005年版第五套人民币100元纸币的防伪技术和印制质量的主要改进和提升有（　　）。

A.人像水印清晰度明显提升，层次更加丰富

B.增加了光彩光变技术

C.采用了横竖双号码

D.使用了两条安全线

活动3　第五套人民币（2019年版）的防伪特征

1999年10月，中国人民银行发行了第五套人民币。2005年8月，为提升防伪技术和印制质量，中国人民银行发行了2005年版第五套人民币部分纸、硬币。2015年11月，中国人民银行发行了新版100元纸币，其防伪能力和印制质量明显提升，受到社会广泛好评。迄今为止，50元、20元、10元、1元纸币和1元、5角、1角硬币已发行并流通十多年。在此期间，现金流通情况发生巨大变化，现金自动处理设备快速发展，假币伪造形式多样化，货币防伪技术更新换代加快，人民币逐步走向国际化，这些都对人民币的设计水平、防伪技术和印制质量提出了更高的要求。为适应人民币流通使用的发展变化，更好地维护人民币信誉和持有人利益，提升人民币整体防伪能力，保持第五套人民币系列化，中国人民银行于2019年8月30日起发行2019年版第五套人民币50元、20元、10元、1元纸币和1元、5角、1角硬币，在保持现行第五套人民币主图案等相关要素不变的前提下，对票（币）面效果、防伪特征及其布局等进行了调整，采用先进的防伪技术，提高防伪能力和印制质量，使公众和自助设备易于识别。

一、2019年版第五套人民币防伪特征设计的思路

2019年版第五套人民币50元、20元、10元、1元纸币分别保持2005年版第五套人民币50元、20元、10元纸币和1999年版第五套人民币1元纸币规格、主图案、主色调、“中国人民银行”行名、国徽、盲文面额标记、汉语拼音行名、民族文字等要素不变，提高了票面色彩的鲜亮度，优化了票面的结构层次与效果，提升了整体的防伪性能。

2019年版第五套人民币50元、20元、10元、1元纸币调整正面毛泽东头像、装饰团花、横号码、背面主景和正背面面额数字的样式，增加正面左侧装饰纹样，取消正面右侧凹印手感线和背面右下角局部图案，票面年号改为“2019年”。与以往版本的纸币相比，具体可总结为三个新的变化：

1.更强的防伪技术易识别

新版50元、20元和10元纸币正面中部面额数字调整为光彩光变面额数字。新版50元、20元和10元纸币右侧增加了光变镂空开窗安全线和竖号码。安全线中交替排列着镂空的面额数字，变换角度观察时安全线颜色变化明显，便于识别。同时，增添竖号码后可以有效防范变造纸币。此外，2019年版第五套人民币纸币还明显提升了水印清晰度和层次效果，延续了2015年版第五套人民币100元纸币冠字号码字形设计，便于人工和现金机具识别。

2.更高的印刷质量耐流通

新版第五套人民币纸币采取了多种措施提升印制质量。例如，提高钞票纸强度，延长其流通寿命；在纸币两面采用抗脏污保护涂层，明显改善整洁度等。

3.更亮的票面色彩添美观

新版纸币调整了正面毛泽东头像、装饰团花、背景主景等的样式，提高了票面色彩鲜亮度，优化了票面结构层次与效果。

二、2019年版第五套人民币外观及防伪特征与第五套人民币纸币（2005年版50元、20元、10元纸币，1999年版1元纸币）、硬币（1999年版1元、5角硬币，2005年版1角硬币）的区别

（一）纸币方面

与2005年版第五套人民币50元、20元、10元纸币和1999年版第五套人民币1元纸币相比，2019年版第五套人民币50元、20元、10元、1元纸币提高了票面色彩鲜亮度，优化了票面结构层次与效果，采用了更强的防伪技术。

1.50元纸币（如图2-44所示）

图2-44　2019年版第五套人民币50元纸币样币

（1）光彩光变面额数字（如图2-45所示）：正面中部面额数字调整为光彩光变面额数字“50”，随着观察角度的改变，数字“50”的颜色在绿色和蓝色之间交替变化，并可见一条亮光带在数字上上下滚动。

（2）动感光变镂空开窗安全线（如图2-46所示）：光变镂空开窗安全线具有颜色变化和镂空文字特征，易于公众识别，是一项常用的公众防伪特征。50元纸币采用的动感光变镂空开窗安全线位于票面右侧，改变钞票观察角度，安全线颜色在红色和绿色之间变化，亮光带上下滚动。透光观察可见“¥50”。

图2-45　光彩光变面额数字

图2-46　动感光变镂空开窗安全线

（3）雕刻凹印（如图2-47所示）：票面正面毛泽东头像、国徽、“中国人民银行”行名、装饰团花、右上角面额数字、盲文面额标记及背面主景等均采用雕刻凹版印刷，触摸有凹凸感。

（4）横竖双号码（如图2-44所示）：新版50元纸币增添了竖号码，可以有效防范变造纸币。左侧横号码的样式为双色异形横号码，其冠字和前两位数字为暗红色，后六位数字为黑色。右侧竖号码冠字和数字均为蓝色。

（5）水印（如图2-48、图2-49所示）：2019年版50元纸币明显提升了水印清晰度和层次效果。人像水印位于票面正面左侧的空白处，透光观察可见毛泽东头像。人像水印清晰度明显提升，层次更加丰富。白水印位于票面正面横号码下方，透光观察可见水印面额数字“50”。

图2-47　雕刻凹印

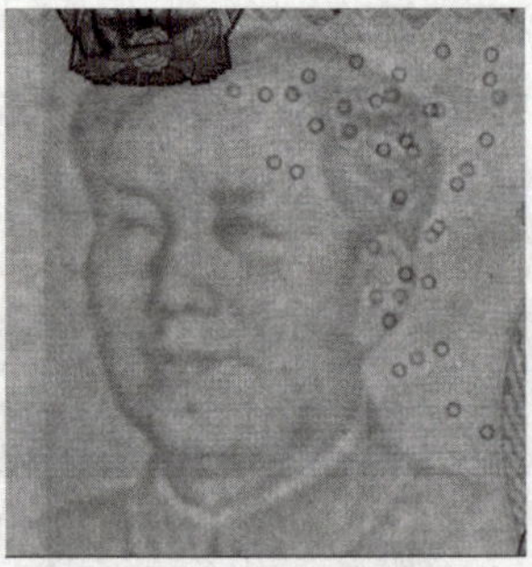

图2-48　水印（1）

（7）胶印对印图案（如图2-50所示）：票面正面左下角和背面右下角均有面额数字“50”的局部图案。透光观察，正背面图案组成一个完整的面额数字“50”。

图2-49　水印（2）

图2-50　胶印对印图案

其他变化：调整装饰团花的样式；左侧增加装饰纹样，取消左下角光变油墨面额数字；调整毛泽东头像、右上角面额数字的样式，取消凹印手感线；背面调整主景、面额数字、胶印对印图案的样式，取消全息磁性开窗安全线和右下角局部图案；年号改为“2019年”。

2.20元纸币（如图2-51所示）

图2-51　2019年版第五套人民币20元纸币样币

（1）光彩光变面额数字（如图2-52所示）：正面中部面额数字调整为光彩光变面额数字“20”，随着观察角度的改变，数字“20”的颜色在金色和绿色之间交替变化，并可见一条亮光带在数字上上下滚动。

（2）光变镂空开窗安全线（如图2-53所示）：20元纸币采用的光变镂空开窗安全线位于票面右侧，与2015年版100元纸币类似，改变钞票观察角度，安全线颜色在红色和绿色之间变化。透光观察可见“￥20”。

图2-52　光彩光变面额数字

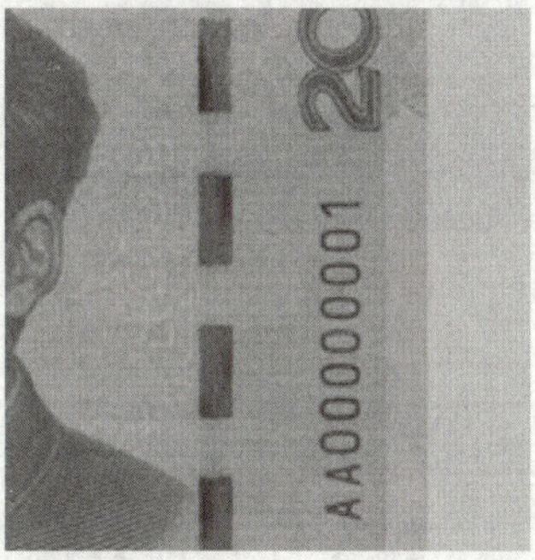

图2-53　光变镂空开窗安全线

（3）雕刻凹印（如图2-54所示）：票面正面毛泽东头像、国徽、“中国人民银行”行名、装饰团花、右上角面额数字、盲文面额标记及背面主景等均采用雕刻凹版印刷，触摸有凹凸感。

（4）横竖双号码（如图2-51所示）：新版20元纸币增添了竖号码，可以有效防范变造纸币。左侧横号码的样式调整为双色异形横号码，其冠字和前两位数字为暗红色，后六位数字为黑色。右侧竖号码冠字和数字均为蓝色。

（5）水印（如图2-55、图2-56所示）：2019年版20元纸币明显提升了水印清晰度和层次效果。花卉水印位于票面正面左侧的空白处，透光观察可见立体感很强的荷花水印。花卉水印清晰度明显提升，层次更加丰富。白水印位于票面正面横号码下方，透光观察可见水印面额数字“20”。

图2-54　雕刻凹印

图2-55　水印（1）

（6）胶印对印图案（如图2-57所示）：票面正面左下角和背面右下角均有面额数字“20”的局部图案。透光观察，正背面图案组成一个完整的面额数字“20”。

其他变化：调整装饰团花的样式；左侧增加装饰纹样，取消左下角光变油墨面额数字；调整毛泽东头像、右上角面额数字的样式，取消凹印手感线。背面调整主景、面额数字、胶印对印图案的样式，取消全息磁性开窗安全线和右下角局部图案，年号改为“2019年”。

图2-56　水印（2）

图2-57　胶印对印图案

3.10元纸币（如图2-58所示）

图2-58　2019年版第五套人民币10元纸币样币

（1）光彩光变面额数字（如图2-59所示）：正面中部面额数字调整为光彩光变面额数字“10”，随着观察角度的改变，数字“10”的颜色在绿色和蓝色之间交替变化，并可见一条亮光带在数字上上下滚动。

（2）光变镂空开窗安全线（如图2-60所示）：2019年版10元纸币采用光变镂空开窗安全线，与2015年版100元纸币类似，改变钞票观察角度，安全线颜色在红色和绿色之间变化，透光观察可见“¥10”。

图2-59　光彩光变面额数字

图2-60　光变镂空开窗安全线

（3）雕刻凹印（如图2-61所示）：票面正面毛泽东头像、国徽、“中国人民银行”行名、装饰团花、右上角面额数字、盲文面额标记及背面主景等均采用雕刻凹版印刷，触摸有凹凸感。

（4）横竖双号码（如图2-58所示）：新版10元纸币增添了竖号码，可以有效防范变造纸币。左侧横号码的样式调整为双色异形横号码，其冠字和前两位数字为暗红色，后六位数字为黑色。右侧竖号码冠字和数字均为蓝色。

（5）水印（如图2-62、图2-63所示）：2019年版10元纸币明显提升了水印清晰度和层次效果。花卉水印位于票面正面左侧的空白处，透光观察可见立体感很强的月季花水印。花卉水印清晰度明显提升，层次更加丰富。白水印位于票面正面横号码下方，透光观察可见水印面额数字“10”。

图2-61　雕刻凹印

图2-62　水印（1）

图2-63　水印（2）

（6）胶印对印图案（如图2-64所示）：票面正面左下角和背面右下角均有面额数字“10”的局部图案。透光观察，正背面图案组成一个完整的面额数字“10”。

图2-64　胶印对印图案

其他变化：调整装饰团花的样式；左侧增加装饰纹样，取消左下角光变油墨面额数字；调整毛泽东头像、右上角面额数字的样式，取消凹印手感线。背面调整主景、面额数字、胶印对印图案的样式，取消全息磁性开窗安全线和右下角局部图案，年号改为“2019年”。

4.1元纸币（如图2-65所示）

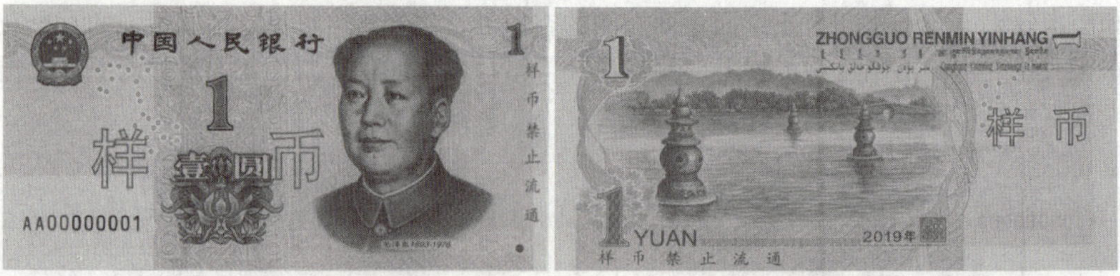

图2-65　2019年版第五套人民币1元纸币样币

新版1元纸币增加了面额数字白水印（如图2-66所示），白水印位于票面正面横号码下方，透光观察可见水印面额数字“1”。花卉水印位于票面正面左侧的空白处，透光观察可见立体感很强的兰花水印（如图2-67所示）。正面中部调整面额数字、装饰团花的样式；左侧增加装饰纹样，调整横号码的样式为双色异形横号码，取消左下角装饰纹样；右侧调整毛泽东头像的样式，取消凹印手感线。

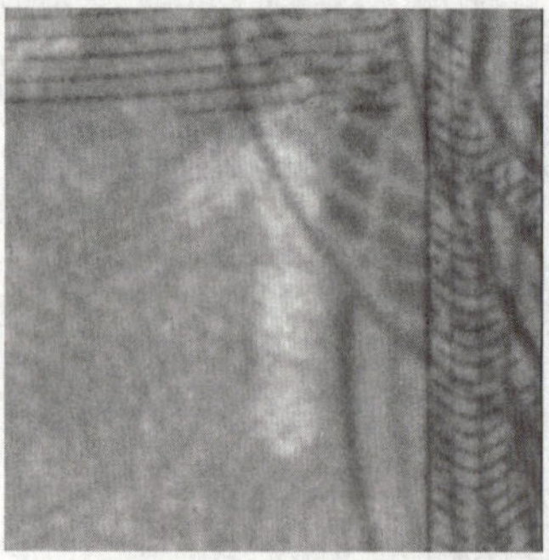

图2-66　数字白水印

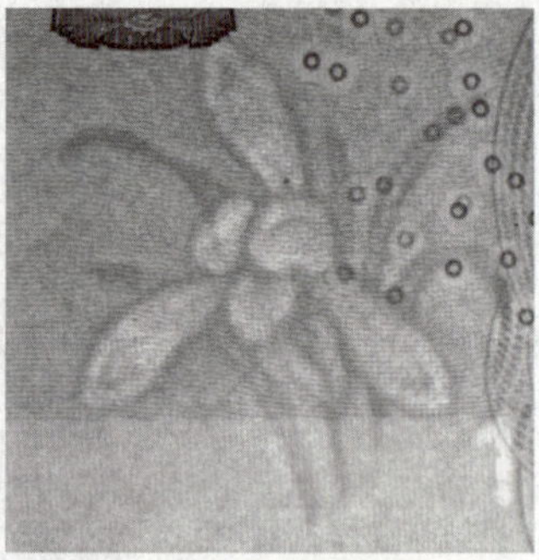

图2-67　兰花水印

背面调整主景（如图2-68所示）、面额数字的样式，取消右下角局部图案，年号改为“2019年”。

图2-68　背面主景

（二）硬币方面

与1999年版第五套人民币1元、5角硬币和2005年版第五套人民币1角硬币相比，2019年版第五套人民币1元、5角、1角硬币调整了正面面额数字的造型，背面花卉图案适当收缩。面额数字的字体由衬线体调整为无衬线体后，数字的字体简洁大方，更易识别，与相邻的拼音、人民币单位的字体字形更加协调统一，具有较强的时代感。面额数字造型作倾斜处理后，视觉效果更活泼、富有动感，更加突出和醒目；面额数字轮廓线的粗细变化，强化了数字造型的立体效果，进一步提升了识别性。

1.1元硬币（如图2-69所示）

图2-69　2019年版第五套人民币1元硬币正反面图案

直径由25毫米调整为22.25毫米，直径缩小，既方便携带，也节约造币成本。正面面额数字“1”轮廓线内增加隐形图文“¥”和“1”，转动硬币，从某一特定角度可以观察到“¥”，从另一特定角度可以观察到“1”。边部增加圆点。

2.5角硬币（如图2-70所示）

图2-70　2019年版第五套人民币5角硬币正反面图案

1999年版第五套人民币5角硬币采用的钢芯镀铜合金生产工艺，根据国家产业政策，属于拟淘汰的落后工艺。基于工艺升级和流通方便等方面考虑，新版5角硬币材质由钢芯镀铜合金改为钢芯镀镍，色泽由金黄色改为镍白色。正反面内周缘由圆形调整为多边形，曾经的菊花1角就是这个设计，当初是为了方便盲人使用，能够快速鉴别各种面值的硬币。

3.1角硬币（如图2-71所示）

图2-71　2019年版第五套人民币1角硬币正反面图案

正面边部增加圆点。

实训4　第五套人民币（2019年版）50元、20元、10元、1元的防伪特征训练

一、单项选择题

1.第五套人民币2019年版发行时间确定为从（　　）起。

A.2019年7月1日　　B.2019年8月30日

C.2019年10月1日　　D.2019年12月30日

2.2019年发行的第五套人民币暂时没有安排改版的是（　　）。

A.50元　　B.20元　　C.10元

D.5元　　E.1元纸币　　F.1角硬币

3.新版纸币正面中部面额数字没有调整为光彩光变面额数字的是（　　）。

A.50元　　B.20元　　C.10元　　D.1元

4.新版50元光彩光变面额数字“50”的颜色在（　　）之间交替变化，并可见一条光带在数字上上下滚动。

A.绿、蓝　　B.红、绿　　C.红、蓝　　D.绿、黄

5.采用动感光变镂空开窗安全线防伪技术的是新版（　　）纸币。

A.50元　　B.20元　　C.10元　　D.1元

6.白水印位于票面正面横号码下方，透光观察可见（　　）。

A.水印人像　　B.水印花卉

C.水印面额数字　　D.水印建筑物

7.票面正面毛泽东头像、国徽、“中国人民银行”行名、装饰团花、右上角面额数字、盲文面额标记及背面主景等均采用（　　）印刷，触摸有凹凸感。

A.雕刻凸版　　B.3D　　C.平板　　D.雕刻凹版

8.新版人民币的冠字横号码都采用了（　　）。

A.双色横号码　　B.单色横号码

C.双色异形横号码　　D.单色异形横号码

9.新版人民币所有纸币都取消的防伪特征是（　　）。

A.光变油墨面额数字　　B.全息磁性开窗安全线

C.古钱币局部图案　　D.凹印手感线

10.新版人民币50元、20元、10元纸币的胶印对印图案全部调整为（　　）。

A.相应的面额数字　　B.古钱币

C.¥　　D.其他图案

二、多项选择题

1.迄今为止，50元、20元、10元、1元纸币和1元、5角、1角硬币已发行流通十多年，现金流通情况发生的巨大变化有（　　），这些都对人民币的设计水平、防伪技术和印制质量提出了更高的要求。

A.现金自动处理设备快速发展　　B.假币伪造形式多样化

C.货币防伪技术更新换代加快　　D.人民币走向国际化

2.2019年版第五套人民币共发行（　　）个券别，其中有（　　）种面额硬币。

A.6　　B.5　　C.7

D.8　　E.2　　F.3

3.2019年版第五套人民币50元、20元、10元、1元纸币分别保持2005年版第五套人民币50元、20元、10元纸币和1999年版第五套人民币1元纸币规格、（　　）等要素不变。

A.“中国人民银行”行名、国徽、盲文面额标记、汉语拼音行名

B.主图案

C.主色调

D.民族文字

4.2019年版第五套人民币防伪特征设计的思路是（　　）。

A.提高票面色彩鲜亮度　　B.优化票面结构层次与效果

C.提升整体防伪性能

5.2019年版第五套人民币改版后的新特征表现在（　　）。

A.更强的防伪技术易识别　　B.更高的印刷质量耐流通

C.更亮的票面色彩添美观

6.新版（　　）纸币正面中部面额数字调整为光彩光变面额数字。

A.100元　　B.50元　　C.20元

D.10元　　E.1元

7.采用非动感光变镂空开窗安全线防伪技术的是新版（　　）纸币。

A.50元　　B.20元　　C.10元　　D.1元

8.光变镂空开窗安全线具有（　　）等特征，易于公众识别，是一项常用的公众防伪特征。

A.颜色变化　　B.镂空文字

C.亮光带上下滚动　　D.正面开窗

9.2019年版纸币明显提升了水印清晰度和层次效果，水印包括（　　）。

A.人像水印　　B.花卉水印

C.白水印　　D.建筑物水印

10.新版人民币采用横竖双号码的纸币有（　　）。

A.50元　　B.20元　　C.10元　　D.1元

活动4　第五套人民币（2020年版）5元的防伪特征

为提升防伪技术和印制质量，中国人民银行于2015年11月发行了新版100元纸币，2019年8月又发行了新版50元、20元、10元、1元纸币和1元、5角、1角硬币。当时，唯独5元纸币没推出新版，引起公众好奇。直到中国人民银行2020年11月5日起发行2020年版第五套人民币5元纸币，终于掀开了新版5元纸币的神秘面纱，我国独立自主研发的印钞专用技术——双面凹印对印，展现在世人面前。

2020年版第五套人民币5元纸币（如图2-72所示）保持2005年版第五套人民币5元纸币规格、主图案、主色调、“中国人民银行”行名、国徽、盲文面额标记、汉语拼音行名、民族文字等要素不变，优化了票面结构层次与效果，提升了整体防伪性能。

2020年版第五套5元纸币防伪特征及其与2005年版第五套5元纸币防伪特征的区别：

（1）光彩光变面额数字“5”（图2-73所示）：正面中部面额数字调整为光彩光变面额数字“5”，改变钞票观察角度，面额数字“5”的颜色在金色和绿色之间变化，并可见一条亮光带上下滚动。

图2-72　2020年版第五套人民币5元纸币样币

图2-73　光彩光变面额数字

（2）凹印对印面额数字与凹印对印图案（如图2-74至图2-76所示）：票面正面左下角、右上角和其对应的背面右下角、左上角有面额数字“5”和对应图案的局部图案。透光观察，正背面图案组成完整的面额数字与对印图案。

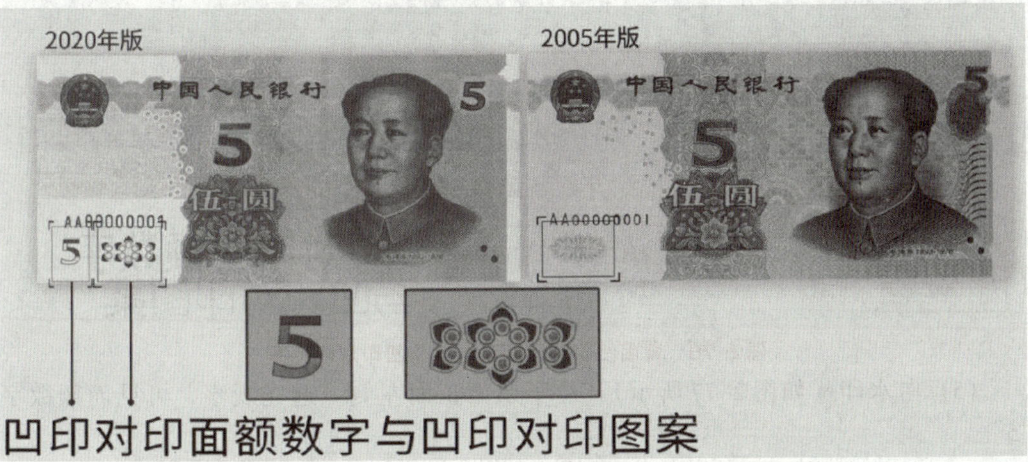

图2-74　正面左下角凹印对印面额数字与凹印对印图案

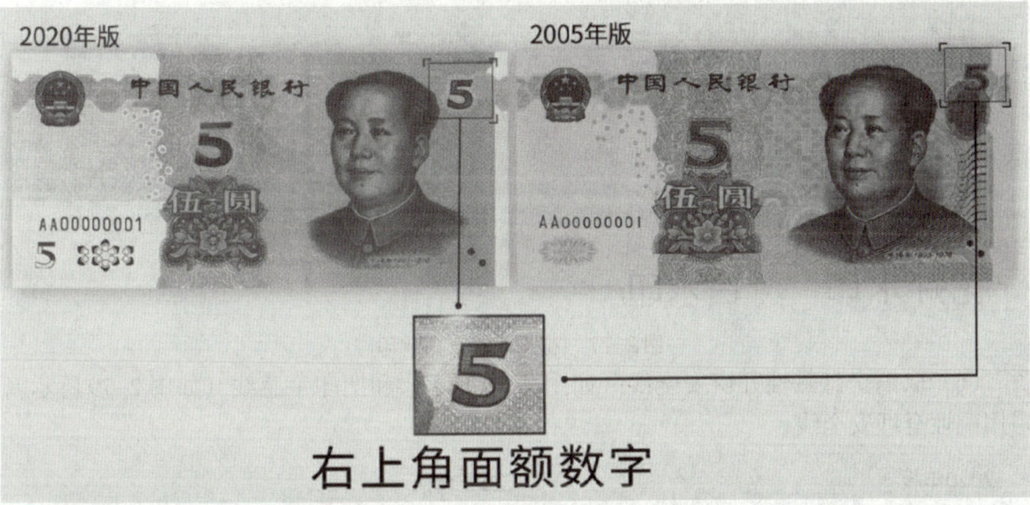

图2-75　正面右上角凹印对印面额数字

值得注意的是，新版5元纸币采用凹印对印面额数字与凹印对印图案是通过双面凹印对印技术来实现的，透光观察可见正背面局部图案组成完整的对印面额数字与对印图案，触摸有凹凸感。该技术是我国独立自主研发的印钞专用技术，充分展示了人民币防伪技术的安全性和创新性，这也是该技术首次应用在流通的人民币纸币上。

（3）雕刻凹印：票面正面毛泽东头像、国徽、“中国人民银行”行名、对印面额数字与图案、装饰团花、盲文面额标记及背面主景、对印面额数字与图案等均采用雕刻凹版印刷，触摸有凹凸感。

（4）花卉水印（如图2-77所示）：位于票面正面左侧。透光观察，可见花卉图案水印。

图2-76 背面凹印对印面额数字与凹印对印图案

（5）白水印（如图2-77所示）：位于票面正面左侧。透光观察，可见面额数字“5”。

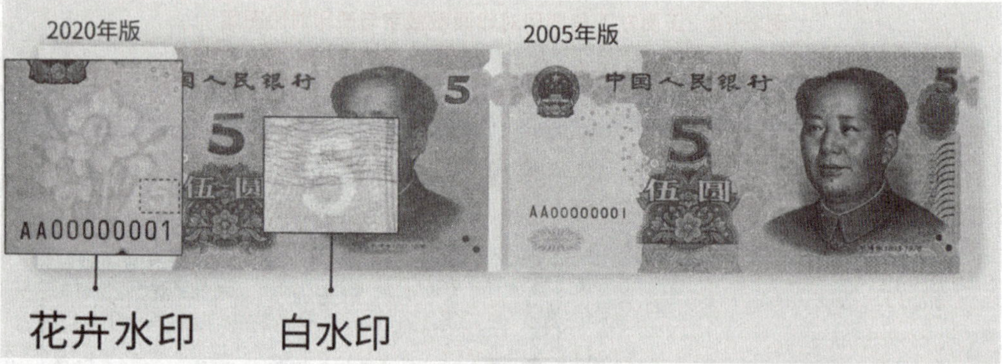

图2-77 花卉水印及白水印

（6）取消全息磁性开窗安全线（如图2-78所示）和凹印手感线（如图2-79所示），采用磁性全埋安全线。

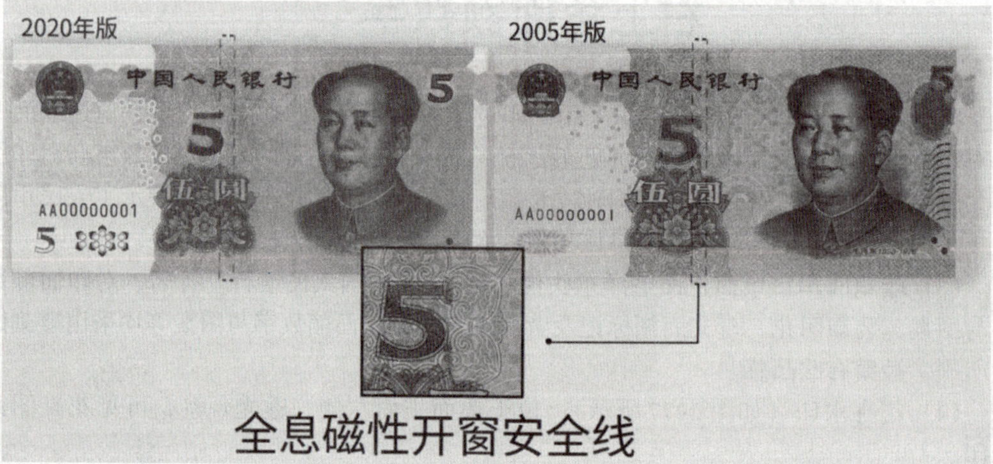

图2-78 取消全息磁性开窗安全线

图2-79　取消凹印手感线

（7）其他变化：左侧增加装饰纹样（如图2-80所示），调整面额数字白水印的位置，调整左侧花卉水印、左侧横号码（如图2-81所示）、中部装饰团花（如图2-82所示）、右侧毛泽东头像的样式（如图2-83所示）。调整主景、面额数字的样式，票面年号改为“2020年”（如图2-84所示）。

图2-80　左侧增加装饰纹样

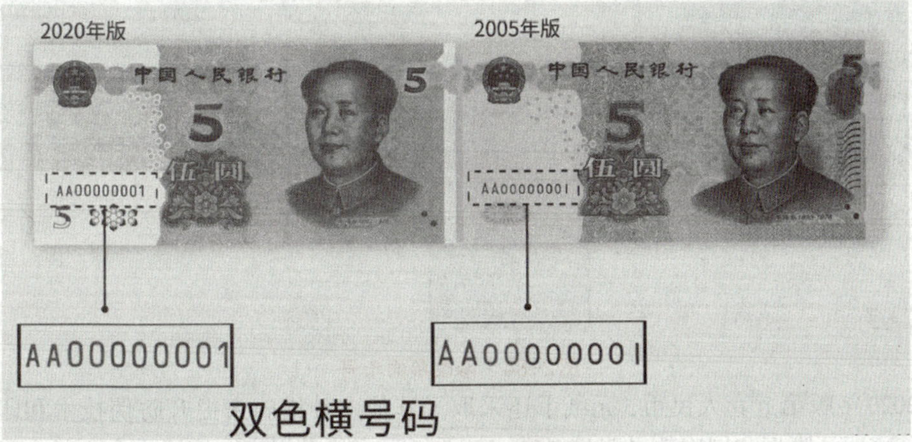

图2-81　调整左侧横号码

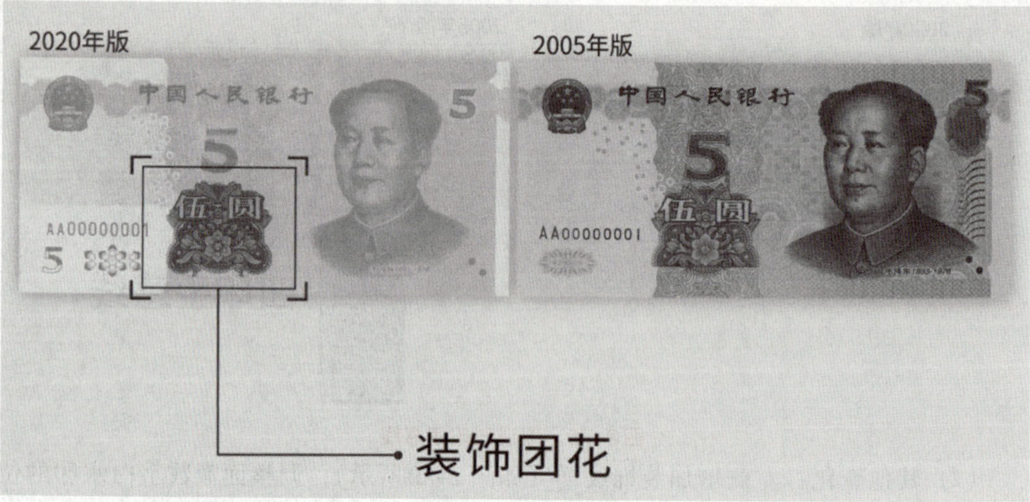

图2-82 调整中部装饰团花

图2-83 调整右侧毛泽东头像的样式

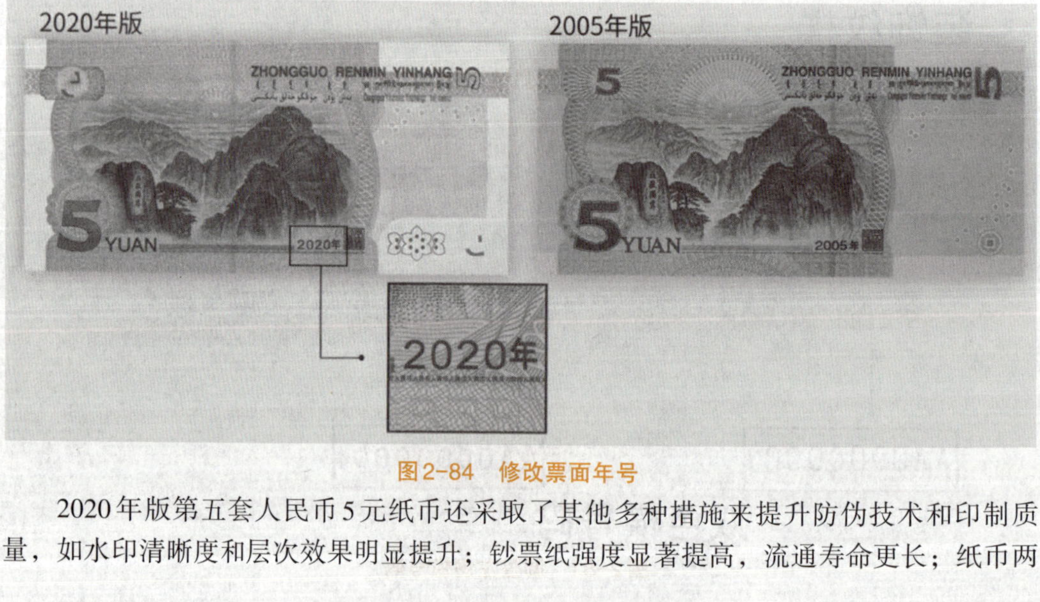

图2-84 修改票面年号

2020年版第五套人民币5元纸币还采取了其他多种措施来提升防伪技术和印制质量，如水印清晰度和层次效果明显提升；钞票纸强度显著提高，流通寿命更长；纸币两面采用抗脏污保护涂层，整洁度明显改善；延续2015年版100元纸币和2019年版50元、20元、10元、1元纸币冠字号码字形设计，有利于现金机具的识别。

2020年版第五套人民币5元纸币发行后，与同面额流通人民币等值流通。

实训5 第五套人民币（2020年版）5元的防伪特征训练

一、单项选择题

1. 中国人民银行于（ ）起发行2020年版第五套人民币5元纸币。

A.2020年11月5日 B.2020年10月5日

C.2020年12月31日 D.2020年1月1日

2. 2020年版第五套人民币5元纸币区别于其他面额纸币的重要防伪特征是（ ）。

A.光彩光变面额数字 B.凹印对印面额数字与对印图案

C.装饰团花图案造型 D.全息磁性开窗安全线

3. 改变钞票观察角度时，2020年版第五套人民币5元纸币光彩光变面额数字的颜色在（ ）和（ ）之间变化。

A.金色 红色 B.金色 绿色 C.蓝色 黄色 D.蓝色 绿色

4. 2020年版第五套人民币5元纸币正面左侧水印区域（ ）。

A.取消面额数字白水印 B.毛泽东头像白水印没变

C.增加了装饰纹样 D.没有调整面额数字白水印的位置

5. 2020年版第五套人民币5元纸币的号码位于票面正面左下角。前四位为暗红色，后六位为黑色。用特定仪器可检测到（ ）。

A.磁性特征 B.荧光纤维

C.全息开窗安全线 D.红蓝彩色纤维

6. 2020年版第五套人民币5元纸币调整了水印设计样式，效果明显提升，这种水印图案是（ ）。

A. 毛泽东头像 B. 荷花 C. 水仙花 D. 兰花

7. 2020年版第五套人民币5元纸币需改变钞票观察角度识别的防伪特征是（ ）。

A.光彩光变面额数字 B.花卉水印

C.白水印 D.磁性全埋安全线

8. 2020年版第五套人民币5元纸币票面正面左下角、右上角和其对应的背面右下角、左上角有面额数字“5”和对印图案的局部图案。触摸有凹凸感；透光观察，正背面图案组成完整的面额数字与对印图案，这是防伪特征中的（ ）。

A.凹印对印面额数字与凹印对印图案

B.胶印对印面额数字与胶印对印图案

C.凹印对印面额数字与胶印对印图案

D.胶印对印面额数字与凹印对印图案

9. 2020年版第五套人民币5元纸币正面左下方异型双色横号码颜色为（ ）。

A.前4位红色、后6位黑色 B.前4位黑色、后6位红色

C.前6位红色、后4位黑色 D.前6位黑色、后4位红色

二、多项选择题

1.2020年版第五套人民币5元纸币保持2005年版5元纸币（ ）等要素不变。

A. 规格　B. 主图案　C. 主色调
D. “中国人民银行”行名　E. 国徽　F. 盲文面额标记
G. 汉语拼音行名　H. 民族文字

2. 票面正面（ ）和其对应的（ ）有面额数字“5”和对应图案的局部图案。透光观察，正背面图案组成完整的面额数字与对印图案。

A. 正面左上角　B. 正面左下角
C. 正面右上角　D. 正面右下角
E. 背面左上角　F. 背面左下角
G. 背面右上角　H. 背面右下角

3. 与2005年版第五套人民币5元纸币相比，2020年版5元纸币主要取消了（ ）等防伪特征。

A. 手感线图案　B. 隐形图案　C. 竖号码
D. 全息磁性开窗安全线　E. 防复印标记

4. 2020年版第五套人民币5元纸币中，（ ）使用雕刻凹印。

A. 票面正面毛泽东头像　B. 票面正面国徽
C. 票面正面“中国人民银行”行名　D. 对印面额数字与图案
E. 票面正面盲文面额标记及背面主景　F. 装饰团花

5. 2020年版第五套人民币5元纸币的主要变化是（ ）。

A. 提高了票面色彩鲜亮度　B. 优化了票面结构层次与效果
C. 提升了整体防伪性能　D. 改善了钞票流通耐性

三、判断题

1. 凹印对印面额数字与凹印对印图案的典型特点是：触摸有凹凸感，透光观察，正背面图案组成完整的面额数字与对印图案。（ ）

2. 2020年版第五套人民币5元纸币的白水印位置进行了调整。（ ）

3. 2020年版第五套人民币5元纸币号码的横竖设计形式与2019年版50元、20元、10元纸币相同。（ ）

4. 2020年版第五套人民币5元纸币采用了抗脏污保护涂层。（ ）

5. 现金机具通过升级后可以识别2020年版第五套人民币5元纸币。（ ）

任务2 人民币真假钞票的识别方法

【小案例】 收银员遭遇"调包计"

周末晚上六点半左右，在西单地区一家人流比较大的店面，一名女孩看中了一个漂亮的小玩意儿，男孩毫不犹豫地决定买下。到了收银台，男孩翻开钱包，没有零钱，问女孩有没有，女孩打开钱包，也说没有，于是拿出一张100元真钞，交给收银员。收银员打算收进时女孩突然说有零钱了。收银员退回100元，数零钱，发现不够，只差5元，于是女孩又拿出100元，收银员重新收进，收到找零后他们就迅速消失了。收银员交班时才发现误收了假币100元，结果只好自己认赔。

案例分析：知道收银员为什么会赔钱吗？注意，女孩后拿出的那张是假币，你在日常生活中遇到过假币吗？你了解假币是什么样子的吗？知道如何避免中计吗？

活动1 假币的主要特征

验钞的目的是识别假币，减少财产损失。要掌握快速、准确识别假币的能力，还必须了解假币的种类与特征。

一、假币的种类

假币主要包括伪造币和变造币两种：

1.伪造币

伪造币是指通过机制、拓印、刻印、照相、描绘等手段制作的假币。其中电子扫描分色制版印刷的机制假币数量最多、危害性最大。

2.变造币

变造币是指犯罪分子将真币通过挖补、剪接、涂改、揭层等各种方法使真币改变数量、形态实现升值形成的假货币。例如，把一张假币均分成四份，用四分之一的假币，和四分之三的真币，拼成一张货币，从而使一张假币进入流通。

二、假币的主要特征

1.固定人像、花卉水印

（1）在纸张夹层中涂布白色浆料，透光观察，水印所在位置纸张明显偏厚。

（2）在票面正面、背面或正背面同时使用无色或淡黄色油墨印刷类似水印的图案，图案不透光也清晰可见，立体感较差。

2.安全线

（1）在钞票表面，用油墨印刷一个线条，无磁性。

（2）在纸张夹层中放置与安全线等宽的聚酯类线状物，与纸张结合较差，易抽出，缩微文字较粗糙，无磁性。

（3）伪造开窗安全线，使用双层纸张。在纸张正面，对应开窗位置留有断口，使镀有金属反射面的聚酯类线状物，从一个断口伸出，再从另一个断口埋入，与纸张结合较差，无全息图像。

3.雕刻凹版印刷图案

正背面主景图案多是由细点组成（真钞由点、线组成），图案颜色不正、缺乏层次、明暗过渡不自然，人像目光无神，发丝模糊，图案无凹凸感，也有一部分假币在凹印图部位涂抹胶水或压痕来模仿凹印效果。

4.隐形面额数字

使用无色油墨印刷而成，图文线条与真券差别较大，无隐形效果。

5.胶印、凹印缩微文字

缩微文字模糊不清，无法分辨。

6.光变油墨面额数字

（1）普通单色油墨平版印刷，无颜色变换特征，无凹凸感。

（2）使用珠光油墨丝网印刷，变色特征与真券有明显的区别。

7.阴阳互补对印图案

正背面图案的重合不够完整，线条有明显的错位现象。

8.有色、无色荧光图案

（1）没有有色、无色荧光图案。

（2）颜色及亮度与真券有一定的差别。

9.专用纸张

纸张在紫外光下会发出较强的蓝色荧光，也有些假钞纸张荧光较弱或没有荧光，不含有无色荧光纤维。

活动2 识别人民币真假的主要方法

当我们掌握了人民币的主要防伪特征及假币的主要特征后，为什么有时仍然会收到假币呢？这是因为我们还缺乏防伪意识，没有学会识别真假人民币的一般方法。

一、真假人民币的简易识别方法

（一）纸币鉴别方法

纸币真伪的识别通常采用直观对比（眼看、手摸、耳听）和仪器检测相结合的方法，即通常所说的一看、二摸、三听、四测。

1.眼看：颜色、图案、花纹、水印、安全线等外观情况

（1）看水印：第五套人民币各券别纸币的固定水印位于各券别纸币票面正面左侧的空白处，迎光透视，可以看到立体感很强的水印。100元、50元纸币的固定水印为毛泽东头像图案。20元、10元、5元、1元纸币的固定水印为花卉图案。另外在位于正面双色横号码下方，迎光透视，可以看到透光性很强的面额数字白水印。

（2）看安全线：2005年版100元、50元纸币的安全线在票面正面中间偏左，背面开窗。迎光透视，分别可以看到缩微文字“￥100”“￥50”的微小文字，仪器检测均有磁性。2015年版100元纸币的安全线，在票面两边各有一条，右侧光变镂空开窗安全线为正面开窗，左侧安全线是磁性全埋安全线，采用了特殊磁性材料和先进技术，机读性能更好，仪器检测均有磁性。20元、10元、5元纸币安全线为全息磁性开窗安全线，即安

全线局部埋入纸张中，局部裸露在纸面上，其开窗部分在正面，从上面分别可以看到由微缩字符“￥20”“￥10”“￥5”组成的全息图案，仪器检测有磁性。2019年版50元纸币采用了动感光变镂空开窗安全线，它位于票面右侧，改变钞票观察角度，安全线颜色在红色和绿色之间变化，亮光带上下滚动。透光观察可见“￥50”。2019年版20元、10元纸币则采用了光变镂空开窗安全线，改变钞票观察角度，安全线颜色在红色和绿色之间变化，透光观察可见“￥20”“￥10”。

（3）看光变油墨：2005年版第五套人民币100元纸币和50元纸币正面左下方的面额数字采用光变油墨印刷。将垂直观察的票面倾斜到一定角度时，100元纸币的面额数字会由绿色变为蓝色；50元纸币的面额数字则会由金色变为绿色。2015年版100元纸币在票面正面的中部有面额数字100，垂直观察数字是金色，平视观察则变为绿色。随着观察角度的改变，数字颜色在金色和绿色之间交替变化，还可以看到一条亮光带上下滚动。2019年版50元纸币票面正面中部面额数字采用了光彩光变面额数字“50”，随着观察角度的改变，数字“50”的颜色在绿色和蓝色之间交替变化，并可见一条亮光带在数字上上下滚动。2019年版20元、10元券正面中部面额数字则分别采用了光彩光变面额数字“20”“10”，随着观察角度的改变，数字“20”“10”的颜色在绿色和蓝色之间交替变化，并可见一条亮光带在数字上上下滚动。

（4）看票面图案是否清晰，色彩是否鲜艳，对接图案是否可以对接上。第五套人民币纸币的胶印对印图案应用于100元、50元、20元、10元券中。2005年版券别的正面左下方和背面右下方都印有一个圆形局部图案，迎光透视，两幅图案准确对接，组合成一个完整的古钱币图案。2015年版100元在票面正面左下方和背面右下方，都有数字“100”的局部图案，在透光观察的情况下，正背面图案就可以组成一个完整的“100”。2019年版人民币50元、20元、10元纸币的胶印对印图案全部调整为相应面额数字，票面正面左下角和背面右下角均有面额数字的局部图案，透光观察，正背面图案组成一个完整的面额数字“50”“20”“10”。

（5）用5倍以上放大镜观察票面，看图案线条、缩微文字是否清晰干净。第五套人民币纸币各券别正面胶印图案中，多处均印有微缩文字，20元纸币背面也有该防伪措施。100元微缩文字为“RMB”和“RMB100”；50元为“50”和“RMB50”；20元为“RMB20”；10元为“RMB10”；5元为“RMB5”和“5”。

2.手摸：纸张、行名、盲文、国徽、主景图案

（1）摸人像、盲文点、中国人民银行行名等处是否有凹凸感。第五套人民币纸币各券别正面主景均为毛泽东头像，采用手工雕刻凹版印刷工艺，形象逼真、传神，凹凸感强，易于识别。

（2）摸纸币是否薄厚适中，挺括度好。

3.耳听：抖动钞票的声音

通过抖动钞票使其发出声响，根据声音来分辨人民币真伪。人民币的纸张，具有挺括、耐折、不易撕裂的特点。手持钞票用力抖动、手指轻弹或两手一张一弛轻轻对称拉动，能听到清脆响亮的声音。

4. 仪器测：使用简单工具和专用仪器，如放大镜、紫外灯、磁性检测仪

如借助放大镜可以观察票面线条清晰度以及胶印、凹印缩微文字等；用紫外灯照射票面，可以观察钞票纸张和油墨的荧光反映；用磁性检测仪可以检测安全线的磁性。

（二）硬币鉴别方法

（1）对比法：外形、边部、图案花纹、文字、光泽。

（2）测量称重法：直径、厚度、清边宽度、单枚重量。

（3）图纹重合比照法：对接重影比较仪进行图纹重合检查。

（4）合金成分分析法：金属材料的成分。

二、真假人民币防伪特征对照（见表2-2）

表2-2 2005年版第五套人民币100元券真假对比

1. 固定人像水印	2. 磁性缩微文字安全线	3. 手工雕刻头像	4. 胶印缩微文字	5. 光变油墨面额数字
真币：纸张制造中形成人像水印，层次丰富，立体感很强	真币：嵌于纸张内部，仪器检测有磁性	真币：形象逼真，线条清晰，凹凸感强	真币：在放大镜下，字型清晰	真币：随视角变化，颜色变化明显
假币：在纸张夹层中涂布白色浆料并模压水印图案，或直接在纸张表面盖印浅淡水印图案，层次及立体感较差	假币：无磁性或磁性特征不稳定	假币：线条模糊，无凹凸感	假币：字型模糊	假币：变色无规律或无变色效果
6. 阴阳互补对印图案	7. 雕刻凹版印刷	8. 专用纸张	9. 隐形面额数字	10. 双色异型横号码
真币：正背图案重合，组成完整的古钱币图案	真币：用手指触摸有明显的凹凸感	真币：采用专用纸张，纸质坚挺，具有耐磨性，有韧度，挺括，不易折断，抖动时声音响脆	真币：将钞票置于与眼睛接近平行的位置，面对光源做上下倾斜晃动，可以看到面额数字“100”字样，字型清晰	真币：左侧部分为暗红色，右侧部分为黑色。字符由中间向左右两边逐渐变小
假币：正背面图案错位	假币：全胶印，手感平滑	假币：普通纸张，纸质绵软，抖动时声音沉闷，在紫外灯照射下有荧光反应	假币：无隐形效果	假币：颜色与真币有差异

三、假币犯罪的常见手段

1. 偷梁换柱式

犯罪分子使用真币购买高档酒水、香烟等轻巧、容易脱手的物品，当受害人验钱后，立即提出要开发票（或其他事由），受害人可能无法立即开票，犯罪分子则假意提

出不要所购物品了，当受害人将真币退回后，犯罪分子乘机调包，又提出要购买物品，并将假币支付给受害人，得逞后迅速逃窜。在此类案件中，犯罪分子先使用真币麻痹受害人，当受害人放松警惕后，乘机调包使用假币，使其犯罪得以实施。

2.巧取豪夺式

犯罪分子以一些烟酒行或副食品店为目标，在询问了香烟的价格后，犯罪分子让受害人拿两条香烟给他。当受害人接过犯罪分子手中的钱后，在把钱放入验钞机时，犯罪分子拿了烟就往外逃窜。犯罪分子利用店主警惕性不高的特点进行犯罪。防范此类案件，最关键的一点是要做到点好钱再将商品给对方。

3.瞒天过海式

犯罪分子以购物为名，先以大额真币付款，当店主担心大币有假迟疑不决或没有钱找零时，他会从内衣袋中"搜"出小额假币付款来实施诈骗。这是典型的小额诈骗。

4.暗度陈仓式

犯罪嫌疑人用假币购买贵重物品或有价证券，营业员用验钞机对假币进行检验时，犯罪嫌疑人在近距离不断使用手机通话，从而使验钞机暂时不发出警报声。商家在每天营业结束进行总账核对时才发现假币，然而为时已晚。手机在与验钞机保持25~30厘米距离时，其电磁波会产生干扰现象。

5.无中生有式

受害者在购买商品或搭乘出租车时，使用假币的犯罪分子假意验钞，将找回的真币调换为事先准备好的假币，反说受害者给的是假币。

6.浑水摸鱼式

犯罪分子在购买商品时，混进数张假币，尤其是10元或20元的面额居多。

7.假装老板式

警惕犯罪分子出手阔绰，设圈套。有些犯罪分子使用假币购物时出手非常大方，完全不讨价还价，在选好物品后，甩下一句"不用找了"就匆忙离开。一些防范意识不强的受害者以为遇到了好事，殊不知中了犯罪分子的圈套。

【教你一招】

"十看假币"宣传歌

打击假币搞宣传	教你如何识假钱	真假钞票好辨认	防伪特征有十看
迎光先把水印看	头像花卉在左看	真币水印立体感	假币粗糙又呆板
二看钞票左下边	油墨数字能光变	百元由绿变成蓝	假币变化不明显
三看拾元到百元	防伪对比有古钱	真币迎光成对圆	假币错位不成圆
仔细对比第四看	五套凹印手感线	用手触摸很明显	假币光滑无凹感
五看五套九九版	红蓝纤维票面显	真币造纸夹里面	假币表面手工添
六看磁性安全线	开窗微字面额显	假币用笔画上面	微字模糊无磁源
七看纸币作判断	真币成分短绒棉	假币纸张很一般	紫光灯下白光显
八看印刷雕刻版	真币最具凸凹感	凹版印刷最关键	假币光滑无手感
隐形数字第九看	与眼平行对光转	各类面额里面现	假币转动不明显
十看五套零伍版	正面仰光左下边	白水印码隐里面	假币目前未曾见
人民生活连着线	假币不时就出现	时刻注意要防范	捉摸不定请十看

活动3 在银行柜面业务中如何准确、快速地识别人民币真伪

【小案例】 李松在银行实习时收到假钞

李松是某职业学校的一名学生，毕业后在商业银行从事柜员工作。一天，一位客户从他的柜台递进20张100元，共2 000元现金，要存一年定期。李松按照收款程序，将20张100元放进点钞机中，过了两遍，未发现任何问题，最后，他又用人工清点的方式清点了一遍，他发现其中有一张有点不对劲，于是仔细检查了这批钞票，发现共有7张钞票是假币。由于他对工作认真负责的态度，不仅挽回了损失，还受到了银行的奖励。

案例分析：在实际工作中，我们不能全部依赖机器，于是掌握一些反假币的常识是非常重要的。假币毕竟不是真币，稍微用心一看，你就会发现“假的绝对真不了”。

假币是仿照真币制造的，它可能会以假乱真，但其毕竟不是真的，只要我们对它熟悉并且用心，是可以看出破绽的。有比较才能鉴别，首先我们要熟悉真钞的特点，另外也要了解假币的一般特点，经过比较就能识别假币。由于假币的仿真能力不同，在它仿真能力最弱的一个方面识别它和真币的不同，再进一步识别其他不同点，便可揭开全部伪装。

根据过去的实践经验，点钞时一般是通过手摸和眼看同时进行检查，手摸是摸纸张，因为钞纸的质量和手感与一般的纸张不同；眼看主要是看人像（或主景）的特点，因为钞票一般都是凹版印刷，人像（或主景）线条精细清晰、有立体感。如果发现可疑，就要进一步从纸张、版面、印刷、油墨等几个方面全面细致地检查。如有条件再用仪器测试纸张上的油墨特征，如磁性油墨、荧光油墨等，最后确定真伪。鉴别外币真伪需要有个过程，但是，只要我们熟悉各国钞票印制的基础特点，不断了解世界上出现的假钞情况，勤学苦练，增强触觉和视觉的敏感性，就能提高对外币的鉴别能力。

在日常生活中识别人民币真假的最基本的方法就是“一看，二摸，三听，四测”。在银行柜面业务中准确、快速地识别人民币真伪还要注意以下要点：

（1）边点边看：柜员或收银员接过顾客的钞票后，要认真进行清点。清点时要一边点数，一边注意察看票面。当发现有可疑钞票时，应把可疑钞票抽出来，仔细检验其真伪。

（2）注意手感：点钞过程中，看的同时还要注意手感。通常真人民币手感较好、挺括；假币则手感较差、绵软。当发现手感较差的钞票时，应当将其抽出来，仔细检验它的真伪。

（3）不放过疑点：清点现金时不要放过任何一个疑点，发现可疑钞票应立即将其抽出，认真进行鉴别。不能抱有侥幸心理，稍微的放松、大意，都有可能放过假币，就会给公司和个人带来经济损失。

【教你一招】 一个在印钞厂上班的女孩介绍的验钞诀窍

“不要用手摸，手摸的质感有时会欺骗你。只需看看钞票上毛主席的头像，观察他老人家的头发，就能辨出真伪。真钞上的头发绝对是根根清晰，不会是一绺一绺的，而且每一根都是一笔完成的，线条很流畅。而假钱则相反。”

任务3　在日常生活中发现假币和残损币如何处理

活动1　单位及市民发现假币怎么办

当我们走进一些商店时，常常看见商家在醒目处贴着告示“发现假币立即没收，并打110报警”。这种做法正确吗？

《中华人民共和国人民币管理条例》规定，公安机关和中国人民银行有权没收假币。办理人民币存取款业务的金融机构可以收缴假币，其他任何单位和个人均无权没收和收缴假币。那么，单位和个人发现假币应如何处理呢？

1.单位或者个人如何处理自己持有的假人民币

如果误收假币，不应该再继续使用。《中华人民共和国人民币管理条例》第四章第三十条明确规定，禁止走私、运输、持有、使用伪造、变造的人民币。

单位或者个人无论通过什么渠道遇到假人民币，应及时上缴中国人民银行、公安机关或者办理人民币存取款业务的金融机构。

2.发现他人持有假币，或从事制造、运输、买卖假币活动时应如何处理

无论单位还是个人，发现他人持有少量假币，应劝其向中国人民银行或办理人民币存取款业务的金融机构上交。如果发现他人持有较多假币或有制贩假币嫌疑的，应当立即向公安机关报告。要积极协助公安机关扣留假人民币，提供持币人的有关情况。举报违法犯罪活动，是每个公民的义务，也是向制贩假人民币违法犯罪行为展开斗争的有效措施。

3.持有人对被收缴货币的真伪有异议怎么办

持有人对被收缴货币的真伪有异议，可自收缴之日起三个工作日内，持《假币收缴凭证》直接或通过收缴单位向中国人民银行授权的当地鉴定机构提出书面鉴定申请。

中国人民银行分支机构和中国人民银行授权的鉴定机构应当无偿提供鉴定货币真伪的服务，鉴定后应出具中国人民银行统一印制的《货币真伪鉴定书》，并加盖货币鉴定专用章和鉴定人名章。

活动2　银行及公安部门如何处理收缴的假币

【小案例】　收缴假币时客户有异议怎么办？

某天上午10点，某银行营业厅内，一客户来到VIP窗口掏出十万元现金办理存款业务。柜员接过钱放入点钞机开始验钞，但发现其中一张钞票过不了，取出来经过确认后，告诉客户这是张假币，要没收！客户要求看下这张钞票，柜员回答不行。于是，客户变得非常气愤，与柜员吵了起来，并不再听柜员解释，一直说要看这张钞票，理由是：这钞票是刚从另一家银行取出来的，不可能是假币；就算是假币，自己也希望认识一下，免得以后再次误收！于是，大堂经理、保安纷纷来到VIP窗口帮忙解释说这是银行的规定，可是客户情绪激动，根本听不进去……

一方面是银行的规定，一方面是客户的要求，该如何合法、合情地处理？

案例分析：

假币收缴流程：柜员收入客户存款时，整个收款过程必须在客户视线范围内完成。如发现收入的款项中存在假币，则必须立即报告当值的业务负责人，双人核实确为假币后，必须在假币上先加盖人民银行统一格式的假币章。而后开具假币没收凭证，该没收凭证上填有该张假币的具体细节特征（如钞票编号）。经客户核实无误后，在假币没收凭证上签字确认，并告知客户其有权申请鉴定钞票真伪。

问题分析（客户心理需求）：

1.客户来到VIP窗口，说明他是VIP，VIP客户可能会有一定的优越感。

2.客户要求看一下这张钞票，柜员回答不行。完全可以给客户看，但是在必须盖“假币章”后给客户看。

3.客户理由：第一，这些钞票是刚从另一家银行取出来的，不可能是假币；第二，就算是假币，自己也希望认识一下，免得以后再次误收！客户的理由合乎逻辑。客户没有要求将假币退还给他，只是希望认识一下，所以客户的需求完全可以满足。

综上所述：客户不是一个不通情达理的人，'只是柜员处理问题的方式有些不妥。

客户类型分析：该客户为力量型客户，力量型客户只要结果。

处理方法：

（1）以后遇到这样的问题，严格按照标准流程来处理。告诉客户银行收缴假币的流程，取得客户的认可。

（2）在与客户沟通的语言方面要委婉，站在客户的角度，并告诉其假币的危害性。

（3）运用“同理心”，认同其内心的感受。

（4）如果客户情绪激动，可请其到休闲区，倒杯水，慢慢沟通，不要让其影响到其他客户。

（5）不要大堂经理、保安一起“围攻”客户，客户会有种孤独感，这种感觉会让其情绪更加激动，宜采取大堂经理一对一的沟通方式。

（6）必要时留下大堂经理的电话，以备客户随时咨询和沟通。

一、银行收缴假币的操作流程

金融机构在办理业务时发现假币应予以收缴。收缴假币时应该做到：

（1）由该金融机构两名以上业务人员当面予以收缴，收缴人员必须具有鉴定技能并获得上岗资格，无资格证人员应当交由其他有证人员进行后续程序。

（2）对假人民币纸币，应当面在正反两面使用蓝色印油加盖“假币”字样的戳记，且全程不脱离持有人视线。

（3）对假外币纸币及各种假硬币，应当面以统一格式的专用袋加封，封口处加盖“假币”字样戳记，并在专用袋上标明币种、券别、面额、张（枚）数、冠字号码、收缴人和复核人名章等细项。

（4）收缴假币的金融机构（简称“收缴单位”）向持有人出具中国人民银行统一印制的《假币收缴凭证》（如图2-85所示）并向持有人出示反假货币上岗资格证书，告知持有人如对被收缴的货币真伪有异议，可向中国人民银行当地分支机构或中国人民银行授权的当地鉴定机构申请鉴定。

假币收缴凭证

年　月　日　　　　编号：

收缴单位（盖章）：　　　　联系电话：

<table>
<tr><td rowspan="2">被收缴人为个人</td><td colspan="3">姓名:</td><td colspan="3">联系方式（选填）：</td></tr>
<tr><td colspan="3">有效证件类型:</td><td colspan="3">有效证件号码:</td></tr>
<tr><td rowspan="3">被收缴人为单位</td><td colspan="6">单位名称:</td></tr>
<tr><td colspan="3">单位经办人姓名:</td><td colspan="3">单位经办人联系方式（选填）：</td></tr>
<tr><td colspan="3">单位经办人有效证件类型:</td><td colspan="3">单位经办人有效证件号码:</td></tr>
<tr><td>币种</td><td>券别</td><td colspan="2">版别</td><td>冠字号码（如有）</td><td>数量（张、枚）</td><td>金额（元）</td></tr>
<tr><td></td><td></td><td colspan="2"></td><td></td><td></td><td></td></tr>
<tr><td></td><td></td><td colspan="2"></td><td></td><td></td><td></td></tr>
<tr><td></td><td></td><td colspan="2"></td><td></td><td></td><td></td></tr>
<tr><td></td><td></td><td colspan="2"></td><td></td><td></td><td></td></tr>
<tr><td colspan="5">合　计</td><td></td><td></td></tr>
<tr><td colspan="7">备注：</td></tr>
<tr><td colspan="5">被收缴人（被收缴个人或被收缴单位经办人）签字:</td><td colspan="2">日期:</td></tr>
<tr><td colspan="3">经办:</td><td colspan="4">复核:</td></tr>
</table>

说明：

1.根据《全国人民代表大会常务委员会关于惩治破坏金融秩序犯罪的决定》《中华人民共和国人民币管理条例》《中国人民银行货币鉴别及假币收缴、鉴定管理办法》，对持有人所持假币予以收缴。

2.被收缴人如对被收缴货币的真伪有异议，可**自收缴之日起3个工作日内**持本凭证直接或者通过收缴单位向当地鉴定单位提出书面鉴定申请。

3.被收缴人如对收缴程序有异议，可自**收到本凭证之日起60日内**持本凭证向直接监管该银行业金融机构的中国人民银行分支机构申请行政复议，或者依法提起行政诉讼。

4.本凭证一式二份，收缴单位和被收缴人各持一份。

5.“有效证件类型”包括中华人民共和国居民身份证、户口簿、港澳居民来往内地通行证、台湾居民来往大陆通行证、港澳居民居住证、台湾居民居住证及外国公民护照、外国人永久居留身份证。

6.“版别”栏填写纸币或硬币上的年号。

7.银行业金融机构清分中心收缴假币使用此凭证。

图2-85　《假币收缴凭证》

（5）收缴的假币，不得再交予持有人。

假币收缴流程如图2-86所示。

二、有权没收、收缴假币的单位

根据《中华人民共和国人民币管理条例》和《中国人民银行货币鉴别及假币收缴、鉴定管理办法》的规定，公安机关和中国人民银行有权没收假币，办理货币存取款和外币兑换业务的金融机构可以收缴假币。除以上单位，其他任何单位和个人均无权没收和收缴假币。

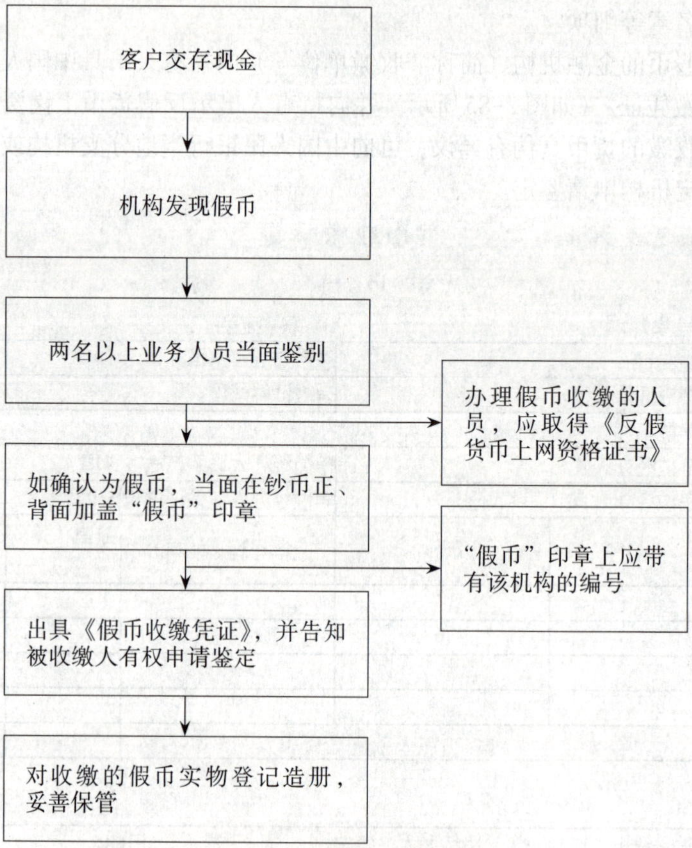

图2-86　收缴假币的操作流程

三、可以鉴定货币真伪的金融机构

根据《中华人民共和国人民币管理条例》和《中国人民银行货币鉴别及假币收缴、鉴定管理办法》的规定，中国人民银行以及中国人民银行授权的中国工商银行、中国银行、中国建设银行的业务机构可以进行货币真伪鉴定。

四、须报告公安机关的情形

金融机构在收到假币的过程中有下列情形之一的，应立即报告当地公安机关，提供有关线索：

（1）一次性发现假人民币20张以上、外币10张以上的；

（2）属于利用新的造假手段制造假币的；

（3）有制造、贩卖假币线索的；

（4）持有人有不配合金融机构收缴行为的。

五、残缺、污损人民币兑换方法

为维护人民币信誉，保护国家财产安全和人民币持有人的合法权益，确保人民币正常流通，根据《中华人民共和国中国人民银行法》和《中华人民共和国人民币管理条例》的规定，办理人民币存取款业务的金融机构应无偿为公众兑换残缺、污损人民币，不得拒绝兑换。

（1）全额兑换：能辨别面额，票面剩余四分之三（含四分之三）以上，其图案、文字能按原样连接的残缺、污损人民币，金融机构应向持有人按原面额全额兑换。

（2）半额兑换：能辨别面额，票面剩余二分之一（含二分之一）至四分之三，其图案、文字能按原样连接的残缺、污损人民币，金融机构应向持有人按原面额的一半兑换。纸币呈正十字形缺少四分之一的，按原面额的一半兑换。

（3）兑付额不足一分的，不予兑换；五分按半额兑换的，兑付二分。

（4）金融机构在办理残缺、污损人民币兑换业务时，应向残缺、污损人民币持有人说明认定的兑换结果。不予兑换的残缺、污损人民币，应退回原持有人。

（5）残缺、污损人民币持有人对金融机构认定的兑换结果有异议的，经持有人要求，金融机构应出具认定证明并退回该残缺、污损人民币。持有人可凭认定证明到中国人民银行分支机构申请鉴定，中国人民银行应自申请日起5个工作日内做出鉴定并出具鉴定书。持有人可持中国人民银行的鉴定书及可兑换的残缺、污损人民币到金融机构进行兑换。

【小贴士】　反假货币　人人有责

一、单位和个人误收假币后应主动上交中国人民银行或办理货币存取款和外币兑换业务的金融机构。发现他人有伪造、变造的货币，应当立即向公安机关报告。

二、人民币是我国的法定货币。爱护人民币，保持人民币的整洁，维护人民币的尊严，保障人民币正常的流通秩序，是每个公民的义务。

（1）任何单位和个人都应当爱护人民币。禁止损害人民币和妨碍人民币流通。

（2）任何单位和个人不得印制、发售代币票券，以代替人民币在市场上流通。

（3）禁止故意损坏人民币。

（4）禁止制作、仿制、买卖人民币。

（5）未经中国人民银行批准，禁止在宣传品、出版物或者其他商品上使用人民币图样。

（6）禁止利用人民币制作商业广告或利用人民币进行商品促销。

实训6　在日常生活中发现假币如何处理

【案例1】小李大学毕业后，于2021年7月3日在某银行求职，并顺利被录用为储蓄柜员。7月4日小李开始上班，在办理张先生的存款时，对假币略有所知的小李发现其中有一张100元纸币像是假币，她将假币交给储蓄主管，储蓄主管将这100元纸币拿到二楼办公室，和同事们仔细辨别后，确认是假币，于是盖上假币章，并开具了假币没收凭证，然后回到柜台将凭证交给张先生，张先生悻悻离去。请指出本案例中的操作是否违反假币收缴程序，为什么？

【案例2】2021年10月9日，某货币真伪鉴定机构工作人员小刘接到李女士的电话，要求鉴定其于2021年9月30日被某银行收缴的一张100元假币，小刘将假币券别、张数、冠字号码、收缴机构等作了详细的记录。10月13日（10月11日、12日为双休日）小刘出差回来后通知收缴单位送交待鉴定货币，并于当日按规定程序进行了鉴定。请指出本案例中的操作是否违反假币鉴定程序，为什么？

【案例3】张先生到某银行存款，储蓄柜台小李发现其中有1张50元纸币像是假币，她马上叫来储蓄主管，两人经过仔细辨别后，确认这张50元纸币是从未见过的假币种类，于是当着张先生的面盖上假币章，并开具了假币没收凭证，盖好章，将凭证交给张先生签字，并告知了其权利。张先生虽予以配合，但仍不服气，又递进一张50元纸币要求换出假币去人民银行鉴定。小李和储蓄主管商量片刻，确认递进来的50元纸币是真币后，将假币交给了张先生。请指出本案例中的操作是否违反假币收缴程序，为什么？

项目三

会计数字录入与计算技能

【知识目标】 掌握微机小键盘的功能键、电子计算器的功能键的内涵。

【能力目标】

1. 熟练采用正确的坐姿、科学规范的手势和指法进行小键盘数字录入。
2. 能运用微机小键盘进行加减算、账表算、传票算、票币算，在本学期达到每分钟100键的速度。
3. 掌握银行柜面开户业务录入技能、超市手工录入商品条形码技能。

【情感目标】 培养学生作为一名准会计人员、银行柜员及超市工作人员对于金额数字、小键盘数字的录入技能与职业敏感性，明确上岗操作准快合一的重要性。

任务1　认识小键盘数字录入技能

随着电脑的普及，计算机的小键盘和珠算的传统项目传票相结合能大大提高金融、商业行业的计算效率和工作效率。通常我们所说的键盘就是连接电脑的有数字、英文及各种功能键的全键盘。本任务主要介绍的小键盘是全键盘右边的数字键盘。下面首先让我们来认识一下小键盘及各种功能键的操作。

活动1　小键盘及功能键操作

一、认识计算机键盘

1. 常用的计算机键盘（如图3-1所示）

图3-1　常用的计算机键盘

2. 小键盘各功能键（如图3-2所示）

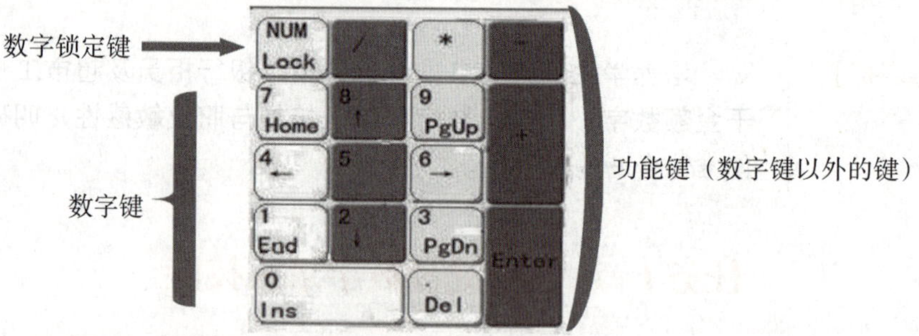

图3-2　小键盘

二、小键盘区上的键位与功能键操作

小键盘区一共有17个键位，该区的大部分按键具有双重功能：一是代表数字、小数点及运算符号，即数字0—9、小数点以及加、减、乘、除运算符号和回车确认键；二是代表某种编辑功能，如↑、↓、→、←等功能键。

利用该区的Num Lock（数字锁定键）可在这两种功能之间进行转换，按下这个键，键盘右上角有一个标识为“Num Lock”的指示灯会点亮，这个时候小键盘输入的是数字，再按一下这个键，指示灯会熄灭，小键盘区域处于编辑功能状态。

活动2　小键盘数字录入的基本要求

认识小键盘及功能键操作后，我们要检查自己是否已作好录入前的准备。在小键盘上进行数字录入必须遵循以下基本要求。

一、坐姿端正、用品定位

正确的坐姿能减轻输入的疲劳感，有效地提高录入的速度。

二、手势恰当、指法正确

小键盘数字录入有很多方法，我们提倡的方法是“五指法”，它有四个基本要求：

（1）手势呈弓形（如图3-3所示）。

图3-3　五指法

（2）五个手指有明确的分工，既不能“一指禅”“两指禅”，即由某指或某两指包揽，也不能相互之间“串岗”。

（3）实现盲打，即录入时眼睛不能看数字键盘，只能看数据源和屏幕。

（4）右手独立完成，左手不能进行任何有关操作（包括辅助操作）。

三、遵循24字原则

掌握小键盘数字录入技能还必须严格遵守24字原则：手型正确、严格分工、双手配合、击键规范、用力均匀、键位准确 。所谓手型正确是指采用弓形；严格分工强调手指使用的独立性；双手配合主要是在非传票算时左手食指协助指着要录入的数字或传票算时左手翻页右手击键；击键规范强调不要用按键法，击键迅速、击中要害；用力均匀是指击键时轻重适度；键位准确则是盲打的关键，要干净利落，防止拖泥带水误击其他键位。

任务2　坐姿、手势和指法

正确的坐姿能有效地提高录入的速度，减轻输入的疲劳感。规范的手势和指法能让我们的录入更准确及轻松，达到事半功倍的效果。

活动1　坐姿与用品定位

一、坐姿

（1）身体正面面对微机屏幕坐端正，两腿自然分开，上体放松，双肩自然下垂（不要耸起），大手臂自然下垂后抬起右手小手臂。身体要自然坐直，两脚放平与胳膊平行，肘关节的弯度一般应保持在90°，眼睛与屏幕的距离在40至50厘米（如图3-4所示）。

（2）显示器的位置应在视线以下10°至20°。

（3）右手各手指轻放在规定的基准键上，手腕平直，手指自然弯曲，击键只限于手指指关节，身体其他部分不要接触工作台或键盘。

（4）小键盘录入过程中左手是绝对不能参与任何操作动作的，包括击清除键。

【小贴士】

掌握正确的坐姿是学好小键盘操作技能的秘诀之一，不要养成把左手放在椅子上、撑腰、撑头、跷二郎腿等不良习惯（如图3-5、图3-6所示）。

图3-4 正确坐姿

图3-5 错误坐姿（1）

图3-6 错误坐姿（2）

二、用品定位（如图3-7、图3-8所示）

图3-7 小键盘用品定位

图3-8 计算器用品定位

（1）小键盘或计算器放置在桌面偏右侧，保证右手在小键盘区域上方，食指、中指和无名指刚好落在“4”、“5”和“6”基准键上为宜。

（2）计算题或传票放置在左手边。

（3）记录纸张放在传票的下方。

（4）其他需要使用的用具放在计算器的下方，右手能方便拿到。

活动2　手势与指法

一、手势

（一）小键盘击键的手势（不需要握笔）

在击键时，通过调整手指的弯曲度和手指间的张度，使每个手指的指尖落在键的中间，这个姿势称作基本姿势。在数字录入的整个过程中必须保持基本姿势不变。

（1）举起右手，食指、中指、无名指和小指的三个指节都自然弯曲，手指与手掌间的关节稍微突起（如图3-9所示）。

（2）手腕保持平直。

（3）将食指、中指和无名指的指尖依次轻放于“4”“5”“6”三个基准键上，指甲盖与键面的夹角略小于90°，指节略向前倾。

（4）小指保持相同姿势略往后缩。

（5）大拇指弯曲后放置于手掌下方，抬起手腕，使手掌稍微架空于键盘。

（6）大拇指左侧指尖在“0”键上，小指右侧指尖刚好在“Enter”键上（如图3-10所示）。

图3-9　小键盘击键的手势

图3-10　基本手型

【小贴士】

特别要注意“0”和“Enter”键的长度比一般键大一倍，要防止指尖击在键的两端时造成的“空击”现象。

（二）计算器击键的手势（需要握笔）

前4项同小键盘击键的手势相同，大拇指弯曲后将笔按笔头朝左、笔芯朝右的方向塞在大拇指与手掌的空隙处（如图3-11所示）。

【小贴士】　握笔的技巧

（1）技巧：录入结束，书写计算结果也是一项重要技能，书写速度的高低也直接影响录入的整体速度，为方便快速地书写结果，握笔的方法是把笔横压在右手拇指与手掌之间，使笔与手掌平行，笔杆上端伸出虎口并露出1/3，笔尖露在外侧 。

（2）作用：便于书写计算结果，减少了取放笔的次数，节约计算时间。

图3-11 计算器击键的手势

二、指法

（一）基本指法

在小键盘上击键的基本指法是：右手食指、中指和无名指在键盘上实行“纵向管理”，每个手指负责管理基准键位上方和下方的键，即食指负责“Num Lock”“7”“4”“1”键，中指负责“/”“8”“5”“2”键，无名指负责“*”“9”“6”“3”“小数点”键。大拇指负责“0”键，小指负责“Enter”“+”“-”键。

【小贴士】

掌握正确的指法也是学好小键盘操作技能的秘诀之一！重点是右手食指、中指和无名指在键盘上纵向移动并熟悉键位，用大拇指左侧指尖击“0”键，用小指右侧指尖击“Enter”“+”“-”键（如图3-12所示）。

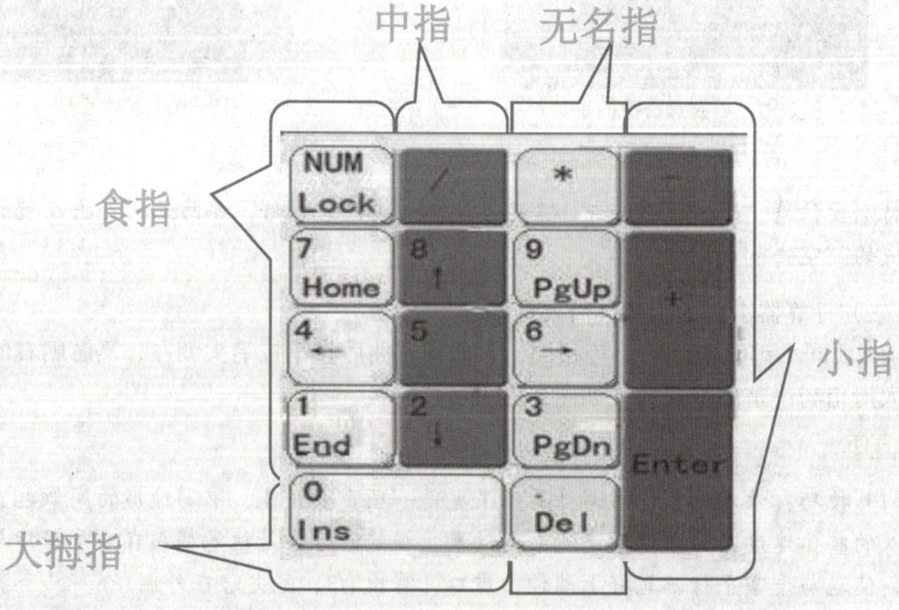

图3-12 基本指法

（二）击键的方法

击键和按键是键盘操作的两种方法，我们建议采用击键法录入数字。

1. 按键

右手做好基本姿势，录入时所有手指不离开键面（如图3-13所示），某个手指把需要录入的数字键往下压（如图3-14所示）。

图3-13　基本手势

图3-14　按键

图3-15　击键

2. 击键（如图3-15所示）

右手保持基本姿势，录入时在手腕带动下抬起手掌使所有手指离开键面并向下或向上移动到所需键位，操作的手指在手腕的带动下快速向下击打键面并快速抬起，整个手势仍然保持基本姿势不变。

（三）掌握正确指法的八个要领

（1）录入前各手指要放在基本键上，输入数字时，每个手指只负责相应的几个键，不要混淆。

（2）在数字录入的整个过程中必须保持基本姿势不变，不要翘兰花指或大拇指外翘。

（3）录入时，一手击键，另一手要处于预备状态或配合指着要计算的数字或翻传票。

（4）击键时，手抬起，只有要击键的手指才可伸出击键，不可压键或按键。

（5）击键速度要均匀，用力要轻，有节奏感，不可用力过猛。

（6）快速击、快速放，手指击键的动作轻捷有力而干脆，每个手指只负责相应的几个键，不要混淆。

（7）从上一个键到下一个键不能靠手指的伸曲或手指在键面上滑行来完成，而是靠整个手掌在键盘上的上下跳跃式移动来定位。

（8）击键时要注意尽可能击在键的中间，避免击在两个键之间。击在键的边沿会造成“空键”或同时录入两个数字而造成“连击”的错误，特别是“0”键和“Enter”键。

五指法正误对照如图3-16所示。

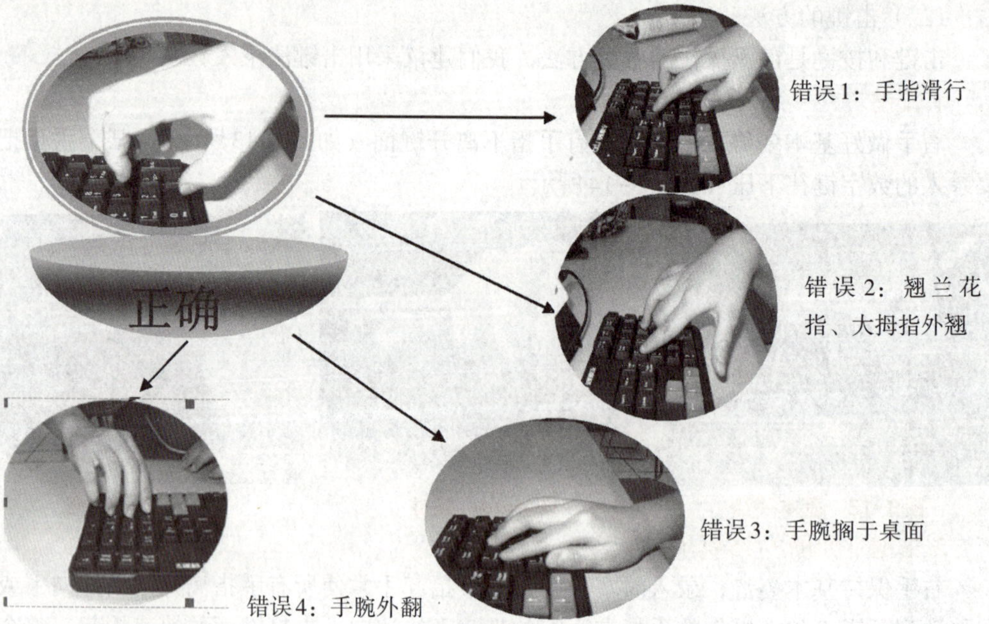

图3-16　五指法正误对照

实训1　盲打基础训练

实训目的：

（1）单指训练、同排训练。

（2）双指训练、跨行训练。

（3）综合训练。

【小贴士】

开始练习时，首先要求击键准确，其次再求速度，开始时可用每秒钟击一下的速度。

【小贴士】

从开始训练之初就要坚持盲打。在录入训练过程中，应先要求准确地击键，不要贪图速度。一开始，键位记不准，可稍看键盘，但不可总是偷看键盘。经过一定时间的训练，要逐步达到不看键盘也能准确击键。

实训要求及过程：

1.盲打基础训练

盲打基础训练是“五指法”数字录入的基本训练，训练目标是指法正确，键位准确，通过训练使同学们能基本掌握五个手指的分工，准确到达目标键位。

盲打训练要求同学改变思维方式，不要去寻找老师报数的规律，大脑跟着耳朵走。

（1）基准键位训练。

基准键位训练主要是通过食指、中指、无名指这三个手指在同一横排、竖排数字键上此起彼落的动作，训练手指的灵活性、手指交换的灵敏度，及同学们对数字的反应能力。练习时，数字排列规律从简到难，先按三个手指的顺序反复练习。

【课堂练习1】同排练习

456 654 546 465 645 564
4556 6554 5446 4665 6445 5664
4456 6654 5546 4465 6645 5564
4566 6544 5466 4655 6455 5644
445566 665544 554466 446655 664455 556644
455566 655544 544466 466655 644455 566644

123 321 213 132 312 231
1223 3221 2113 1332 3112 2331
1123 3321 2213 1132 3312 2231
1233 3211 2133 1322 3122 2311
112233 332211 221133 113322 331122 223311
122233 322211 211133 133322 311122 233311
789 987 879 798 978 897
7889 9887 8779 7998 9778 8997
7789 9987 8879 7798 9978 8897
7899 9877 8799 7988 9788 8977
778899 998877 887799 779988 997788 889977
788899 988877 877799 799988 977788

（2）单指训练。

单指训练是盲打训练的重点和难点。掌握盲打方法的关键，是手指能准确快速地到达所需键位。手指从“1”键到“4”键、从“9”键到“3”键等，其中有跨一行的，有跨两行的，各人的标准距离不一样，要由每位同学在训练过程中用心去体会这种距离，从而找到感觉，把握好手在键盘上跳跃移动的幅度。

【课堂练习2】跨行练习

147 741 471 174 714 417
1447 7441 4771 1774 7114 4117
1147 7741 4471 1174 7714 4417
1477 7411 4711 1744 7144 4177
114477 774411 447711 117744 771144 441177
144477 744411 477711 177744 711144 411177

1471 4717 1747 7147 1714 7174
14741 47147 17417 71477 17114 71774
17414 47174 14771 74147 11741 71747
147417 471474 711477 747144 477147
747174 471714 741471 417471 174147
471474 714744 714471 147414 174147

258 285 582 528 825 852
2558 2885 5882 5228 8225 8552
2258 2285 5582 5528 8825 8852
2588 2855 5822 5288 8255 8522
225588 228855 558822 882255 885522
255588 288855 522288 588822 822255 855522
2582 2858 5828 8525 8258 5282 5825 8528 2882
25825 28582 58282 85258 82582 52825 58258 85285
258258 285825 582825 852582 825825 528258 582582
852852 582585 528252 285285 282582 582852 825852

369 396 963 936 639 693
3369 3396 9963 9936 6639 6693
3669 3996 9663 9336 6339 6993
3699 3966 9633 9366 6399 6933
336699 339966 996633 993366 663399 669933
366699 399966 966633 933366 633399 699933
3693 3696 6936 9363 6339 9369 6939 9396
36936 36963 69369 93636 63396 93696 69396
939696 369636 693696 936936 639636 936963
636963 693633 693693 369336 636936 939636

【小贴士】

应特别注意，食指、中指、无名指在键盘上是纵向管理，因此手在键盘上的跳跃式移动也只能是纵向的，不应该有横向移动；横向移动会因错位而造成指法混乱，录入错误。

2. 基本练习

训练目标是指法正确、键位准确。

【小贴士】

食指和中指练习要注意两个手指的分工，不要串位，特别是食指很容易越权包揽，代替中指操作。中指和无名指、食指和无名指的练习除了要控制好两个手指的分工不要互相混淆以外，尤其要控制好无名指的击键力度，不要击空键。

（1）双指练习。

【课堂练习3】双指练习

10 20 30 40 50 60 70 80 90 01 02 03 04 05 06 07 08 09
101 202 303 505 606 707 808 909 010 020 030
040 050 060 070 080 090
12 23 45 56 78 89
13 46 17 28 39 79
14 25 36 47 58 69
18 27 29 91 82 73
15 24 36 47 58 69
79 46 13 31 64 97
11 12 13 14 15 16 17 18 19
21 22 23 24 25 26 27 28 29
31 32 33 34 35 36 37 38 39
41 42 43 44 45 46 47 48 49
51 52 53 54 55 56 57 58 59
61 62 63 64 65 66 67 68 69
71 72 73 74 75 76 77 78 79
81 82 83 84 85 86 87 88 89
91 92 93 94 95 96 97 98 99
23 31 13 56 64 46 89 97 79
17 14 71 28 25 82 39 36 93

（2）综合训练。

【课堂练习4】将下列各数连击1分钟

147258369……
741852963……
471582693……
41758639……
123456789……
1234567890……
9876543210……
153429786……

【课堂练习5】步步高加减练习（正向练习加法，反向用结果做减法）

1+2+3+…+36=?

1+2+3+…+50=?

1+2+3+…+77=?

1+2+3+…+100=?

任务3　看数与记数的方法

小键盘数字的录入除了指法和盲打基本功以外，还有一个基本功就是看数与记数。“数从眼入，看比算快”，所以看数与记数是数据录入很关键的一步，无论是初学者，还是有一定技术水平的选手都必须重视。只有提高了看数水平才能提高数据录入的水平。初学者对四位和五位数字应一目看完并记住，六位和七位数字及以上的可分整数部分、小数部分两目看完并记住，随着练习时间的增加，要逐步做到一目完成。

活动1　分节看数与记数法

看数看得准、记得快直接影响数据录入的速度与准确度。看数一般从位数较少的开始，循序渐进。最好一开始就养成一眼看一笔数的好习惯，如果不能做到，那么也可以进行分节看数，但是分节次数越少越有利于翻打速度的提高。

一、整数三位分节看数与记数法

整数三位分节看数法即以分节号为分隔，三位一分节，一次性看三个数的方法。

【例1】432, 348, 579可分432—348—579三目看完并记住。

【例2】37, 245可分37—245两目看完并记住。

二、带小数分节看数与记数法

带小数分节看数法即以小数点作为分隔，分节看数的方法。

【例3】435.38可分435—38两目看完并记住。

【例4】34, 468.79可分34468—79两目看完并记住。

活动2　一目一行看数与记数法

翻打传票练习到一定水平后，就必须掌握一目一行看数与记数法，即对应分节号、小数点有节奏地一次性看完并记住一行数。这就需要同学们进行大量有效地练习才能达到。

【例5】如91, 350可分91、350一目看完并记住。

【例6】如86, 521.34可分86、521、34一目看完并记住。

【小贴士】

看数与记数时，要防止口中读出声音，应该养成看数反应快、记数牢而准的基本功。

实训2　看数与记数训练

实训目的：快速、准确地看完一行数字并记住，提高数据录入的准确度和速度。

实训要求：

（1）熟练掌握分节看数与记数法。

（2）熟练掌握一目一行看数与记数法。

实训时间：本项目训练时间每日须不少于10分钟。

实训形式：

进行看数与记数训练时，初期应采用看完一节或一个数后迅速抬起眼睛，口中背出数字，以检验看数是否准确。熟练后可不必背出数字，只需在脑中将看的数像放电影一样放映一遍。

练习一：集体练与个人练结合，由教师出题，学生进行分节看数训练。题目可以是纸质的，也可以利用PPT制作成幻灯片的形式播放进行训练。

整数三位分节看数与记数法（见表3-1）。

表3-1　整数三位分节看数与记数法

题号	题目	答案（说或写）
1	830, 025	例：830—025
2	743, 234, 222	
3	572, 353, 276	
4	38, 690	
5	577, 230, 242	
6	789, 245	
7	485, 466	
8	148, 574, 547	
9	12, 589	
10	785, 473	
11	553, 748, 756	
12	8, 854	
13	921, 357	
14	370, 496	
15	704, 152, 385	
16	247, 856	
17	65, 498, 407	
18	335, 543, 973	
19	267, 525, 459	
20	2, 549, 435	

带小数分节看数与记数法（见表3-2）。

表3-2 带小数分节看数与记数法

题号	题目	答案（说或写）
1	472.38	
2	178, 063.94	
3	598, 360.41	
4	850, 493.62	
5	285.36	
6	7, 439.06	
7	790, 142.58	
8	4, 768.01	
9	173, 058.64	
10	47, 502.16	
11	807, 415.56	
12	26.38	
13	617.43	
14	1, 054.72	
15	496.52	
16	798, 061.54	
17	730, 596.41	
18	537.82	
19	380, 961.82	
20	1, 047.39	

练习二：集体训练时，采用定量不定时的方法，看百页传票，看谁看得快。（教师同时计时，在学生完成时告知其时间）

练习三：两人训练时，两人同时进行加减算、账表算、翻百页传票看数，看谁先看完。

练习四：集体训练时，采用定时不定量法，教师计时，看谁看的数据多。

实训考核：

以看页的速度作为考核标准，见表3-3。

表3-3 考核标准

项目	优	良	合格
限时不限量（60秒）	45—48页	43—44页	40—42页
限量不限时（100页）	130秒以内	140秒以内	150秒以内

任务4　电子计算器计算技能

目前用于小键盘数字录入与计算的工具分为三种：一是专用于比赛、练习的学习机；二是电子计算器；三是电脑。后两种的运用更广泛一些，电脑将在计算机基础教学中进一步学习，而各种学习机实际上是简化的平板电脑，电脑程序软件的附件中也都带有计算器。下面就介绍一下计算器的功能及操作。

活动1　电子计算器的种类、结构及操作要求

一、电子计算器的种类

1. 简单型计算器（如图3-17所示）

简单型计算器又称算术型计算器，可进行加、减、乘、除、开平方等简单的四则运算。

2. 科学型计算器（如图3-18所示）

科学型计算器又称函数计算器，除了具有简单型计算器的功能外，还增加了许多函数和统计计算功能，具有初等函数、排列、组合、概率、统计等运算功能。

图3-17　简单型计算器

图3-18　科学型计算器

3. 专用型计算器

目前这类计算器主要是供财会人员使用的计算器，可做加、减、乘、除四则运算，百分比计算等，有的还附加一些其他的功能，如日历、报时等。

4. 程序型计算器

可以编制程序，把比较复杂的运算步骤储存起来，进行多次重复的运算。

目前学生使用的大多数为简单型计算器，它具有加、减、乘、除、累计等基本计算功能，这种计算器结构简单，操作方便，适合于会计、统计和一般家庭日常生活使用。

二、简单型计算器的结构

（1）显示屏：在计算器的表面，显示屏显示从功能键输入的数据及运算结果，一般为液晶显示。

（2）按键：在计算器的表面，是计算器的主要外部设备，按键用来输入计算指令和

需要计算的各种数据。

（3）内存：在计算器的内部，是计算器的仓库，用来存放指令和各种数据，以及运算器送来的各种运算结果。

（4）运算器：在计算器的内部，是计算器的运算装置，是对数据信息进行加工和处理的部件，其主要功能就是在按键的控制下，完成各种运算。

三、简单型计算器各功能键介绍

1.简单型计算器的按键

简单型计算器的按键包括数字键、符号键和功能键三类。

2.功能键介绍

[ON/C]：开启键和清除屏幕键。按下此键即接通电源，如果在操作中按下此键则可删除记忆外的所有输入。

[AC] 或 [CA]：清除计算器内存所有内容，按下此键存储器和总存储器内容均被清除。

[OFF]：关闭电源键。

[M+]：记忆加法键。可以加上屏幕上的数字并存储在计算器中。

[M-]：记忆减法键。可以减去屏幕上的数字并存储在计算器中。

[MR]：累计显示键。可调出由 [M+] 或 [M-] 键存入的数据。

[MC]：清除存储器键。按下此键储存器内的内容均被清除。

[CE]：清除错误键。按下此键屏幕上输入的数字均被删除。

[GT]：汇总键。按下“=”或“%”键，结果会累计在总和中，按下一次可显示总和，如果连续按下两次，可清除总和。

↑5/4↓：位数形态选择键。5/4表示四舍五入键；↑表示无条件进位数；↓表示无条件舍去数。

F 4 3 2 0 A：小数位数选择键。4、3、2、0表示小数以下取4位、3位、2位、0位数。F表示满档，计算时按实际数据如实输出。A表示小数已自动设定为两位数。

四、电子计算器操作的基本要求与指法

（一）电子计算器操作基本要求

（1）坐姿端正。身正腰直，双脚平放在地上，头微低，眼与计算器之间保持适当的距离，肌肉放松，动作协调。

（2）放置适合。一般根据操作人员身体的实际情况，将电子计算器放置在击打键盘感觉最舒适的地方。如果是右手击键，一般放于右侧某个适合的位置，资料置于电子计算器的左边。位置固定后，不要随便移动，以免影响速度。

（3）正确击键。击键时手腕要平，胳膊尽可能保持不动；严格按照手指的键位分工进行击键；击键用力要适中，不能过轻、过重，手指与键的接触时间要短，否则容易发生连击，造成误操作；按键要垂直用力，不要侧向按键；一次只能击一个键，否则容易损坏计算器；击键后，手指要迅速返回基本键位上。

（4）正确握笔。用右手拇指轻轻托住笔，其余四指按键。从一开始训练时就应由右手握笔击键计算，速度会更快。

（5）精力集中。注意力高度集中，做到眼到手到，熟练到一定程度，眼睛就不应看键盘，而靠手、眼、脑协调配合，做到眼睛看到什么数字手指就击打什么数字。

（二）基本指法

通常将计算器按键分为四个区域，每个手指负责一个区域，一般规定右手的食指、中指、无名指和小指依次放于第三排4、5、6、+基准键上，当准备操作时，手指应轻轻放在相应的基准键上，敲击完其他按键后，也应立即回到指定的基准键上（如图3-19所示）。

图3-19　基本指法

（三）指法训练

练习方法跟小键盘的指法练习基本相同。基本键位练习活动分三个阶段：

第一阶段：将中指放在“5”键上，其余手指放在相应的基本键上，然后以原地踏步的方式敲击数字键和符号键，如5555、4444、6666、7777、8888、9999、1111、2222、3333、0000、....、++++、－－－－、××××、÷÷÷÷、＝＝＝＝等。

第二阶段：手指在相邻和不相邻的几个键位上连续敲击，进一步加深键位印象，如546、879、213、147、852、963、321、456、789、258、741等。

第三阶段：全盘练习，如常数法练习：26, 785+26, 785+26, 785+26, 785+…+26, 785（10次）=267,850。

【小贴士】

练习指法时，抓住4、5、6三个键位，逐渐向123、789、0、00等键延伸，通过一定时间的练习，可以循序渐进地掌握计算器的基本指法，进而为计算器盲打创造条件。

【小贴士】

在击键中，右手的位置有两种方式：一是右手腕悬空，操作时手掌上下移动。二是右手（腕）掌尾放在桌面上，靠手指的移动来完成操作。用什么方式根据自身身体条件而定。

活动2 加减算

基本方法：采用“一目一行看数键入法”，左手指着每一行数，眼睛迅速看完，大脑同步记住该数，并指挥右手快速键入该数。

1.看数

方法一：分节看数、分节击键。

【例1】82,305

读成：捌贰（略停顿）叁零伍

【例2】1,249.57

读成：壹贰肆玖（略停顿）点伍柒

课堂训练：根据下列数据边看数边击键。

9, 267	5, 128	6, 793	8, 310
14, 258	25, 806	78, 674	67, 032
571, 608	641, 206	354, 276	980, 106
2, 034.56	5, 892.34	9, 541.37	1, 357.68
32, 605.34	65, 910.57	78, 354.64	97, 364.27

方法二：一目一行看数、按键。

【例3】91, 624

读成：玖壹陆贰肆

2.记数

方法：对应分节号和小数点，按上述看数技巧有规律、有节奏地记数。

课堂训练：

（1）资料见配套的《会计基本技能习题集》。

（2）时间5至10分钟。

（3）记数时心中默记不出声。

（4）尽量一次性记下来，不重复记同一个数。

3.按键

方法：同前述指法。

要求：

（1）手指分工协作。

（2）手尽量下压，不要高抬手。

（3）不能只使用一个手指按键。

4.写数

方法：看一行、记一行、写一行，一笔写成。

【例4】完成下面加减算练习题（见表3-4）。

要求：10分钟打完10道题并对8题以上。

表3-4　加减算练习题

（一）	（二）	（三）	（四）	（五）
2, 718	34	348	3, 706	95
43	156	95	584	741
905	8, 907	126	12	3, 602
67	23	4, 082	97	857
4, 051	765	61	4, 065	23
96	4, 091	3, 504	38	4, 016
832	28	793	921	39
15	742	27	73	64
6, 709	16	6, 019	2, 109	718
824	3, 809	54	756	5, 203
37	563	835	83	98
5, 091	28	26	1, 075	136
83	79	4, 108	62	4, 097
452	6, 014	79	894	52
（六）	（七）	（八）	（九）	（十）
473	4, 108	39	815	3, 206
5, 206	93	751	76	94
98	762	6, 908	24	851
137	59	47	9, 301	79
84	6, 087	832	87	408
2, 019	25	64	5, 163	5, 367
65	341	1, 059	429	203
842	9, 576	283	68	85
71	104	15	3, 402	4, 902
5, 608	82	4, 706	971	716
94	37	952	56	98
812	2, 016	73	478	73
53	384	8, 091	15	4, 052
6, 097	25	64	2, 039	61

活动3 账表算

账表算又称表格算，是日常经济工作中最常见的加减运算形式。它是把纵向运算与横向运算合并于一张表格中，用横栏和纵栏相互交叉的数据分别进行横向和纵向的加减运算，最后求得的两个总数相等，又称“轧平”的计算。

【例5】完成账表算练习题（见表3-5）。

要求：限时20分钟完成。每张表满分200分，横向题每题14分，共计70分；纵向题每题4分，共计80分，全卷合计150分，而能轧平者（即横向合计的和与纵向合计的和相等），再另加50分。

表3-5 账表算练习题

序数	一	二	三	四	五	答数
1	42, 139, 065	5, 863	70, 491	435, 628	9, 807, 142	
2	9, 807, 142	10, 974	483, 562	42, 196, 053	3, 586	
3	5, 638	428, 356	14, 265, 039	8, 904, 217	40, 719	
4	40, 719	21, 453, 096	9, 801, 724	5, 368	456, 283	
5	462, 835	8, 902, 471	8, 635	-90, 147	21, 439, 065	
6	8, 965	158, 649	27, 483, 650	37, 102	9, 307, 124	
7	71, 203	42, 736, 580	9, 301, 742	195, 864	-9, 658	
8	149, 586	3, 902, 417	9, 856	74, 258, 360	71, 203	
9	74, 265, 830	5, 869	23, 701	3, 904, 271	186, 495	
10	9, 307, 124	12, 307	164, 958	5, 986	42, 765, 830	
11	50, 891	5, 638, 109	4, 672	13, 950, 274	842, 736	
12	827, 364	7, 624	10, 985	5, 619, 308	39, 140, 572	
13	13, 950, 274	90, 518	836, 427	-7, 642	6, 581, 903	
14	6, 581, 903	873, 642	91, 320, 475	80, 159	2, 674	
15	4, 267	39, 140, 572	6, 593, 801	864, 273	50, 891	
16	968, 042	97, 025	85, 724, 136	6, 134	3, 104, 579	
17	78, 546, 321	982, 064	3, 109, 758	52, 074	3, 641	
18	3, 108, 579	57, 813, 462	6, 341	946, 028	-29, 057	
19	6, 413	1, 305, 987	75, 092	78, 561, 243	968, 042	
20	29, 057	4, 163	924, 086	1, 307, 859	57, 832, 614	
答数						

活动4 传票算

银行传票是一种会计凭证。会计凭证是记录经济业务，明确经济责任的重要凭证，也是办理资金收付和登记会计账簿的根据，也是核对账务和事后考察的重要依据。当银行的会计凭证作为记账凭证使用的时候，因为要在银行内部进行传递，因此，记账凭证又称作“传票”。

一、调整计算器

一般来说在初次使用时，根据计算器的按键，结合自己工作的需要一次调整好。使用电脑小键盘计算的无须调整。主要调整的键有：四舍五入键、保留小数位数键、统计计算笔数键、清零键、不连加连减键等。

二、传票整理

传票整理操作要做到“一蹾齐”“二开扇”“三固定”，具体要领如下：

（1）蹾齐：双手拿起传票侧立于桌面蹾齐。

（2）开扇：左手固定传票左侧，右手沿传票边沿轻折，打开成扇形，扇形角度20度至25度（如图3-20所示）。

（3）固定：右手用夹子固定传票左上角，防止翻打时散乱。

图3-20　开扇的方法

【小贴士】

注意事项：开扇角度不要太大或太小。太大不好控制已经翻完的传票，不易翻传票；太小容易连张，漏打传票，最终影响计算速度。

三、传票翻打

传票翻打操作要做到“一按”“二翻”“三协调”，具体要领如下：

（1）“按”：左手小指、无名指和中指按住传票的左下端。

（2）“翻”：采用拇指翻页法（详见项目五相关内容），即左手大拇指逐页翻起传票，并交给中指和食指夹住。

（3）“协调”：①翻打时，左右手要协调；②翻打时，眼脑手要协调。

【教你一招】　先翻一步，眼比手快，手脑并用，看比按快(如图3-21)

左右手协调：左手翻传票时，右手直接将传票上的数字敲入计算器。

眼脑手协调：左手翻开传票时，眼睛应迅速看完上面的数字，大脑同步记住数字，右手连续不断地将此行数字敲入计算器。确保右手未打完当页数时，左手已经翻到下一页，保持动作流畅。

图3-21　动作协调

（四）写答案

翻打完传票后，按“=”键，显示屏上呈现最终结果，此时需要将答案记录下来，其具体要领如下：

（1）笔放置适当，以便拿放。

（2）右手拿笔迅速抄写答案。要求一眼成、一笔清。

（3）注意书写工整、清晰；分节号、小数点标记规范；当答案是整数时，角分位应补“0”。

（五）传票算实训

1.基本功实训

（1）翻页训练

盲翻：整理好扇面后，左手压住传票，不看票面，从第1页连续向后翻动传票，直到最后一页为止，时间不得超过1分钟。

【活动1】2人对练，看谁翻得快；

【活动2】集中训练，在一定时间内看谁翻的页数多。

（2）找页训练方法

【活动1】老师报页数，学生找页。

【活动2】2人对练，一位同学报页数，另一位同学找页。

【活动3】集中训练：给出40道题，学生同时找40道题的起始页，看谁找得既快又准，教师为完成的同学报时。

（3）翻页读数训练

翻页读数训练同账表算的读数训练有所不同的是，账表算是一笔一笔读数，而传票算是翻一页读一笔数字。

翻页读数比赛：用百张传票做翻读练习，翻一页读一笔数字，再翻到下一页读同一行数字，在规定时间内看谁翻读得更快。

（4）翻打百张传票算

练习翻打百张传票，可以先计算第1—50页，接着再计算第51—100页，分别按这种顺序运算每行数字，最后再计算第1—100页求出合计，主要目的是训练翻页和数字输入时眼脑手的协调配合，提高运算效率。

2.传票算综合实训

（1）传票算连贯性训练

利用比赛题型进行训练，要求注意力高度集中、眼脑手协调配合、动作连贯一致。

比赛试题命题原则：传票题每题20页，20笔数字，约110个数字；百页传票100笔数字，550个数字，数码均衡出现。

出题方法：

（1）起止页：首页小于82，止页=首页+19；

（2）行数：每5题一组，一、二、三、四、五均衡出现。

比赛题型的示例见表3-6。

表3-6　比赛题型示例

序号	起止页数	行次	答案
1	44—63	（二）	
2	28—47	（四）	
3	23—42	（五）	
4	1—20	（一）	
5	69—88	（三）	
6	55—74	（二）	
7	38—57	（三）	
8	29—48	（四）	
9	76—95	（五）	
10	3—22	（一）	
11	30—49	（二）	
12	27—46	（三）	
13	4—23	（四）	
14	26—45	（五）	
15	35—54	（一）	

（2）传票练习方法

①定量不定时练习：规定完成的题量，训练计算的准确率。

1—20页（一）行 答案：

1—20页（二）行 答案：

1—20页（三）行 答案：

41—60页（一）行 答案：

41—60页（二）行 答案：

41—60页（三）行 答案：

②定时不定量练习：规定练习的时间，训练计算的速度。

见表3-6比赛题型和配套的《会计基本技能练习题》中的试题。

活动5　票币算

票币计算是指收银员在交班时要填写“现金交款单”，上面有各种币值、张数，要求计算总计金额，然后再和实际收入金额核对。如前者多则说明出现短款；如后者多则说明出现长款；如两者一样则当天的账实相符。这实际上属于“滚乘累加”的计算，在计算器上可以用两种方法实现。

一、用“GT”键

具体操作程序：循环按“被乘数×乘数=”，直到所有面额的数量都输入，最后按“GT”键调出合计金额。

【例6】用“GT”键法完成票币算练习：100×21+50×13+20×9+10×34=？

操作：（AC）100×21=50×13=20×9=10×34=GT

显示：3 270

二、"M+"和"MRC"键

具体操作程序：循环按"被乘数×乘数（M+）"，直到所有面额的数量都输入，最后按"MRC"键调出合计金额。

【例7】用"M+"和"MRC"键完成票币算练习：100×21+50×13+20×9+10×34=?

操作：（AC）100×21 （M+）50×13 （M+）20×9（M+）10×34 （M+）（MRC）

显示：3 270

【例8】完成票币算练习题（见表3-7）。

表3-7 票币算练习题

第1题		第2题		第3题		第4题		第5题	
面值	张数	面值	张数	面值	张数	面值	张数	面值	张数
壹佰元	56	壹佰元	15	壹佰元	98	壹佰元	15	壹佰元	14
伍拾元	96	伍拾元	36	伍拾元	85	伍拾元	76	伍拾元	65
贰拾元	85	贰拾元	45	贰拾元	16	贰拾元	44	贰拾元	66
壹拾元	46	壹拾元	93	壹拾元	45	壹拾元	48	壹拾元	52
伍元	33	伍元	15	伍元	73	伍元	69	伍元	31
贰元	32	贰元	36	贰元	50	贰元	52	贰元	85
壹元	63	壹元	53	壹元	22	壹元	12	壹元	95
伍角	63	伍角	52	伍角	26	伍角	36	伍角	63
贰角	61	贰角	40	贰角	25	贰角	35	贰角	6
壹角	50	壹角	50	壹角	49	壹角	21	壹角	32
合计		合计		合计		合计		合计	

任务5 提高传票算训练水平的方法

【成功宝典】 选手成功的奥秘

正确的目标是放飞成功的跑道，积极进取是取得成功的内因，高效的执行力是成功的关键，而对训练过程的控制则是优秀教练最宝贵的经验（方法）。所以选手的成功宝典是：成功=正确的目标+积极进取+高效的执行力+宝贵的经验（方法）。

活动1 对日常训练中常见问题的分析及对策

学生在传票算日常训练时，常遇到一些问题，现收集了以下常见问题以及相应对策，提供给学生及指导教师作为参考。

问题一：速度不快。

训练时很多学生普遍反映打不快，主要原因是学生未采用盲打或左右手配合不够协调。

问题二：准确度不高。

这是很多学生在训练时遇到的主要问题，只要速度一快，就出现错题较多的情况，主要原因是学生基本功不扎实，指法不够标准，故按键准确度不高，需加强指法训练，增加指法训练的时间，当指法训练量达到较高水平时准确度也会随之提高。

问题三：翻页夹张。

经常有学生在录入时左手翻页出现夹张情况，左手须调整，这时整个录入节奏被打断，如果出现夹张次数较多，录入速度也会受到较大影响。这时应将传票重新开扇。

问题四：录入时页与页之间出现停顿。

初学传票的学生常会出现这种情况，主要原因是看数的速度不快，翻页无法先翻一步。这时除了强化看数能力、翻页的训练外，还需注意左右手的配合。

问题五：录入成绩提升有困难，呈现“高原反应”。

当传票录入训练到达一定阶段后（如使用学习机可打出200分以上），录入水平的进一步提升开始变得有些困难，在保持原有的训练强度的情况下，很多学生仍感觉进步不明显，这时大多数学生开始对传票录入水平的提高缺乏信心，从而会慢慢放弃训练。此时首要任务是克服心理障碍，认识到这是正常现象，树立信心，相信自己的录入水平一定可以进一步提高。其次要认识到传票录入水平的提升需要一个从量变到质变的过程，并加大训练的强度，有意识地集中训练一段时间，不断激发自己的潜能，相信很快就能体会到“众里寻他千百度，蓦然回首，那人却在，灯火阑珊处”的惊喜。

【小贴士】

传票录入水平的提高，除了技巧方法正确、训练方法得当外，还需建立在一定的训练量的基础之上，只有经历量变到质变的过程，才能不断提高成绩。

活动2　提高传票算训练水平的基本方法

传票录入训练一般分为两个阶段（见表3-8）。

表3-8　训练阶段

训练阶段	训练方法	训练目标
第一阶段：常规训练	指法训练	盲打
	翻看训练	先翻一步
	综合训练	先准后快
第二阶段：选手训练	抗干扰训练	锻炼心理素质
	耐力训练	锻炼选手的耐力
	看屏与看数训练	提高准确度
	以赛代练	增加比赛经验

(一)第一阶段：常规训练

常规训练一般在班级内进行，由各班的任课老师与班主任老师进行组织。此阶段的训练又可分为三个部分。

1. 指法训练

指法训练的基本要求是指法正确、键位准确，训练目标是盲打。可分为四个步骤进行训练（见表3-9）。

表3-9 指法训练步骤

训练步骤	训练内容与方法	注意事项
第一步：基准键位训练	“4”“5”“6”键的训练	食指、中指、无名指分工合作
第二步：单指训练	食指进行“1”“4”“7”纵向训练； 中指进行“2”“5”“8”纵向训练； 无名指进行“3”“6”“9”“.”纵向训练	强化无名指的练习，特别注意小数点的位置
第三步：双指训练	食指与中指的训练； 中指与无名指的训练； 食指与无名指的训练； 食指、中指、无名指与大拇指的训练；	各手指分工明确，不得串指
第四步：五指训练	“666”：1+2+3+…+36，答案是666； “打百子”：1+2+3+…+100，答案是5 050	注意小拇指的力度，不得太大或太小，太大容易出现停顿，太小容易空按

【小贴士】

指法训练时，操作要点如下：指尖击键、保持手势、手腕发力、指在键中、快速击放、纵向管理、踢踏舞步。

2. 翻看训练

翻看训练的基本要求是翻页迅速、看数准确，训练目标是先翻一步。可分为三个步骤进行训练（见表3-10）。

表3-10 翻看训练训练步骤

步骤	方法	注意事项
第一步：盲翻训练	在整理好扇面后，左手压住传票，不看票面，从第1页连续向后翻动传票，直到最后一页为止，时间不得超过1分钟	不得翻夹
第二步：找页训练	老师随机报一个页码，要求学生在两秒内翻到	宁多勿少。宁可多翻几页进行调整，不要少翻几页
第三步：看数训练	用百张传票做翻读练习，翻一页看一笔数字，再翻到下一页看同一行数字，在规定时间内看谁翻看更快	刚开始训练可读出声，到一定程度只可默读

3.综合训练

综合训练的基本要求是眼、手、脑三者密切配合，训练目标是先准后快。综合训练时可采用翰林提学习机里传票录入功能中的传票练习与传票测试进行。两者的区别是传票练习功能状态下，学生录入错误系统会反黑提醒，并且无法进行下一数的录入。

（二）第二阶段：选手训练

选手训练一般从各班挑选出优秀学生进行集中训练，由专职教师进行指导与组织训练。此阶段可采用以下方法进行训练：

（1）抗干扰训练。抗干扰训练，可采用多种形式，常用的有：将选手带到公共场合、各班级教室、教学楼大厅、人流量大的地方进行测试。

（2）耐力训练。测试时间一般为10分钟，为解决部分选手后5分钟成绩明显低于前5分钟的问题，可将测试时间调整为20分钟。

（3）看屏与看数训练。要求选手在右手录入数据的同时，眼睛盯着屏幕上显示的数字，检查是否录入正确，此方法掌握得当可大幅提高准确度，但有些选手看数能力不强，整个录入速度会受到一定影响。因此在强化看屏训练的同时，应同步进行看数的训练。

（4）以赛代练。多组织选手进行比赛，增加比赛经验，锻炼选手临场发挥以及控制比赛状态的能力，也可在队内形成强烈的竞争势头。可采用队内比赛、队外比赛以及校外友谊赛、交流赛等各种形式。

【小贴士】

传票录入水平的高低，取决于数据录入时是否做到又快又准，而要想做到又快又准，训练时学生应要有扎实的基本功。正确的指法，长期刻苦的训练，相信一定可以取得辉煌的成绩。

项目四
出纳电子支付结算技能

【知识目标】

1. 金融票据和结算凭证的含义和分类。
2. 常见电子支付结算的方式。
3. 常见移动支付结算的方式。

【能力目标】

1. 掌握票据审核和防伪的基本技能。
2. 掌握电子支付结算的基本技能。
3. 掌握移动支付结算的基本技能。

【情感目标】

学生通过实训操作的练习加深对金融单证、电子支付手段的敬畏感，逐步养成严谨、耐心的工作作风。

任务1　金融票据与结算凭证

现代企业要进行正常的生产经营活动必须具备土地、劳动力、资本、技术、信息五个要素，这五个要素的正常交易最终都离不开货币资金。企业在成立时先要到银行等金融机构开设账户，开户单位间的经济行为除允许的小额交易使用现金外，其他必须通过转账进行结算，以减少现金使用。金融票据与结算凭证作为一种信用凭证应运而生。

活动1　认识金融票据、结算凭证

一、常见的金融票据

金融票据又称融通票据或空票据，是指一种既没有原因债务也没有对价的授受，专门为取得金钱的融通而发出的票据。金融票据的作用：结算、信用、流通、汇兑、融资。金融票据主要有汇票、本票、支票、提单、存单、股票、债券等（如图4-1所示）。

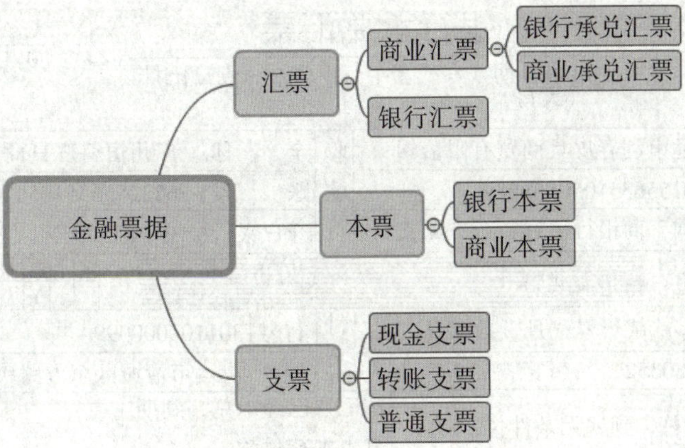

图4-1　金融票据

（一）汇票

1. 商业汇票

商业汇票是出票人签发，委托付款人在见票时或在指定日期无条件支付一定金额给收款人或持票人的票据，分为商业承兑汇票和银行承兑汇票两种（如图4-2、图4-3所示）。

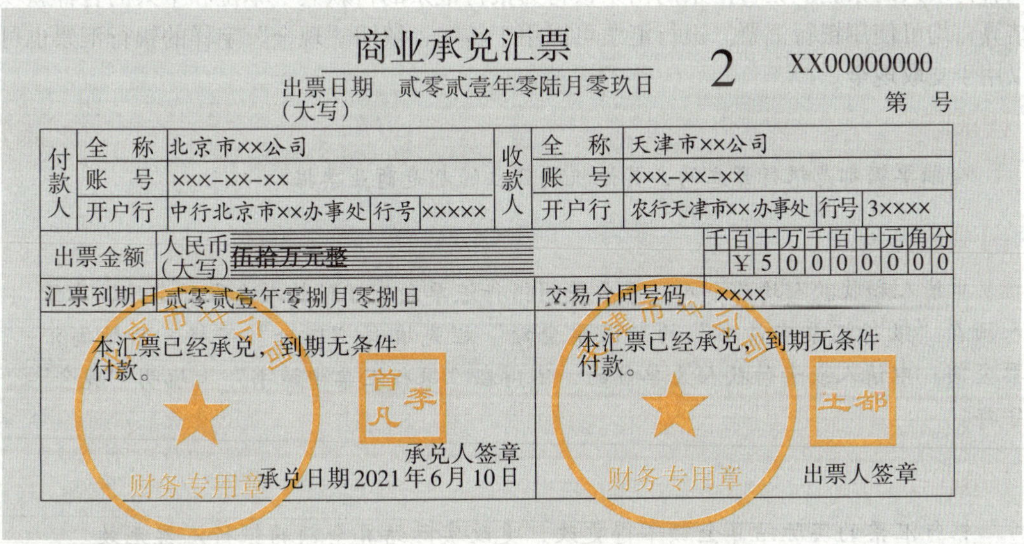

商业承兑汇票　2　XX00000000

出票日期（大写）　贰零贰壹年零陆月零玖日　　第　号

付款人	全　称	北京市××公司	收款人	全　称	天津市××公司
	账　号	×××-××-××		账　号	×××-××-××
	开户行	中行北京市××办事处　行号 ×××××		开户行	农行天津市××办事处　行号 3××××

		千	百	十	万	千	百	十	元	角	分
出票金额	人民币（大写）伍拾万元整		¥	5	0	0	0	0	0	0	0

汇票到期日　贰零贰壹年零捌月零捌日　　交易合同号码　××××

本汇票已经承兑，到期无条件付款。　承兑人签章　承兑日期2021年6月10日

本汇票已经承兑，到期无条件付款。　出票人签章

图4-2　商业承兑汇票

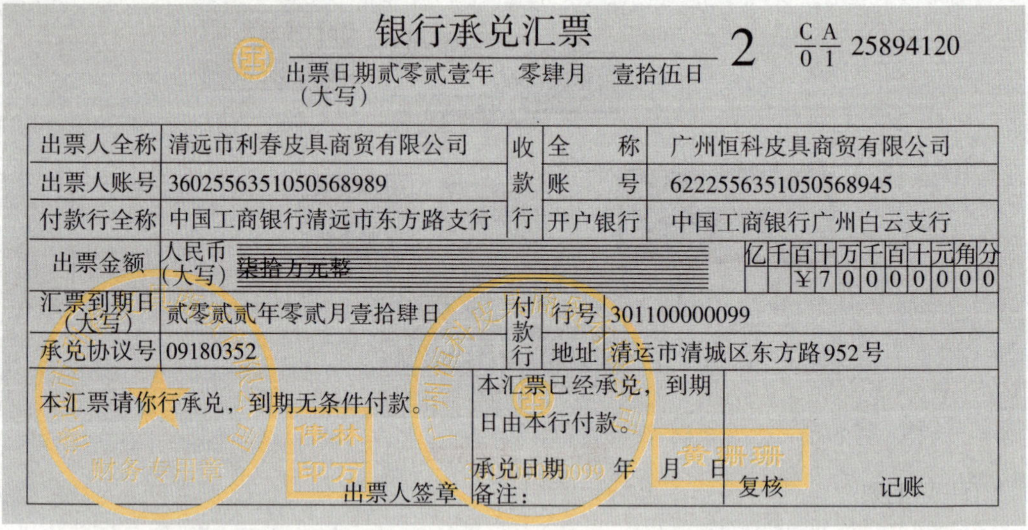

银行承兑汇票 2 CA/01 25894120

出票日期（大写）贰零贰壹年 零肆月 壹拾伍日

出票人全称	清远市利春皮具商贸有限公司	收款行	全称	广州恒科皮具商贸有限公司
出票人账号	3602556351050568989		账号	6222556351050568945
付款行全称	中国工商银行清远市东方路支行		开户银行	中国工商银行广州白云支行
出票金额	人民币（大写）柒拾万元整		亿千百十万千百十元角分	¥70000000
汇票到期日（大写）	贰零贰贰年零贰月壹拾肆日	付款行	行号	301100000099
承兑协议号	09180352		地址	清远市清城区东方路952号
本汇票请你行承兑，到期无条件付款。出票人签章		本汇票已经承兑，到期日由本行付款。承兑日期 年 月 日 备注：	复核	记账

图4-3 银行承兑汇票

2. 银行汇票

银行汇票是出票银行签发的，由其在见票时按照实际结算金额无条件支付给收款人或者持票人的票据。银行汇票的出票银行为银行汇票的付款人。单位和个人的各种款项结算，均可使用银行汇票。银行汇票可以用于转账，填明“现金”字样的银行汇票也可以用于支取现金。

【小知识】

金融票据都是银行开立的，其他机构开立的都是商业票据。

【小知识】

申请人和收款人均为个人，需要使用银行汇票向代理付款人支取现金的，申请人须在“银行汇票申请书”的“汇票金额”栏先填写“现金”字样，后填写汇票金额。申请人或者付款人为单位的，不得在“银行汇票申请书”上填明“现金”字样。

【小知识】

银行汇票的实际结算金额不得更改，更改实际结算金额的银行汇票无效。

（二）本票

本票是出票人签发，承诺自己在见票时或在指定日期无条件支付一定金额给收款人或持票人的票据（如图4-4所示）。

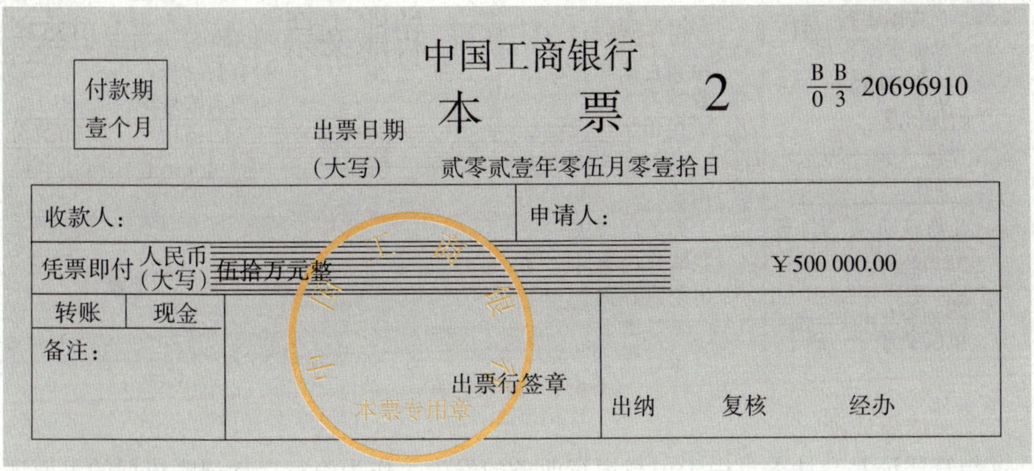
中国工商银行
本 票 2
付款期
壹个月
BB 03 20696910
出票日期（大写） 贰零贰壹年零伍月零壹拾日
收款人：
申请人：
凭票即付 人民币（大写） 伍拾万元整 ￥500 000.00
转账 现金
备注：
出票行签章
出纳 复核 经办
中国工商银行 本票专用章

图4-4 本票

【小知识】 收银员遭遇“调包计”

银行本票可以用于转账，注明“现金”字样的银行本票可以用于支取现金。

【小知识】 收银员遭遇“调包计”

银行本票的出票人为出票银行，银行本票见票即付。

（三）支票

支票是出票人（银行）签发的，委托办理支票存款业务的银行在见票时无条件支付确定的金额给收款人或持票人的票据，分为现金支票（如图4-5所示）、转账支票（如图4-6所示）和普通支票三种。

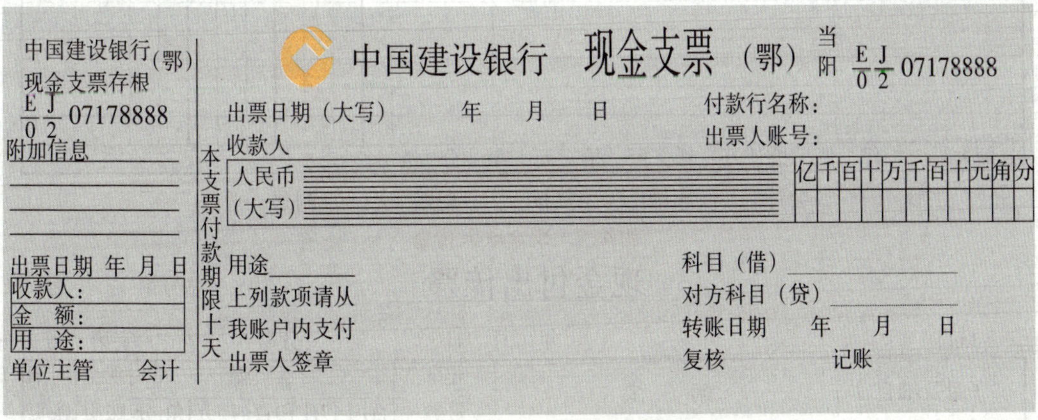
中国建设银行（鄂）
现金支票存根
EJ 02 07178888
附加信息
出票日期 年 月 日
收款人：
金 额：
用 途：
单位主管 会计
中国建设银行 现金支票 （鄂） 当阳 EJ 02 07178888
出票日期（大写） 年 月 日
付款行名称：
收款人
出票人账号：
本支票付款期限十天
人民币（大写）
亿 千 百 十 万 千 百 十 元 角 分
用途
上列款项请从
我账户内支付
出票人签章
科目（借）
对方科目（贷）
转账日期 年 月 日
复核 记账

图4-5 现金支票

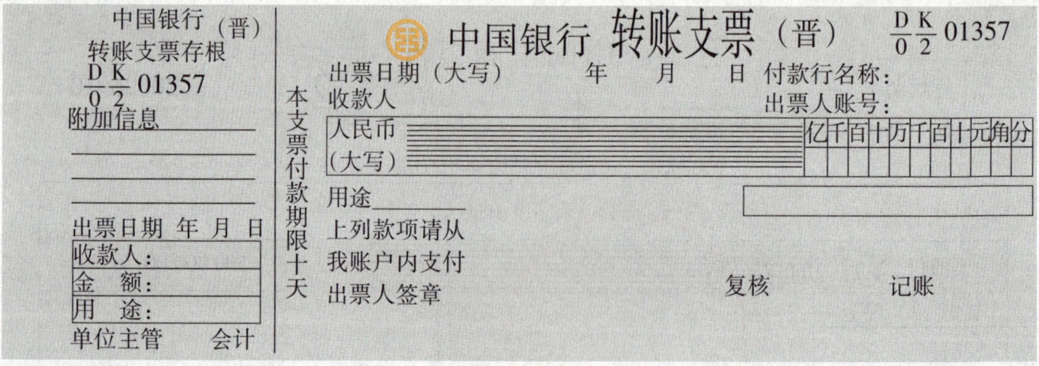

中国银行 （晋）
转账支票存根
$\frac{D\ K}{0\ 2}$ 01357
附加信息
出票日期 年 月 日
收款人：
金 额：
用 途：
单位主管 会计

本支票付款期限十天

中国银行 转账支票 （晋） $\frac{D\ K}{0\ 2}$ 01357
出票日期（大写） 年 月 日 付款行名称：
收款人 出票人账号：

人民币（大写）	亿	千	百	十	万	千	百	十	元	角	分

用途
上列款项请从
我账户内支付
出票人签章 复核 记账

图 4-6 转账支票

二、结算凭证

结算凭证是会计人员用于记载银行业务的发生，作为银行会计记账依据的书面证明，以这种证明进行的结算叫结算凭证。这种凭证，通常又称作“传票”。按其格式和使用范围的不同，其可分为通用的基本凭证和专用的特定凭证。基本凭证是由银行会计人员根据有关业务事实或原始凭证自行编制，凭以记账的会计凭证，包括：现金收入传票、现金付出传票、转账收入传票、转账付出传票、特种转账收入传票、特种转账付出传票、汇票委托书、委托收款申请书、电汇申请书等。几种常见的结算凭证的格式如图 4-7 至图 4-11 所示。

现金收入传票 总号第 号

科目 年 月 日 分号 字第 号

子目及细目	摘 要	凭证号数	金额									现金账页	明细账页
			百	十	万	千	百	十	元	角	分		
金额大写 仟 佰 拾 万 仟 佰 拾 元 角 分 ￥：													

主管 会计 出纳 复核 记账 制票

图 4-7 现金收入传票

现金付出传票 总号第 号

科目 年 月 日 分号 字第 号

子目及细目	摘 要	凭证号数	金额									现金账页	明细账页
			百	十	万	千	百	十	元	角	分		
金额大写 仟 佰 拾 万 仟 佰 拾 元 角 分 ￥：													

主管 会计 出纳 复核 记账 制票

图 4-8 现金付出传票

转收　张　转付　张

（对方科目）：

转账付出传票

（　）科目及编号　　　　　　　　　　　　总字第（　）号

年　月　日　　　　　　字第（　）号　第（　）页

子目、细目或户名	摘要	金额 千	百	十	万	千	百	十	元	角	分	明细账页次
附件　__号至__号　共　张	__号__张附入__字__号传票　号　张存放于　合计											

会计主管　　记账　　复核　　制票

图 4-9　转账付出传票

费用报销单

年　月　日

费用项目	类别	金额	负责人（签章）	
			审查意见	
			报销人（签章）	
报销金额合计 ¥				
核实金额 人民币（大写）	佰 拾 万 仟 佰 拾 元 角 分 ¥			
借款金额¥	应退金额¥	应补金额¥		

附件　张

会计主管　　审核　　出纳　　制单

图 4-10　费用报销单

中国银行 BANK OF CHINA　　结算业务申请书

申请日期　　年　月　日

业务种类：行内汇款□　　境内同业汇款□　　银行汇票□　　银行本票□

申请人		收款人	
名称		名称	
账号		账号	
联系电话		联系电话	
身份证件类型		汇入行名称	
身份证件号		汇入行地点	省　市（县）
金额 人民币（大写）		亿 千 百 十 万 千 百 十 元 角 分	
扣账方式：转账□　现金□　其他□		收款账号	
现金汇款请填写	国籍：　职业：	用途：	
支付密码：		附言：	
申请人签章：		核准：　经办：	

第一联　银行留存联

图4-11 结算业务申请书

特定凭证是根据不同业务的特殊需要而制作的专用凭证。这类凭证由银行统一印刷，采用一套多联次凭证的格式，以适应办理各项业务和记账的需要。它包括各种结算凭证、联行专用凭证、储蓄专用凭证等。在银行会计核算中，特定凭证的使用量要比基本凭证大得多。银行会计凭证属于单式记账凭证，一张会计凭证只用于记载一个科目或账户，而且，在记账时，大量采用原始凭证代替记账凭证，即将客户交来或自行编制的各种专用凭证直接用以记账，不再编制记账凭证。

活动2 票据的审核

对票据的审核主要包括以下事项：

一、票据要素审核

（1）票据是否采用按中国人民银行规定统一印制的票据用纸。

（2）票据记载事项是否齐全，包括表明票据类别的字样，无条件支付的委托或承诺，确定的金额，金额大小写是否一致，付款人、收款人名称，出票日期，出票人签章，以及应由压数机压印的金额是否由统一的压数机压印，票据上记载的密码与预留密码是否一致。

（3）票据有无改动迹象以及改动处是否为禁止更改事项。

（4）银行承兑汇票填写有严格的规范。双冠头票号，是票据的唯一识别码；出票人和收款人的全称填写后不能涂改，不能错、漏、多字。

（5）票据和结算凭证上的签章，为签名、盖章或签名加盖章。商业汇票出票人的签章，为该单位的财务专用章或者公章加其法定代表人或其授权的代理人的签名或者盖章；银行承兑汇票的承兑章应为经中国人民银行批准使用的该银行汇票专用章加其法定代表人或其授权经办人的签名或盖章。银行承兑人的签章必须是汇票专用章，带出票行的行号，有出票行经办人员签章（或签名）。

（6）票据和结算凭证的金额、出票或签发日期、收款人名称不得更改，更改的无效。更改的票据和结算凭证，银行不予受理。对票据和结算凭证上的其他记载事项，原记载人可以更改，更改时应当由原记载人在更改处签章证明。

（7）票据和结算凭证金额以中文大写和阿拉伯数字同时记载，二者必须一致，二者不一致的无效，银行不予受理。少数民族地区和外国驻华使领馆根据实际需要，金额可以使用少数民族文字或者外国文字记载。

二、票据使用规定

（1）票据可以背书转让，但填明“现金”字样的银行汇票、银行本票和用于支取现金的支票不得背书转让。区域性银行汇票仅限于在本区域内背书转让。银行本票、支票仅限于在其票据交换区域内背书转让。

（2）票据背书转让时，由背书人在票据背面签章、记载被背书人名称和背书日期。背书未记载日期的，视为在票据到期日前背书。持票人委托银行收款或以票据质押的，除按上款规定记载背书外，还应在背书栏记载“委托收款”或“质押”字样。

（3）票据出票人在票据正面记载“不得转让”字样的，票据不得转让；其直接后手再背书转让的，出票人对其直接后手的被背书人不承担保证责任，对被背书人提示付款或委托收款的票据，银行不予受理。票据背书人在票据背面背书人栏记载“不得转让”字样的，其后手再背书转让的，记载“不得转让”字样的背书人对其后手的被背书人不承担保证责任。

（4）票据被拒绝承兑、拒绝付款或者超过付款提示期限的，不得背书转让。背书转让的，背书人应当承担票据责任。

（5）背书不得附有条件。背书附有条件的，所附条件不具有票据上的效力。

（6）已承兑的商业汇票、支票、填明“现金”字样的代理付款人的银行汇票以及填明“现金”字样的银行本票丧失，可以由失票人通知付款人或者代理付款人挂失止付。未填明“现金”字样和代理付款人的银行汇票以及未填明“现金”字样的银行本票丧失，不得挂失止付。

活动3　票据的防伪

随着票据业务的发展，利用银行票据进行诈骗的案件屡见不鲜。这些案件不仅给银行和客户带来了巨大的经济损失，也给金融秩序的稳定带来了影响。为了保证我国经济的正常运转，打击这一领域的犯罪活动，需要快速、广泛地推行和应用高科技的、新颖的、复合式的防伪技术。

票据防伪是指银行利用防伪技术，防止银行票据被犯罪分子以欺骗为目的对票据进行伪造、变造、克隆所采取的措施。目前国内银行对票据所采取的防伪措施中，对外公开的有17种。在这里我们介绍最主要的三种票据防伪技术。

一、纸张防伪技术

纸张防伪技术是指在造纸过程中使用特殊工艺加工而成的、具有一种或多种防伪功能纸张的防伪技术。银行票据所公开的纸张防伪特征包括：无荧光纸、水印、金属线、双色荧光纤维等。

（1）防伪水印纸。在造纸过程中，通过特殊的造纸器械在造纸环节控制纸张纤维堆集的多少形成密度不同、透光度不同的特殊符号而实现防伪效果。比如2010年版汇票所使用的纸张为含满版梅花及“PJ”字母变形图案的黑白水印纸。

（2）无荧光纸。该种纸张只在紫光灯下显示各种颜色，自然光下肉眼看不到特殊颜色。

（3）双色荧光纤维纸。该种纸张在自然光目测情况下，看到的是红色；在紫光灯下看到的是蓝色，或者其他颜色。

（4）防涂改纸。通过印刷的方式，在重要的位置上标志印记，该位置遇酸、碱起变化。

（5）金属线，也称安全线，在纸张表面有颜色深浅的变化，对光观察为连续的褐色实线，表面为浅色的部分在透光观察时可见“PJ”。

二、油墨防伪技术

具有防伪性能的油墨是由色料、连结料和油墨助剂组成，即在油墨连结料中加入特殊性能的防伪材料并经特殊工艺加工而成的特种印刷油墨。

油墨防伪主要包括以下4种：

（1）有色荧光油墨，在自然光下显示为红色，在紫光灯下显示为桔黄色。

（2）无色荧光油墨，号码处有无色荧光花团，在紫光灯下显示为绿色，主题图案在紫光灯下显示为绿色荧光。

（3）可溶性荧光水线墨，一般用于票据的大写金额栏。在自然光下显示为红色，在紫光灯下显示为微弱桔色荧光，遇水、遇潮颜色会发生变化，与涂改液相遇也会发生变化。

（4）渗透性油墨，印刷过程的几十个小时中，油墨扩展到背面，从纸张正面向反面渗透，正面呈现棕黑色，背面呈现淡红色。

三、印刷防伪技术

印刷防伪技术是指票据在印刷过程中，通过使用特殊的工艺技术，制造出不易被仿制的印刷品，银行票据所公开的印刷防伪特征包括凸板印刷、双色底纹、彩虹印刷、微缩文字等。

（1）双色底纹是指蓝绿双底纹，主题图案复杂，防复制功能强。

（2）彩虹印刷，目测图案用连续浓淡渐变色调组成，由两种或两种以上颜色自然过渡。

（3）微缩文字，不同票据的不同位置加有微缩文字，在放大镜下微缩文字清晰可辨。

【课堂实训】熟悉票据的防伪技术，再结合2010年版银行承兑汇票防伪点来掌握票据真伪辨别技能。

1.2010年版银行承兑汇票票样（如图4-12所示）

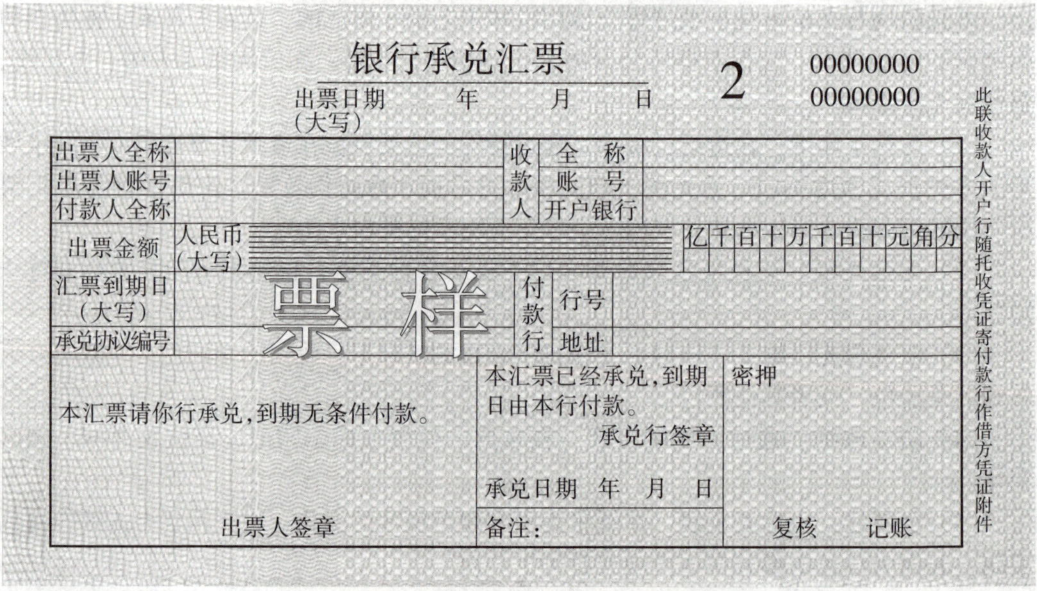
银行承兑汇票　　2　　00000000
出票日期　年　月　日　　00000000
（大写）

出票人全称		收款人	全　称	
出票人账号			账　号	
付款人全称			开户银行	
出票金额	人民币（大写）			亿 千 百 十 万 千 百 十 元 角 分
汇票到期日（大写）	票　样	付款行	行号	
承兑协议编号			地址	
本汇票请你行承兑，到期无条件付款。 出票人签章		本汇票已经承兑，到期日由本行付款。 承兑行签章 承兑日期　年　月　日 备注：		密押 复核　记账

此联收款人开户行随托收凭证寄付款行作借方凭证附件

图4-12　2010年版银行承兑汇票票样

2. 银行承兑汇票的票号详解（如图4-13所示）

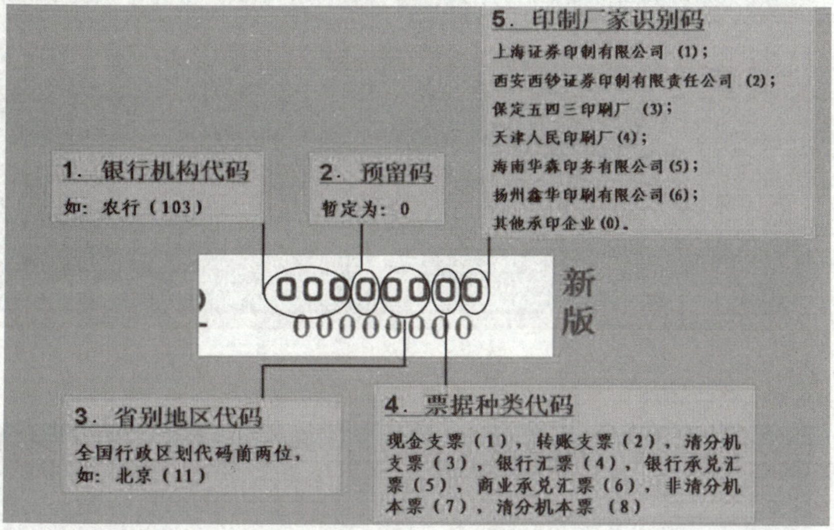

图4-13　银行承兑汇票的票号详解

3. 汇票使用的新型纸张水印特点

水印图案由梅花、古钱币等图案构成，铜钱中心字母为“P”，外圈字母为“J”（如图4-14所示）。水印因纸张厚薄改变形成，新版票据水印在红外侧光下凹凸更明显（如图4-15所示）。

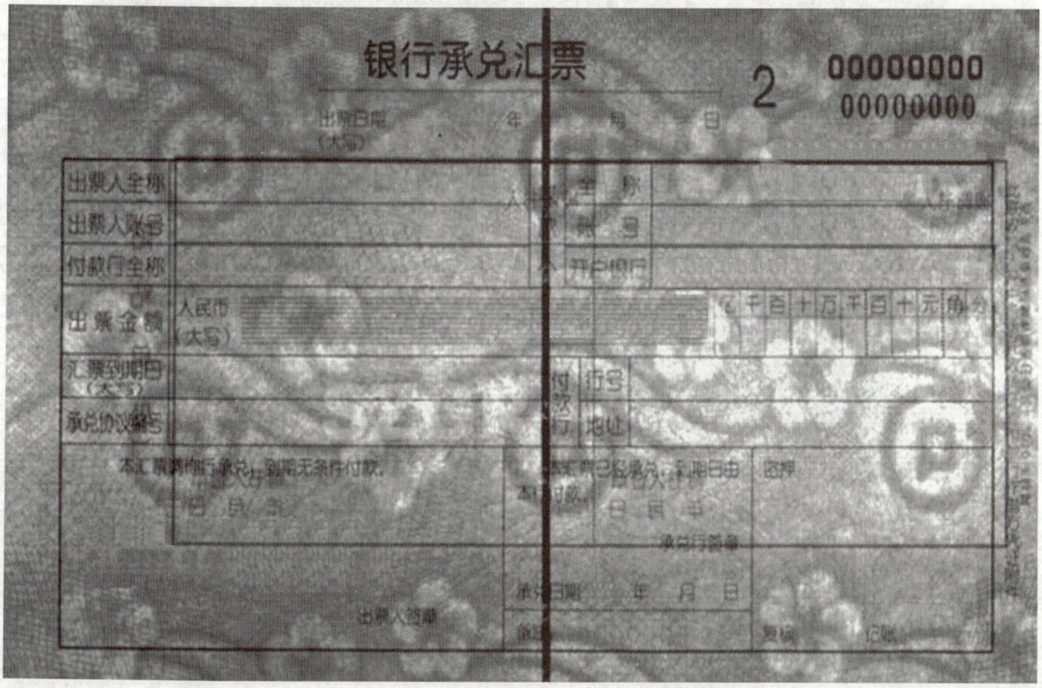

图4-14　水印特点（1）

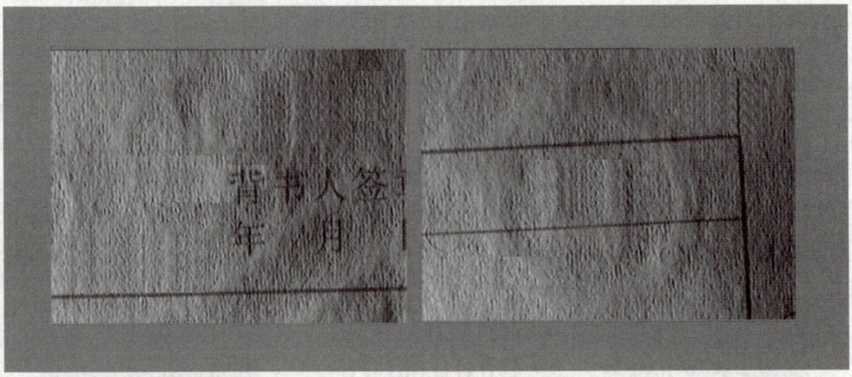

图4-15 水印特点（2）

4. 新版承兑汇票荧光纤维丝的防伪特征（如图4-16和图4-17所示）

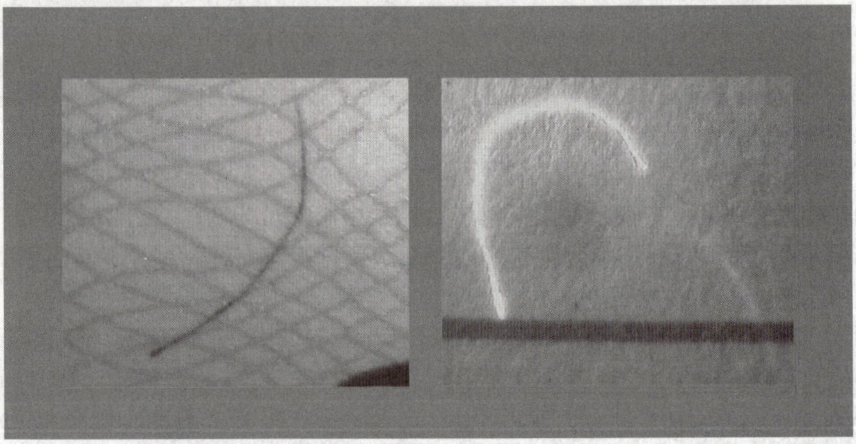

图4-16 旧版无色荧光和有色荧光纤维丝

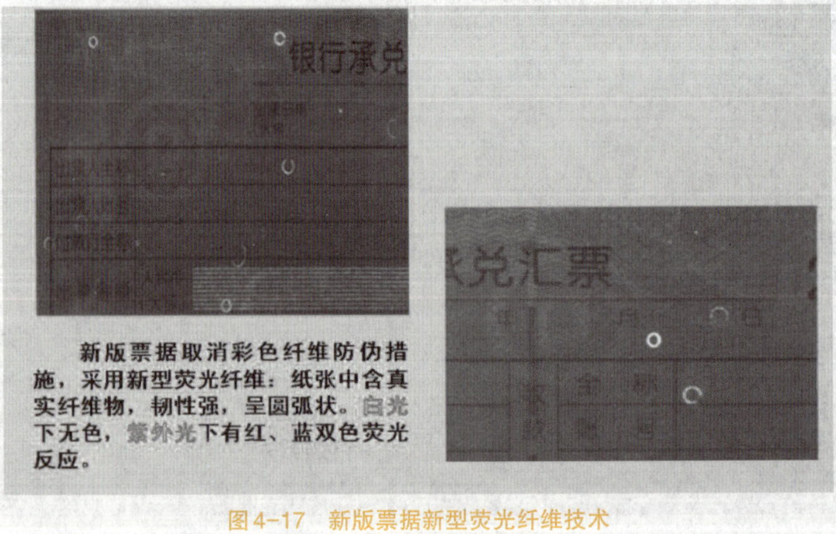

图4-17 新版票据新型荧光纤维技术

5. 新版承兑汇票的安全线防伪特征

新版票据纸张中增加埋入式金属线（如图4-18所示），安全线上有透光的微缩文字

“PJ”（如图4-19所示）。

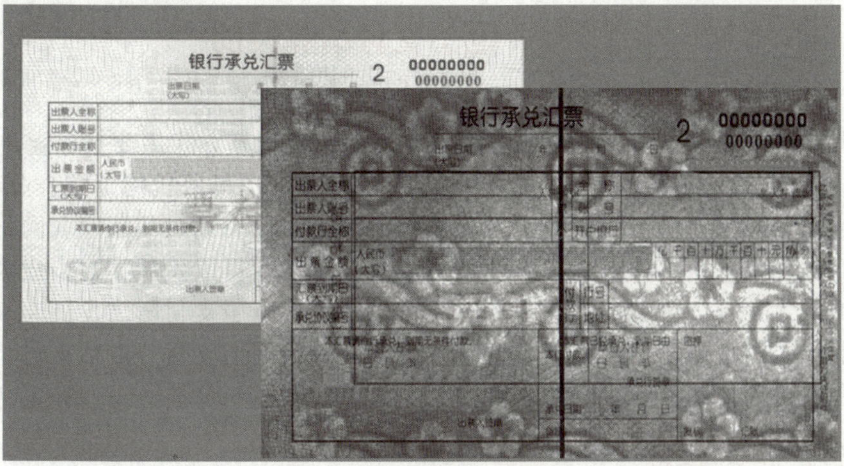

图4-18　增加埋入式金属线

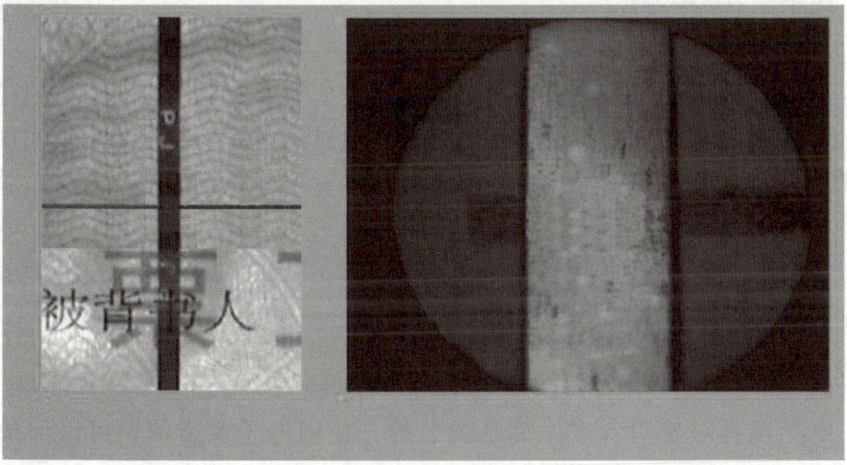

图4-19　微缩文字“PJ”

6.新版承兑汇票荧光油墨的防伪特征

（1）银行承兑汇票采用印有人民银行行徽或各专业银行行徽的水印纸。银行承兑汇票的有色荧光行徽及标记在自然光下颜色鲜红纯正，在紫光灯照射下显示鲜明。

（2）采用了新型荧光油墨，号码周边的网纹图案采用无色荧光油墨印制，花卉图案采用无色荧光油墨套印，在紫光灯下呈绿色荧光效果。

（3）新版票据的黑色边框文字采用红外吸收油墨，在红外光下消失。

【课外扩展】　票据伪造的主要方法

变造：通过更改票据局部信息达到诈骗的目的，所有变造票据均由真票据涂改变造而成。其重点变造部位为出票日期、出票金额和票据号码。

伪造票：全部进行伪造做成假票据。

克隆票：克隆真票的票面信息，通过变造、伪造的手段制作假票。

任务2 电子支付结算技能

过去人们在日常购物、结账的时候所使用的传统结算方式主要是现金，从20世纪90年代开始，互联网迅速走向普及化，逐步从大学、科研机构走向企业和家庭，其功能也从信息共享演变为一种大众化的信息传播手段。通过使用互联网，既降低了成本，也创造了更多的商业机会，电子商务技术从而得以发展，逐步成为了互联网应用的最大热点。为适应电子商务这一市场潮流，电子支付随之发展起来。电子支付的业务类型按电子支付指令发起方式的不同分为网上支付、电话支付、移动支付、销售点终端交易、自助柜员机交易和其他电子支付。

活动1 电子现金

一、电子现金的概念及特点

（一）概念

电子现金（Electronic Cash，简称E-cash）其实是一种以数据形式流通的货币。它把现金数值转换成为一系列的加密序列数，通过这些序列数来表示现实中各种金额的市值，用户在开展电子现金业务的银行开设账户并在账户内存钱后，就可以在接受电子现金的商店购物了。

（二）特点

（1）银行和商家之间应有协议和授权关系。

（2）用户、商家和E-cash银行都需要使用E-cash软件。

（3）E-cash银行负责用户和商家之间资金的转移。

（4）电子现金对使用者来说都是匿名的，使用电子现金消费可以保护使用者的信息。

二、电子现金系统

根据交易载体的不同，电子现金系统可分为基于账户的电子现金系统和基于代金券的电子现金系统。根据电子现金在花费时商家是否需要与银行进行联机验证分为联机电子现金系统和脱机电子现金系统。根据一个电子现金是否可以合法地支付多次将电子现金分为可分电子现金和不可分电子现金。

电子现金在其生命周期中要经过提取、支付和存款三个步骤，涉及用户、商家和银行等三方。电子现金的基本流通模式是用户与银行执行提取协议从银行提取电子现金；用户与商家执行支付协议支付电子现金；商家与银行执行存款协议，将交易所得的电子现金存入银行。典型的电子现金支付模型如图4-20所示。

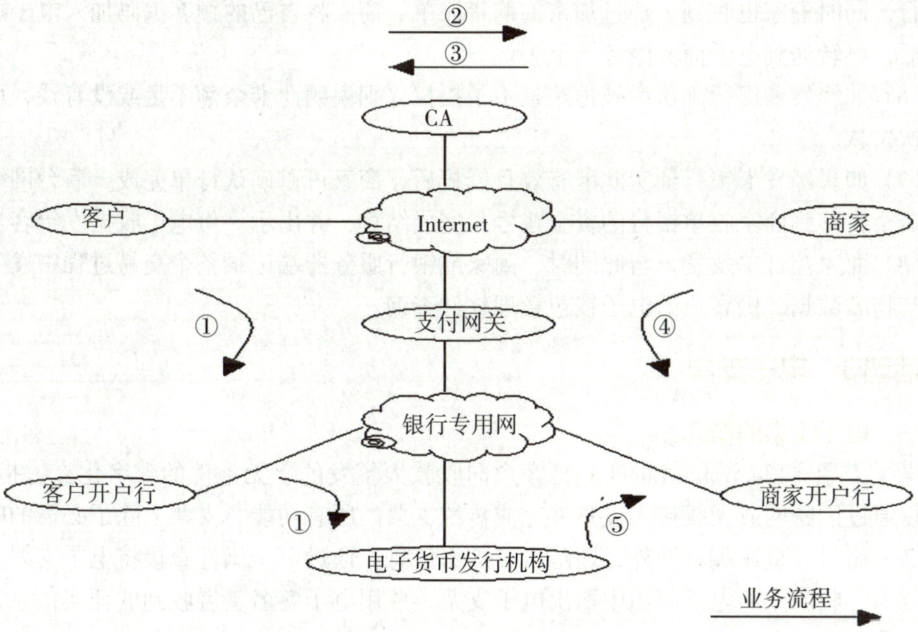

图4-20　典型的电子现金支付模型

活动2　电子钱包

一、电子钱包的概念

电子钱包是电子商务交易过程中常用的支付工具。在电子钱包内存放的电子货币包括电子现金、电子零钱、电子信用卡等。使用电子钱包购物，通常需要在电子钱包服务系统中进行。电子商务活动中电子钱包服务系统通常都是免费的。现在世界上有VISA cash和Mondex两大电子钱包服务系统，其他电子钱包服务系统还有HP公司的电子支付应用软件（VWALLET）、微软公司的电子钱包MS Wallet、IBM公司的Commerce POINT Wallet软件、Master Card cash、Euro Pay的Clip和比利时的Proton等。

电子钱包有两种概念：一是纯粹的软件，主要用于网上消费、账户管理，这类软件通常与银行账户或银行卡账户连接在一起；二是小额支付的智能储值卡，持卡人预先在卡中存入一定的金额，交易时直接从储值账户中扣除交易金额。

二、电子钱包的网络支付流程

（1）客户使用计算机通过网络连接商家网站查找需要购买的物品。

（2）顾客填写订单，包括项目列表、价格、总价、运费、搬运费、税费。

（3）订单可通过电子化方式从商家传过来，或由客户的电子购物软件生成，有些在线商场可以让客户与商家协商物品的价格（例如出示自己是老顾客的证明，或给出竞争对手的价格信息）。

（4）顾客检查并确认自己的购物清单后，利用电子钱包进行网络支付（实际选择对应的信用卡，如长城借记卡）。

（5）电子商务服务器对此信用卡号码采用某种保密算法算好并加密后，发送至相应的银行，同时商家也收到了经过加密的购货账单，商家将自己的顾客编码加入电子购物账单后，再转送到电子商务服务器上去。

（6）如经发卡银行确认后被拒绝且不予授权，则说明此卡余额不足或没有钱，可换卡再次付款。

（7）如果经发卡银行证实此卡有效且授权后，商家可以确认订单完成，后台网络平台将资金转移到商家收单银行的资金账号，完成结算，并出示一份电子收据发给客户。

（8）商家按订单发货，与此同时，商家或银行服务器端记录整个交易过程中发生的财务与物品数据，供客户的电子钱包管理软件查询。

活动3 电子支票

一、电子支票的概念

电子支票（Electronic Check）是客户向收款人签发的、无条件的数字化支付指令。它可以通过因特网或无线接入设备来完成传统支票的所有功能。支票上除了必需的收款人姓名、账号、金额和日期外，还隐含了加密信息。通过电子函件直接将电子支票发送给收款人，收款人从电子邮箱中取出电子支票，并用电子签名签署收到的证实信息，再通过电子函件将电子支票送到银行，把款项存入自己的账户。

电子支票是纸质支票的电子替代物，它与纸质支票一样是用于支付的一种合法方式，它使用数字签名和自动验证技术来确定其合法性。

二、电子支票业务的交易步骤（如图4-21所示）

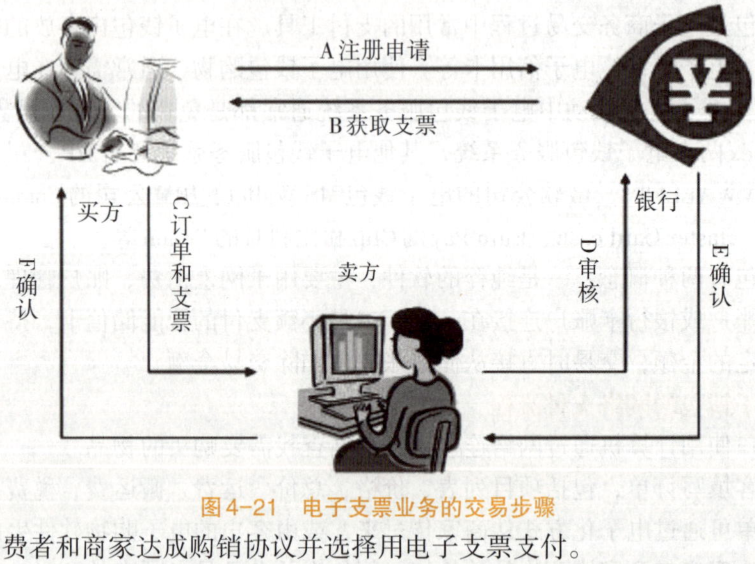

图4-21 电子支票业务的交易步骤

（1）消费者和商家达成购销协议并选择用电子支票支付。

（2）消费者通过网络向商家发出电子支票，同时向银行发出付款通知单。

（3）商家通过验证中心对消费者提供的电子支票进行验证，验证无误后将电子支票送交银行索付。

（4）银行在商家索付时通过验证中心对消费者提供的电子支票进行验证，验证无误后即向商家兑付或转账。

活动4　智能卡

一、智能卡的概念

IC卡（Integrated Circuit Card，集成电路卡），也称智能卡（Smart card）、智慧卡（Intelligent card）、微电路卡（Microcircuit card）或微芯片卡等。它是将一个微电子芯片嵌入符合ISO 7816标准的卡基中，做成卡片形式。IC卡与读写器之间的通信方式可以是接触式，也可以是非接触式。根据通信接口的不同把IC卡分成接触式IC卡、非接触式IC和双界面卡（同时具备接触式与非接触式通信接口）。其按结构的不同可分为存储器卡、逻辑加密卡、CPU卡、超级智能卡；按界面的不同可分为接触式IC卡、非接触式IC卡；按是否能够透支可分为借记卡和贷记卡。

二、智能卡的应用

早在2006年，中国IC卡市场总体规模已经呈现出快速增长的态势，2006年企业卡片销量超过16亿张，到2015年IC卡销售量为48.6亿张，中国IC卡相关企业已经了掌握核心技术，无可争议地成为全球IC卡的制造中心。近年来，我国国家金卡工程取得了令人瞩目的成绩，目前，IC卡已在金融、电信、社会保障、税务、公安、交通、建设及公用事业、石油石化、组织机构代码管理等许多领域得到了广泛应用，如第二代居民身份证（卡）、社会保障IC卡、城市交通IC卡、电话IC卡、三表（水电气）IC卡、消费IC卡等。行业IC卡应用已经渗透到百姓生活的方方面面，并取得了较好的社会效益和经济效益，这对提高各行业及地方政府的现代化管理水平，改变人民的生活模式和提高生活质量，推动国民经济和社会信息化进程发挥了重要作用。随着国家信息化进程的加快，IC卡对传统磁条卡的替代将持续推进，IC卡多功能应用将是未来智能卡技术发展的方向，推进IC卡“一卡多用”及“多功能卡”已成为当今信息社会发展中不可忽视的环节。

1.银行业

IC卡已是当今国际电子信息产业的热点产品之一，除了在非金融领域得到广泛应用外，在金融领域的应用也日益广泛，影响十分深远。

IC卡既可以由银行独自发行，又可以与各企事业单位合作发行联名卡。这种联名卡形成银行IC卡的专用钱包账户。例如，医疗保险专用钱包不得消费，不得提取现金，只能在指定医院等场所使用。当前，联名卡主要有保险卡、财税卡、交通卡、校园卡等。

2.电信行业

电信通用版IC卡（IC电话卡），也叫集成电路卡，在其卡面上镶嵌着一个集成电路（IC）芯片。支持IC电话卡插入电话机读卡器来实现通话，并由话机自动扣减卡内储值的公用电话叫IC卡公用电话。

3.收费系统

IC卡收费系统包括电费、水费、煤气费、通信费、停车费等各种消费资源费用的收取，该类系统可以提高管理效率和可靠性。

4.停车管理

专业停车场管理系统，大部分都采用IC卡管理车辆进出，将其作为车辆出入凭证。

5.医疗保险

随着中国医疗体制的改革，居民持保险公司发行的IC卡到医院就医，就医费用将由保险公司支付。医疗IC卡除了具有医疗费用的支付功能外，卡内还可以存储病人的病历。

6.公共交通

乘客持公交管理部门发行的预先付费IC卡乘车，上车时只需在汽车门口的收费机前晃一下，收费机自动完成收费。

除上述应用外，还有交警管理系统、工商管理系统、IC卡电子门锁、IC卡税务管理系统、高速公路收费系统等多种IC卡应用系统。

智能卡支付和移动支付如图4-22所示。

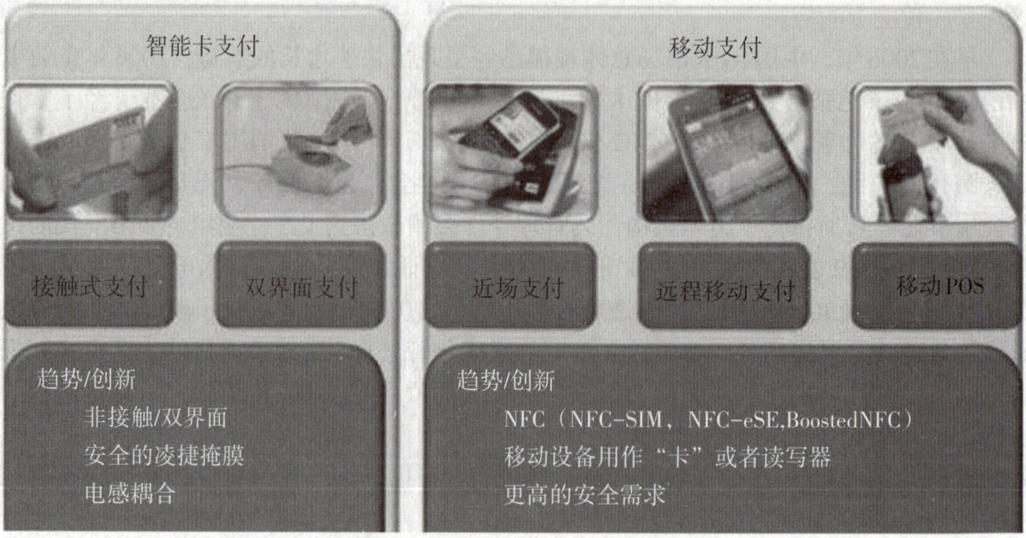

图4-22 智能卡支付和移动支付

任务3 移动支付结算技能

人们在日常购物、结账的时候，会拿出手机出示支付码或者扫码（用相应的支付小程序的扫一扫功能扫商家提供的收款二维码）进行支付。现在顾客支付现金、商家找零的结算画面已经非常少见了。尤其选择互联网购物平台进行购物、订餐、预约等，都会直接关联微信、支付宝等支付软件进行支付结算。我们经常使用的微信和支付宝的支付功能都被叫做移动支付。在移动支付高速发展的今天，越来越多的人选择使用手机客户端进行支付，来完成生活中的支付行为。

移动支付的操作简单方便、支付流程方便快捷、支付方式多样、安全可靠等特点，让更多的人愿意选择这种支付方式。移动支付是互联网时代的一种新型支付方式，是第三方支付的衍生品。其通过移动终端对所购买的产品进行支付结算。目前移动支付的主要表现形式为手机支付。所谓第三方支付，是指通过第三方的支付平台进行交易时，买方选购商品后，使用第三方平台提供的账户进行款项支付，由第三方通知卖家货款到达并提醒发货；买家验货后，通知付款给卖家，第三方再将款项转至卖家账户。

活动1 微信支付

微信支付是腾讯公司开发的应用程序微信内置的支付产品，于2014年9月26日推出，为中国最主要的移动支付平台之一。微信支付以绑定银行卡的快捷支付为基础，向用户提供线下支付、web支付、公众号支付、缴税、转账等功能。

一、微信支付流程

（1）首次使用，需用微信“扫一扫”扫描商品二维码或直接点击微信官方认证公众号的购买链接；

（2）点击立即购买，首次使用会有微信安全支付页面弹出。

（3）点击立即支付，提示添加银行卡。

（4）填写相关信息，验证手机号。

（5）设置支付密码，然后按提示操作完成支付。

二、主要应用

（1）线下支付：用户扫描线下静态的二维码，即可生成微信支付交易页面，完成交易流程。扫一扫支付如图4-23所示。

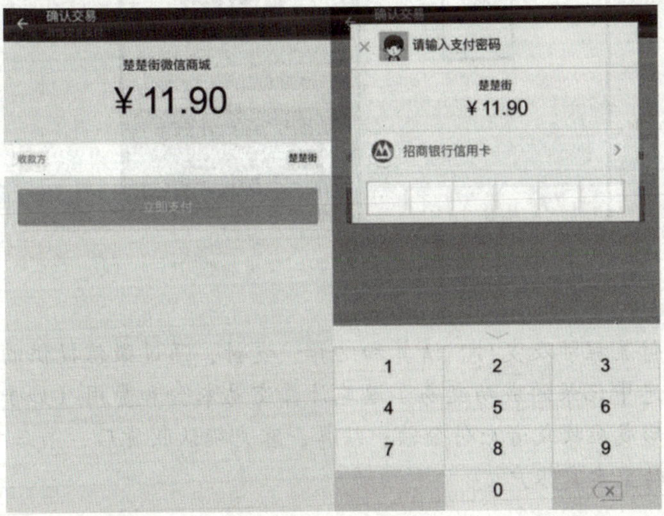

图4-23 扫一扫支付

（2）web支付：用户扫描PC端二维码跳转至微信支付交易页面，完成交易流程。

（3）公众号支付：用户在微信中关注商户的微信公众号，在商户的微信公众号内完成商品和服务的支付购买。已经支持微信支付的有QQ充值、腾讯充值中心、广东联通、印美图、麦当劳、微团购等。

以QQ充值为例（已完成首次使用微信支付绑卡）：

①关注公众号“QQ充值”，点击功能菜单中的“充话费”进入充值页面。

②填写手机号并选择充值金额，立即充值。

③输入微信支付密码。

④支付成功，收到成功充值确认短信。

（4）缴税功能：国家税务总局、中国人民银行联合微信支付开展智慧税务合作，将全面启用微信支付方式来支付税款，微信支付缴税功能正式启用。

（5）转账功能：在微信支付中有转账到银行卡功能，需要注意的是该功能并非只能转账到自己的银行卡，其他用户的银行卡也在转账范围之内。

提供支付码如图4-24所示。

转账支付如图4-25所示。

图4-24 提供支付码

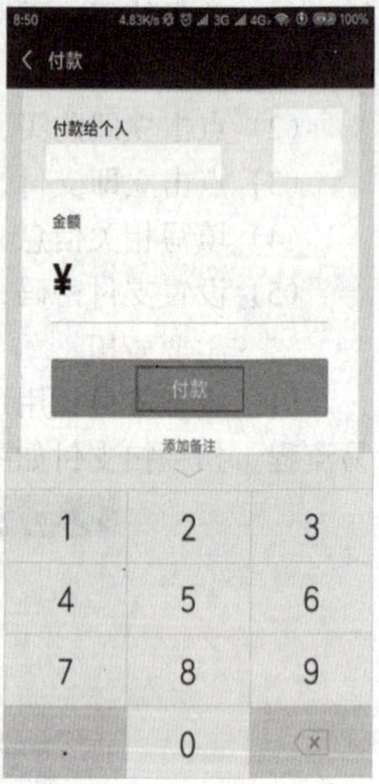

图4-25 转账支付

【小贴士】

整个移动支付流程涉及支付、清算和结算。支付，通过微信提供的账户进行付款；清算，对交易日志中记录的成功交易，逐笔计算交易本金和费用（如手续费），然后按照清算对象汇总形成应收或者应付金额；结算，客户确认收货后，第三方支付平台根据清算结果将款项转至卖家账户。

活动2 支付宝支付

支付宝（Alipay）是蚂蚁金服公司于2004年推出的一款第三方支付平台。该软件主要提供支付及理财服务（包括网购担保交易、网络支付、转账、信用卡还款、手机充值、水电煤缴费、个人理财等多个领域）。

一、注册

使用支付宝支付服务需要先注册一个支付宝账户，分为“个人账户”和“企业账户”两类。在支付宝官方网站或者支付宝钱包注册均可。

二、支付方式分类

1.快捷支付

快捷支付是指支付机构与银行合作，形成的一个高效、安全、专用（消费）的支付方式。手机支付时，用户下载安装“支付宝”，使用支付宝账号登录就能使用。

2.二维码支付

使用方式：用户在“支付宝”内，点击“扫一扫”，对准二维码扫描后按照提示操作就能完成支付。使用条码支付时，用户在“支付宝”内点击“付款码”，收银员使用条码枪扫描该条码，完成付款。

支付宝付款如图4-26所示。

图4-26　支付宝付款

3.声波支付

使用方式：用户在支持声波支付的售货机等场景下，选择商品，然后在“支付宝”内点击“当面付”。按照提示完成支付。

4.NFC支付

使用方式：将公交卡等放置在具有NFC的安卓手机后，即可查询公交卡余额以及充值。

5.iptv支付

使用方式：注册为某平台的会员，并关注服务微信公众号。使用“支付宝”扫描电视上的二维码，完成支付。

6.指纹支付

使用方式：（1）打开支付宝APP程序；（2）进入支付宝选择“我的”，选择“设置”选项；（3）在设置列表中选择“支付设置”选项；（4）在支付设置列表中选择“生物支付”选项；（5）在页面中选择“指纹支付”，将后面的开关打开即可；（6）在付款的时候选择使用即可。具体使用方式如图4-27至图4-32所示。

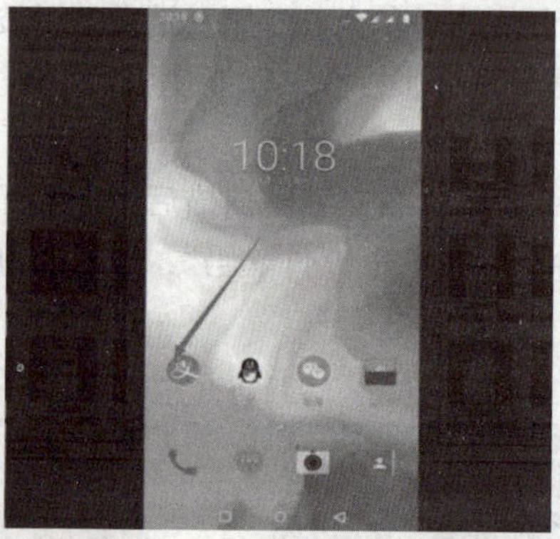

图4-27 指纹支付使用方式（1）

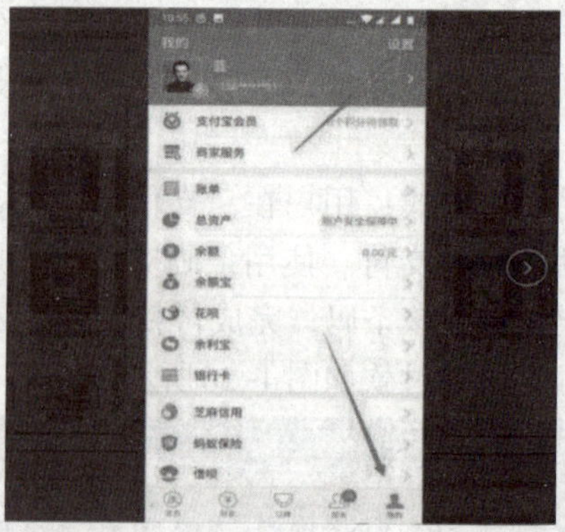

图4-28 指纹支付使用方式（2）

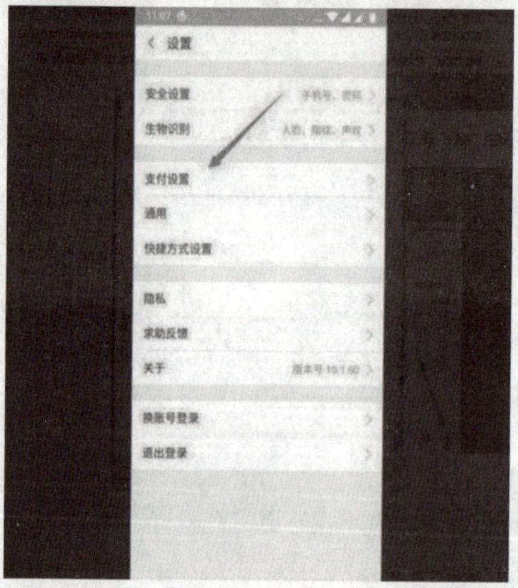

图4-29 指纹支付使用方式（3）

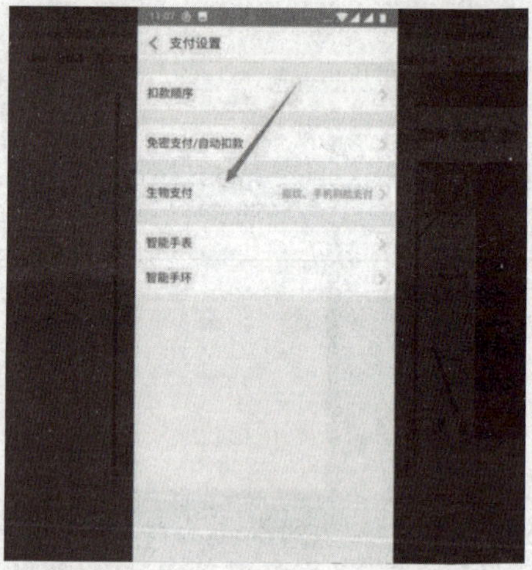

图4-30 指纹支付使用方式（4）

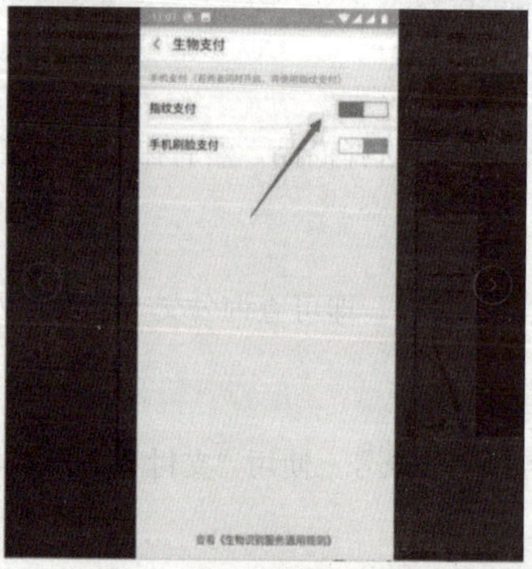

图4-31 指纹支付使用方式（5）

图4-32 指纹支付使用方式（6）

7.刷脸支付

使用方式：参照指纹支付的使用方式，只需将生物支付方式选项改为手机刷脸支付即可（如图4-33所示）。

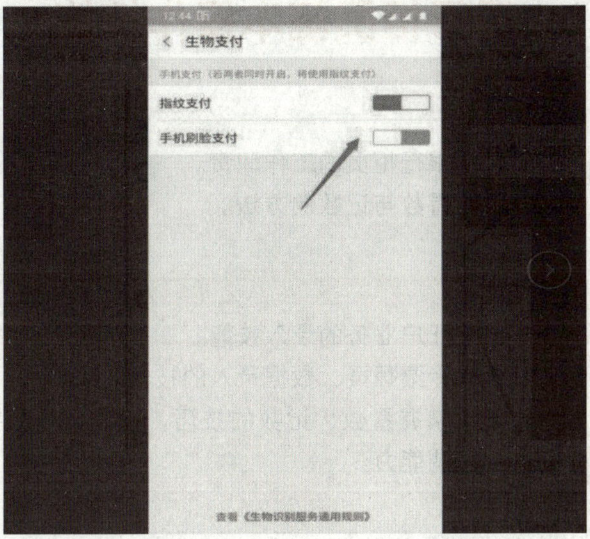

图4-33　手机刷脸支付

项目五

银行柜员基本操作技能

【知识目标】

1. 了解银行柜员的工作职责。
2. 掌握看数与记数的方法。

【能力目标】

1. 熟练开户业务的录入技能。
2. 掌握传票翻页、数据录入的技巧。
3. 熟练掌握看数、记数的技巧，培养微机翻打传票时眼脑手的综合协调能力。

【情感目标】

培养学生对数字的敏感性，增强对金额数字录入的责任感。

任务1　银行柜面开户业务操作技能

银行前台柜员负责直接面向客户的柜面业务操作、查询、咨询等；后台柜员负责无须面向客户的联行、票据交换、内部账务等业务处理及对前台业务的复核、确认、授权等后续处理。独立为客户提供服务并独立承担相应责任的前台柜员必须自我复核、自我约束、自我控制、自担风险；按规定必须经由专职复核人员进行滞后复核的，前台柜员与复核人员必须明确各自的相应职责，相互制约、共担风险。

活动1　了解银行柜员的工作职责

银行柜员的工作职责是：

（1）对外办理存取款、计息业务，包括电脑记账，打印凭证、存折、存单，收付现金等。

（2）办理营业用现金的领解、保管，登记柜员现金登记簿。

（3）办理营业用存单、存折等重要空白凭证和有价单证的领用与保管，登记重要空白凭证和有价单证登记簿。

（4）掌管本柜台各种业务用章和个人名章。

（5）办理柜台轧账，打印轧账单，清理、核对当班库存现金与结存重要空白凭证和有价单证，收检业务用章，在综合柜员的监督下，共同封箱，办理交接班手续，凭证等会计资料交综合柜员。

在信息时代，随着电脑的日益普及，各金融企业越来越依靠电脑及配套软件系统来为顾客提供优质服务，银行柜员无论是在对外办理存取款业务，还是对内清算等时，很重要的一项技能就是要将业务数据录入电脑记账、对账，可见银行柜员小键盘数字录入的水平对提高金融业服务质量有着很重要的作用。

活动2　银行柜面开户业务录入技能

下面我们以个人活期储蓄存款开户业务为例，了解银行开户业务的基本操作技能。

一、个人活期储蓄存款开户业务流程

业务流程：迎接客户 → 受理 → 审核 → 点钞 → 入箱 → 录入 → 出折→ 打印 → 盖章 → 签名 → 交还 → 送别客户 → 凭证整理。

个人活期储蓄存款开户业务流程如图5-1所示。

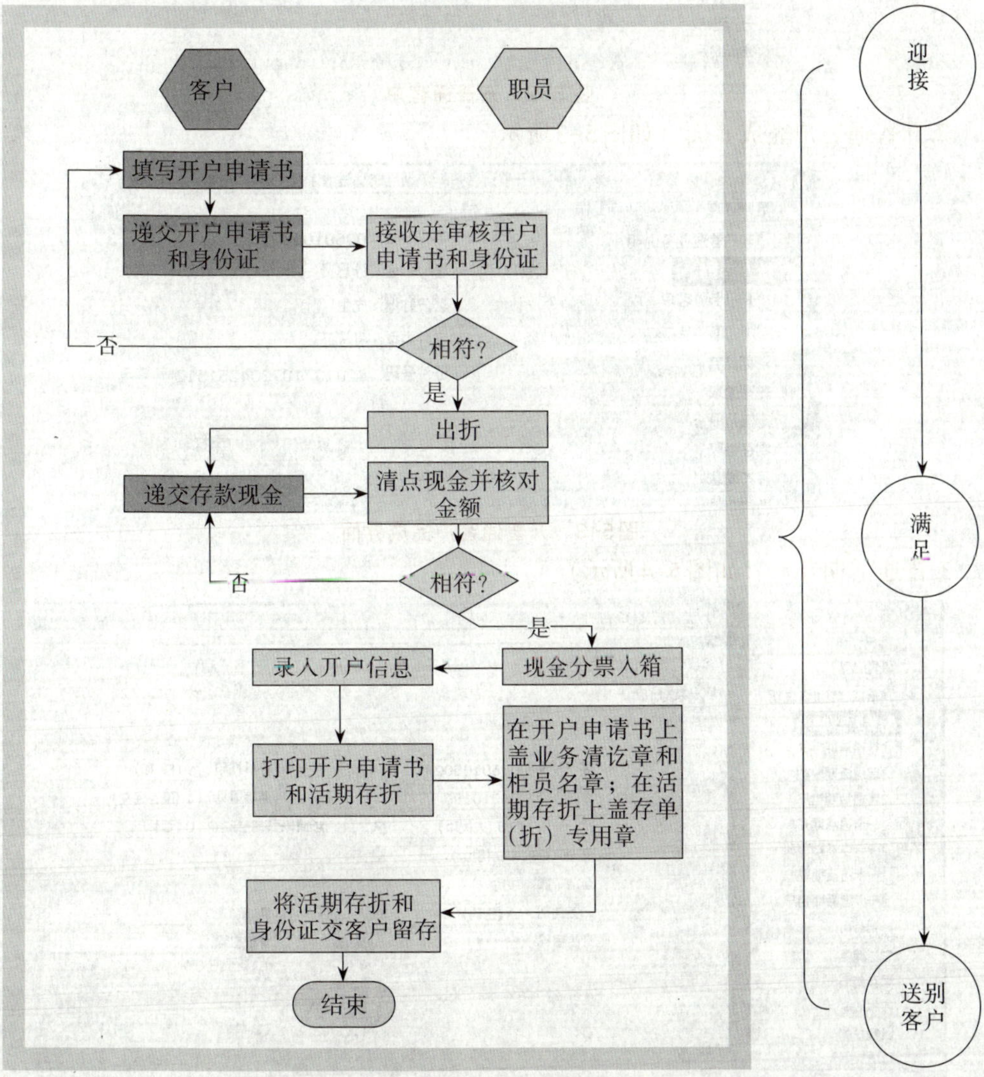

图5-1　个人活期储蓄存款开户业务流程

二、系统操作演示

1.开普通客户（如图5-2所示）

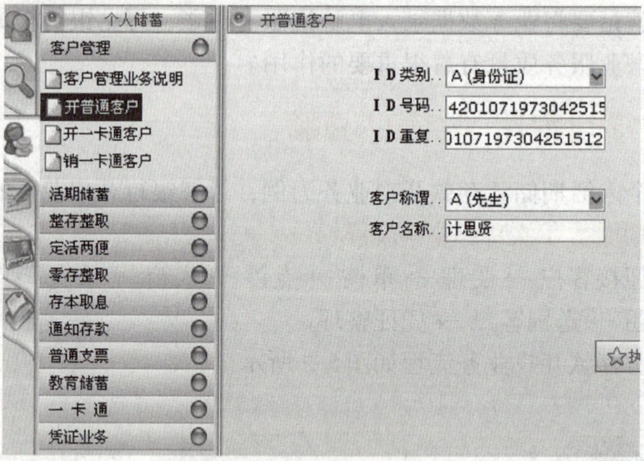

图5-2 开普通客户

2.开普通客户完成界面（如图5-3所示）

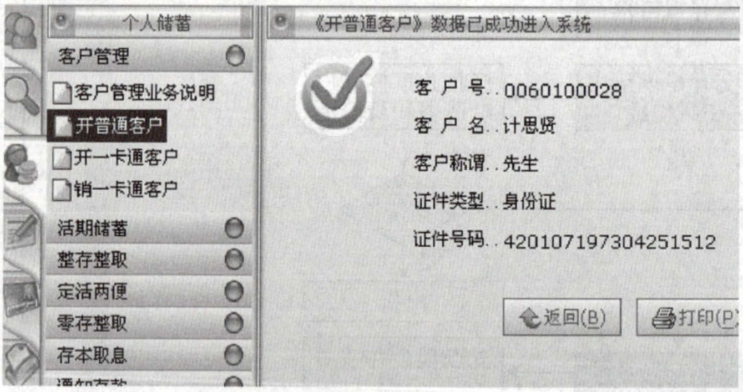

图5-3 开普通客户完成界面

3.普通活期开户（如图5-4所示）

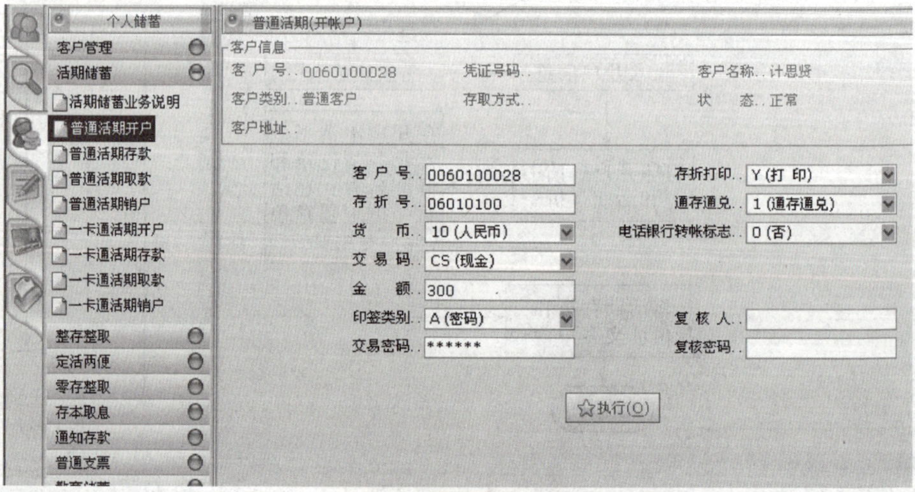

图5-4 普通活期开户

4.普通活期开户完成界面（如图5-5所示）

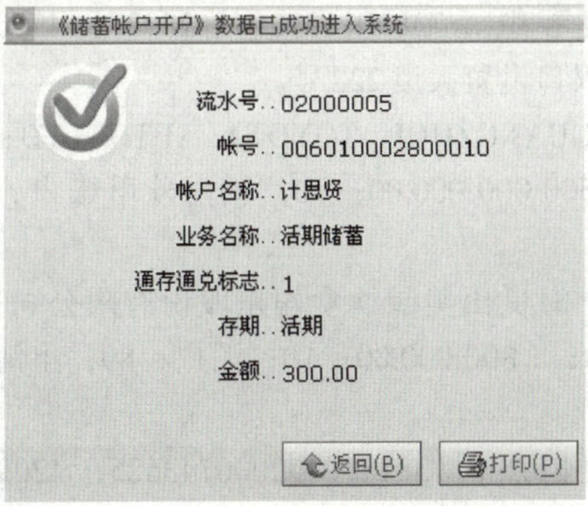

图5-5　普通活期开户完成界面

观察与思考：同学们对以上个人活期储蓄存款开户操作流程有什么感想？

结论：整个储蓄开户程序里面，银行柜员最重要的基本操作技能就是在电脑上熟练运用银行操作系统软件录入业务数据，如顾客的姓名、身份证、日期、金额等。

实训1　银行柜面开户业务录入技能训练

实训目的：准确快速地进行银行柜面开户业务数据录入。

实训要求：

（1）在实训室配备电脑及安装相应的模拟银行软件系统；也可以安装五笔打字软件，通过自选文章导入银行柜面开户业务数据。

（2）精神高度集中，手、眼、脑协调配合。

（3）中文打字可以用五笔、拼音输入法等。

实训时间：本项目训练时间每日须不少于30分钟。

实训形式：

1.基本练习

按照前述“五指法”的要求进行盲打综合训练。

2.综合业务训练（须安装软件）

首先，进入相应的训练系统后，导入训练数据；然后，系统自动计时训练；训练结束，系统自动评定成绩；最后，由老师记录训练成绩。图5-6是储户开户资料录入综合训练界面，它包括以下录入内容：1.出题单位；2.类型；3.姓名/单位名称；4.账号；5.身份证号/营业执照号；6.币别；7.金额/注册资金；8.储种；9.账户类别；10.存期；11.地址。

3.训练素材

中信；personal；汪楠；7381110192015487362；420103195508145112；RMB；5 432.21；10；现钞；60；岐山路汉柳街4号。

中信；english；PITER WHITE；7381511493148736210；422601196001202226；USD；49 872.13；43；现钞；24；菜园商检局大院189号六楼。

中信；enterprise；武汉圆通汽车有限公司；7381410182600784962；4025321437698203；RMB；10 000 000.00；10；现钞；99；武汉经济技术开发区工业园

68号。

中信；personal；范春魁；7381011392045628937；421083198901111629；HKD；10.00；67；汇户；60；汉口世贸大厦222号。

中信；english；GUANGZHOU TOYOTA AUTO LTD；7381911493100789265；4200000001603；USD；500 000 000.00；10；国内外币账户；99；广州市解放公园路50-1栋1楼9号。

中信；enterprise；上海良田美园饮食娱乐股份有限公司；7381511482600456782；6087435268236225；USD；1 800 000.00；10；汇户；89；上海黄浦路楚风阁2楼B座5单元。

中信；personal；魏仁杰；7381810192000743625；420923830901564157；RMB；46 273.25；48；钞户；60；汉阳区水仙路永乐乡3组89号。

中信；english；HUBEI RICH SCHOOL；7381611393148739671；42196211043152；HKD；300 000.00；56；汇户；99；黄石区复兴路襄阳街12号3楼A座。

中信；enterprise；神龙汽车有限公司宝山销售服务分公司；7381610182600234356；4023568912347892；RMB；5 000 000.00；48；临时；60；上海市宝山区龙阳大道9号。

中信；personal；陈小路；7381911493100874561；420621198302252801；USD；3 689 643.52；43；汇户；12；建设大道全民路城建宿舍大院B栋31-1楼。

中信；english；GUESS VITIU HOOTHLE YOKY CITIC；7381610292004523169；42000014236808；RMB；88 888 188.00；98；现钞；99；市中区中心大厦4-7号。

中信；enterprise；钨江山村预制构件厂；7381010182204326547；7823561002013567；RMB；54 329 873.21；10；现钞；99；巫山镇吉祥里688号。

中信；personal；张羌；7381010192010262769；420984198612120769；RMB；2.01；47；活期；24；武汉市东西湖镇安山村56号。

中信；english；KITTLE GU；7381010192010261856；42010619840321044X；RMB；568 237.59；10；活期；48；华山经济开发区才华街102-1-7-A号。

中信；enterprise；华源电力集团股份有限公司建筑分公司；7381810182200002945；6088056358462591；RMB；3 000 000.00；23；钞户；48；江苏省射阳县合德镇红旗西路2号。

中信；personal；管汉春；7381411393100274611；420113197812160016；HKD；4 896 752.00；10；定期；36；常青花园城乡建设公司内。

中信；english；JIANGSU STEEL SERVER LTD；7381010182203963317；4201060927361 4；GBP；10 000 000.00；42；活期；48；南京市青山区工商局大院内317号。

中信；enterprise；大枫叶纸业（集团）股份有限公司；7381810182100001417；4022056871284637；RMB；3 200 000.00；10；活期；60；西赛区青年大道特8号。

中信；personal；张漫丽；7381010192010261622；420104620410041057；RMB；600 000.00；10；钞户；60；江岸区太平街81号2楼7号。

中信；english；PENG ZHONG MING；7381210192004456521；420111197311060524；EUR；1 444.02；76；现汇；60；武昌民权路199号C栋五楼。

中信；enterprise；武汉市泰兴糖酒副食品有限公司；7381610182200006286；8084562378925461；RMB；9889995.43；10；活期；10；西洋镇黄沙地村。

中信；personal；杨尊敏；7381215192000001198；42020319661112333X；EUR；300 000 000.00；42；钞户；40；北京海淀区百事可乐有限公司。

中信；english；ZHENG ZHOU；7381011393100032142；420106197001010631；HKD；20 000.00；42；钞户；03；黄浦区中山大街71号3309室。

中信；enterprise；宋城娱乐设备制造有限公司；7381010182600732659；42010000076492；RMB；2 000 000.00；10；汇户；99；黄桥镇广安大街437-7号。

中信；personal；余新乐；7381010192010260942；133025197410286621；RMB；585.11；10；现钞；48；湖北省孝感市花园镇桥西65号。

中信；english；ZHONG KAILI；7381011293300041285；440407850203511；GBP；3 046.58；10；现钞；00；华中科大东区26栋3011室。

中信；enterprise；南环前门环保器材厂；7381010182132764175；33010000004637；RMB；670 000.00；20；临时账户；99；前门大街五巷三弄4921号。

中信；personal；杜修华；7381115192002746041；420106197203013615；EUR；10.40；10；钞户；60；冬菜院134号。

中信；english；PATTING SONG；7381110192000032147；G42006395；RMB；726 364.39；10；钞户；36；南巷花园里568-1号。

中信；enterprise；江汉法门工商咨询有限责任公司；7381010182600752167；420100000005876；RMB；1 120 00.00；50；基本账户；97；建设大道747号。

中信；personal；徐红梅；7381411492002747026；42010519771212242X；USD；10.00；56；活期；60；吉祥里29-61-3-1号。

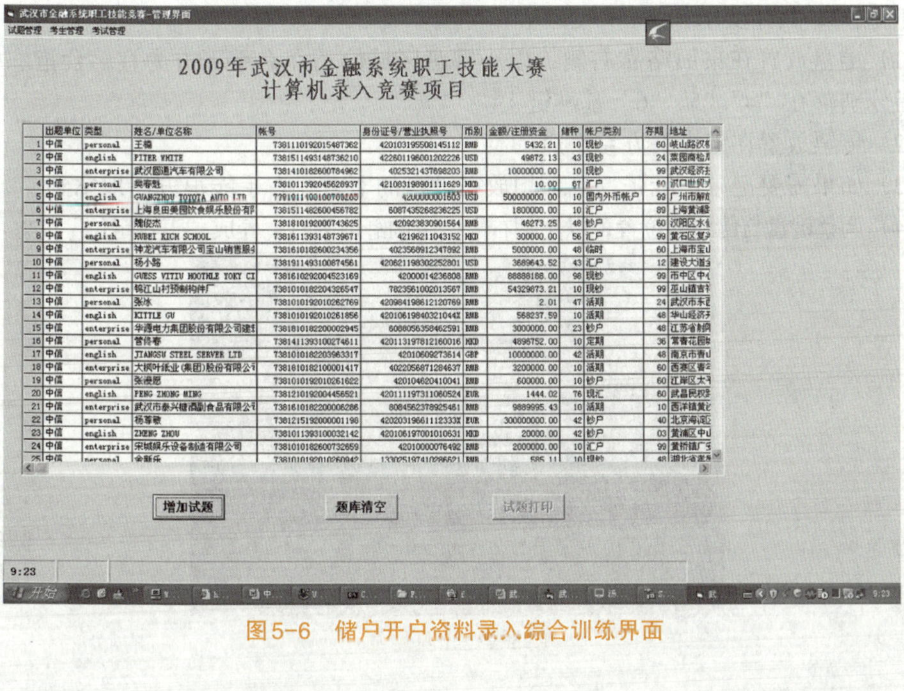

图5-6　储户开户资料录入综合训练界面

任务2 传票数据录入技能

在前面的项目三中已经介绍了传票算的操作技能，如何在银行柜面业务中准确迅速地将票据上的金额数据录入计算机是银行柜员必须掌握的基本功，现结合银行柜面业务强化在微机上进行传票数据录入的技能。

在银行柜面收付款时，首先要求精神高度集中，然后按照业务类型的流程规范操作，最后要养成唱收唱付、复核的好习惯。

（1）收款时先询问顾客存款额，先清点后录入，即边看点钞机屏幕上显示的金额数字，同时向顾客唱收，再迅速按键、打单、签字等。

（2）付款时首先询问顾客取款额，然后先清点钞票后录入，即边看点钞机屏幕上显示的金额数字，同时向顾客唱付，再迅速按键、打单、签字、付款、返还存折或银行卡等。

（3）复核票据时，两手的动作均可慢一些，练习一段时间后，应左右手同时提高速度。翻打票据时，左手翻页的同时，眼睛迅速看数，大脑快速记数，右手连贯地录入计算机，要做到手、眼、脑协调配合，运算快速准确。

提高柜员计算机传票录入技能，除熟练运用微机进行正确的数字录入外，还应掌握盲打、整理、摆放、找页、翻页、数页等基本功。

活动1 工具定位

“工欲善其事，必先利其器”，在电脑上进行传票翻打录入除了保持正确的坐姿和手型外，还应强调桌面用品摆设定位，使手、小键盘、传票三者融为一体，自然和谐（如图5-7所示），具体要求如下：

（1）键盘放置在桌面略靠右侧，以小键盘区域恰巧在右手下方为宜，食指、中指、无名指分别落在“4”“5”“6”基准键上。

（2）传票放置在键盘下方左手边。

（3）如果需要记录，纸张、笔等均放在键盘的下方，右手能很方便地拿到。

（4）调整键盘与传票的位置，以左翻右击、协调舒适为宜，养成“工具定位”的好习惯。

图5-7 工具定位

实训2　开扇训练

实训目的：双手迅速开扇，扇面均匀。

实训要求：

（1）开扇时，要使每张传票页均匀地自然松动，不能出现粘在一起的情况。

（2）扇面打开角度合适，不得过大或过小。

实训时间：开扇训练时间不少于10分钟。

实训过程：

（1）蹾齐传票。

（2）捏住传票。

（3）折传票。

（4）开扇。

【小贴士】

打开扇面的动作要快，要在几秒钟之内完成，打开的扇面要均匀，打开的角度要控制在25°至30°为宜，角度太大（如图5-8所示）翻打时手指夹不住传票，角度太小（如图5-9所示）打开的扇面比较小，容易一次翻多页“夹张”。

图5-8　角度太大

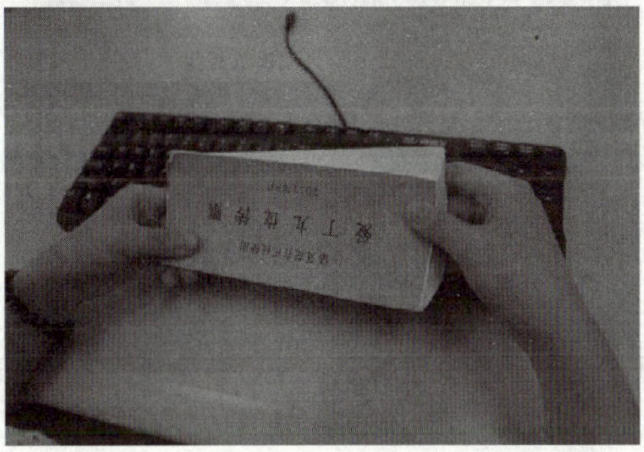

图5-9　角度太小

实训形式：

练习一：由教师读秒“1、2、3”，学生进行开扇，3秒钟之内须完成一本传票的开扇。

练习二：同座两位同学互相竞赛，同时开始开扇，看谁先打开扇面。

活动2　传票翻页的方法

传票翻页是微机传票翻打的基础，只有左手能准确、连贯、快速地翻开传票，才能顺畅地进行传票翻打录入。

（一）拇指翻页法

拇指翻页法是指用拇指掀起传票进行翻页的一种比较常用的方法，此种方法适用于纸质相对较硬的传票本。具体操作要领如下：

（1）双手将打开扇面的传票放置在桌面上，左手的中指、无名指、小指并拢弯曲（如图5-10所示）。

（2）将左手中指、无名指、小指放置在传票中间偏左的位置（如图5-11所示）。

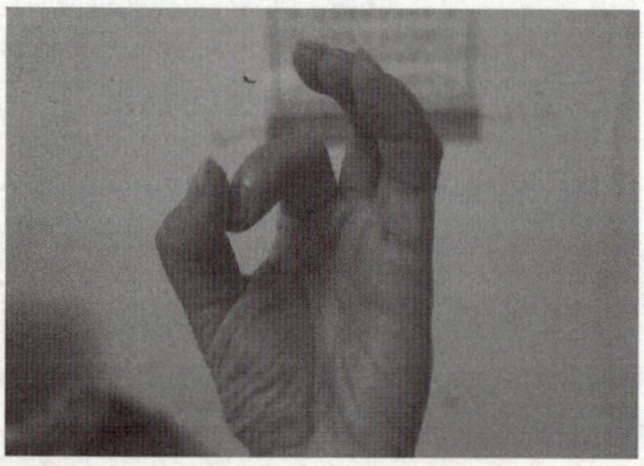

图5-10　左手手型

图5-11　左手位置

（3）用拇指指肚隆起的最高部分掀起第一页传票准备翻页（如图5-12所示）。

初学者可将翻页动作分解为四步：

第一步：用拇指指肚凸出部分在传票的边沿掀起传票（如图5-13所示）。

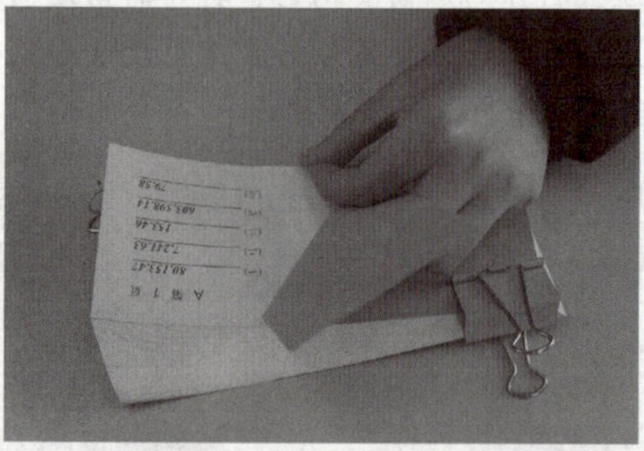

图5-12　准备翻页

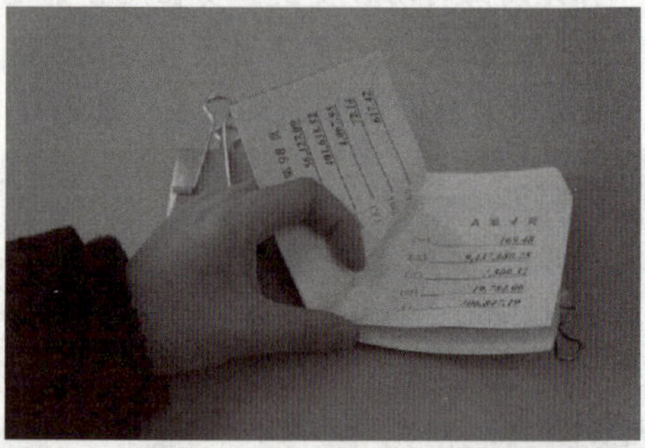

图5-13　掀起传票

第二步：拇指第一节指节弯曲将传票向左侧翻压（如图5-14所示）。

第三步：食指弯缩接过传票并与中指夹住（如图5-15所示）。

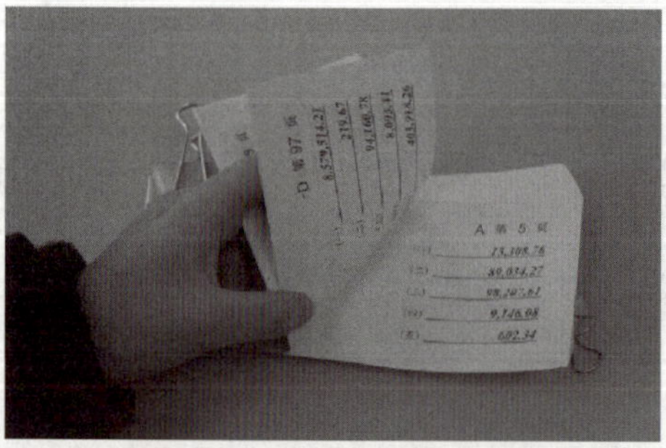

图5-14　将传票向左侧翻压

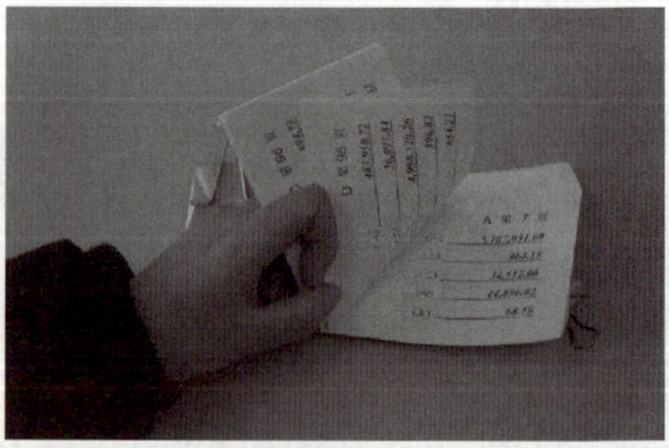

图5-15　夹住传票

【小贴士】

食指在移至下页传票页时应弯曲着移动，不能伸直。

第四步：拇指下至下一页传票边沿重复第一步动作（如图5-16所示）。

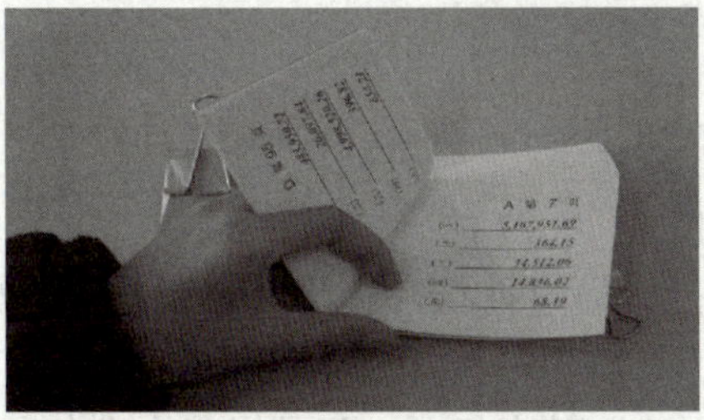

图5-16　重复第一步动作

【小贴士】

传票翻页时手指翻动的幅度切忌过大，控制到能看清传票上的五行金额数字为宜，以提高翻页的速度。

（二）食指单捻翻页法

食指单捻翻页法是指用食指翻开传票的方法，由于它翻动的页面比较大，适用于金额在传票左侧或传票纸质薄的传票本。

准备姿势与“拇指翻页法”基本相同，只是三个手指弯曲后压的部位不同，压在传票左侧的边沿，然后用拇指在左下角抬起部分传票即可（如图5-17所示）。

具体翻页动作分解为以下两步：

第一步：食指沾甘油后用第一节指肚靠近指尖的部分捻传票，将第一页传票向左上方掀起，使翻过的页自然向左上方倾倒（如图5-18所示）。

图5-17　左手位置

图5-18　翻页

第二步：食指迅速弯缩放开已翻过去的传票，移至下一页继续捻传票，同时食指左侧和中指夹住已翻过去的传票（如图5-19所示）。

图5-19　夹住传票

【小贴士】

食指在翻页时容易因皮肤干燥而捻不起传票页，这时应准备装有甘油的海绵缸。

（三）食指辅助拇指翻页法

食指辅助拇指翻页法是指通过拇指和食指配合来翻动传票的方法，由于它速度较慢，适用于金额居于右侧、纸质相对较薄的传票本。

准备姿势与“拇指翻页法”基本相同，只是拇指在准备翻页时，食指在传票边沿处辅助拇指。

具体翻页动作分解为以下五步：

第一步：拇指和食指捏住传票向左翻（如图5-20所示）。

第二步：食指向下、向手掌心方向弯缩放掉传票（如图5-21所示）。

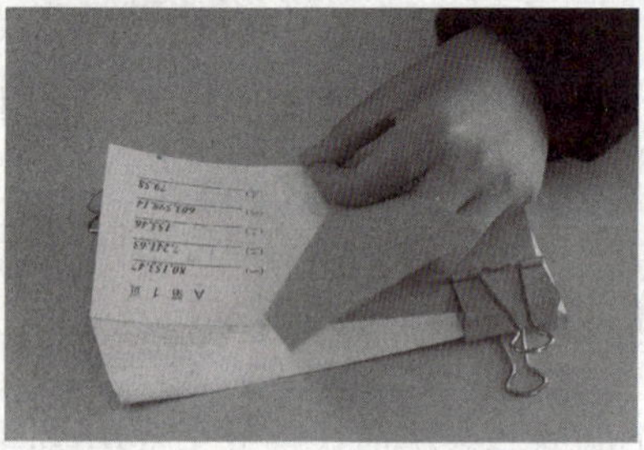

图5-20 翻页

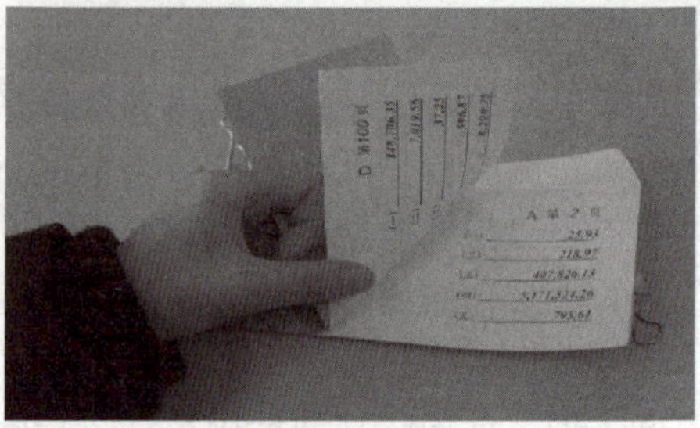

图5-21 放掉传票

第三步：食指从传票的下方下到第二页传票的边沿，同时拇指顺势将翻过去的传票往下拉至食指与中指的第三节指节，方便夹住传票（如图5-22所示）。

第四步：拇指下到第二页传票的边沿，用指肚掀起下一页传票，同时食指指尖轻轻划一下传票，协助拇指掀起传票，避免连翻两页（如图5-23所示）。

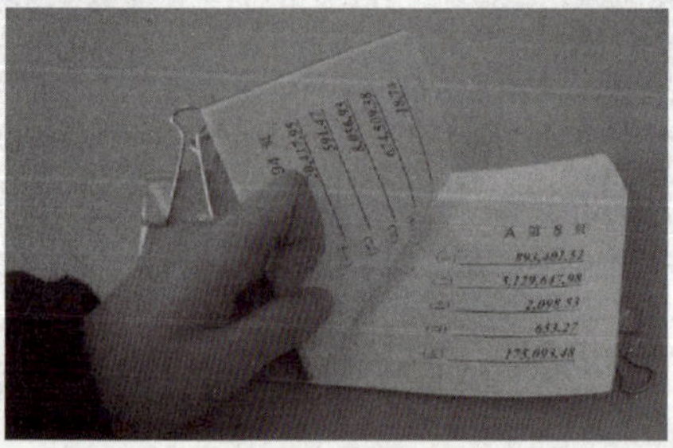

图5-22 夹住传票

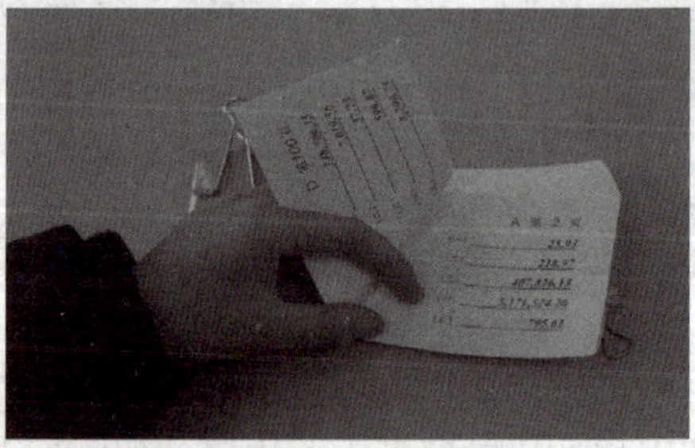

图5-23 翻下一页

第五步：食指与拇指捏住第二页传票，呈准备姿势（如图5-24所示）。

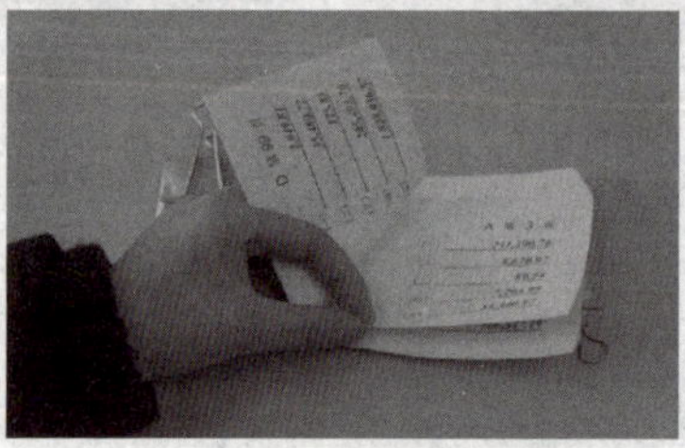

图5-24 捏住第二页传票

【小贴士】

翻页后食指易出现停留在前一页传票的背面，没有和拇指捏住下一页传票，即没有做好准备动作。

实训3　传票翻页、找页训练

一、传票翻页训练

实训目的：左手连贯、快速、准确翻页，提高翻页技巧。

实训要求：

(1) 票面不宜翻得过高，角度适宜，以能看清数据为准。

(2) 左手翻页应保持连贯。

实训时间：本项目训练时间不少于一周。

实训形式：(重点练习一种翻页方法)

练习一：按口令训练法（节奏感训练）。教师发出“翻”“停”的口令，以两秒一页的速度进行翻页训练。学生听到“翻”口令时应开始翻页，听到“停”口令时应停在准备动作状态。(较熟练后可提快到一秒一页的速度)

练习二：按口令训练法（连贯性训练）。教师发出“1、2、3、4、5、6……”的口令，学生听到口令“1”时翻一页传票，听到口令“2”时再翻一页传票，以此类推。速度则由教师进行控制，由慢到快，逐渐加快速度。

练习三：定量不定时训练法（准确性训练）。规定的页数可由少至多，如20页、50页、100页，循序渐进，教师统一计时，学生快速翻页，看谁翻得快。(较熟练后可进行盲翻训练)

练习四：定时不定量训练法（速度、耐力提升训练）。老师计时30秒，学生翻页，看谁翻得多。(较熟练后可进行盲翻训练)

实训考核：

以翻页的速度作为考核标准，见表5-1。

表5-1　考核标准

标准	优	良	合格
定量不定时（100页）			
拇指翻页法	40秒	50秒	60秒
食指辅助拇指翻页法	50秒	60秒	70秒
食指单捻翻页法	50秒	60秒	70秒
定时不定量（30秒）			
拇指翻页法	60页	55页	50页
食指辅助拇指翻页法	55页	50页	45页
食指单捻翻页法	55页	50页	45页

二、传票找页训练

实训目的：快速准确地找到每题的起始页，提高传票翻打的准确度和速度。

实训要求：

（1）熟悉传票，能准确把握传票页的厚度，练手感，如10页、20页、30页的厚度。

（2）用左手迅速准确地找到起始页数。

实训时间：本项目训练时间每日不少于10分钟。

实训形式：

练习一：由教师随机报起始页数，学生快速翻找。

5、14、21、43、57、78、86、90……（有序找页练习）

2、15、46、18、38、70、9、37……（无序找页练习）

练习二：由教师按一定规律报起始页数，学生快速翻找。

5、10、15、20、25、30、35、40……

10、20、30、40、50、60、70、80……

以上练习也可采用定量不定时的方法进行，即出20个页数，看谁找得快。

练习三：由学生互相报起始页数，进行翻找训练。

练习四：教师计时，看谁找的页数多。

实训考核：

以找页的速度作为考核标准，见表5-2。

表5-2 考核标准

项目	优	良	合格
定时不定量（30秒）	48～50题	45～47题	42～44题
定量不定时（20题）	10秒以内	13秒以内	16秒以内

实训4 手眼脑配合连贯性训练

实训目的：快速准确地进行传票翻打运算。

实训要求：

（1）指定采用相同的传票计算。

（2）手、眼、脑协调配合。

（3）精神高度集中，边翻边打。

（4）加强练习，分步进行。

实训时间：本项目训练时间每日须不少于20分钟。

实训形式：

选择好传票本和行数后，将传票打开成扇面放在桌面合适位置（见“活动1 工具定位”），左手做好翻页准备动作，右手各手指放在基准键位，眼睛看清第一页数据的同时，大脑记住该数据，听到开始口令，左手翻页、右手录入，同时眼睛看、大脑记忆第二个数据，整个过程要求手、眼、脑的动作协调连贯；右手录入时，左手迅速翻过此页，进入下一页……依此紧紧连接、环环相扣，保持动作的连贯和流畅，逐步达到左右手不停留在同一页上（一目记忆的数字，左手领先一页，两目记忆的数字，在右手录入小数点时左手进行翻页，左手比右手领先半步），右手无停顿。

（1）5组10页翻打（每套题限时5分钟，见表5-3至表5-7）。

表5-3　传票算练习题一

题号	起止页码	行数	答案
1	2—11	（五）	
2	23—32	（四）	
3	38—47	（三）	
4	34—43	（一）	
5	16—25	（二）	
6	21—30	（三）	
7	79—88	（四）	
8	13—22	（五）	
9	8—17	（四）	
10	60—69	（一）	

表5-4　传票算练习题二

题号	起止页码	行数	答案
1	32—41	（三）	
2	24—33	（四）	
3	37—46	（三）	
4	20—29	（一）	
5	41—50	（三）	
6	21—30	（三）	
7	65—74	（四）	
8	23—32	（五）	
9	11—20	（四）	
10	30—39	（一）	

表 5-5 传票算练习题三

题号	起止页码	行数	答案
1	3—12	(三)	
2	16—25	(四)	
3	25—34	(三)	
4	65—74	(一)	
5	31—40	(三)	
6	12—21	(三)	
7	49—58	(四)	
8	16—25	(五)	
9	21—30	(四)	
10	34—43	(一)	

表 5-6 传票算练习题四

题号	起止页码	行数	答案
1	44—53	(三)	
2	13—22	(四)	
3	46—55	(三)	
4	35—44	(一)	
5	50—59	(三)	
6	31—40	(三)	
7	68—77	(四)	
8	35—44	(五)	
9	40—49	(四)	
10	53—62	(一)	

表 5-7 传票算练习题五

题号	起止页码	行数	答案
1	34—43	(三)	
2	3—12	(四)	
3	36—45	(三)	
4	25—34	(一)	
5	40—49	(三)	
6	21—30	(三)	
7	58—67	(四)	
8	25—34	(五)	
9	30—39	(四)	
10	43—52	(一)	

(2) 5组20页翻打（每套题限时10分钟，见表5-8至表5-12）。

表5-8　传票算练习题一

题号	起止页码	行数	答案
1	2—21	(五)	
2	23—42	(四)	
3	38—57	(三)	
4	34—53	(一)	
5	16—35	(二)	
6	21—40	(三)	
7	79—98	(四)	
8	13—32	(五)	
9	8—27	(四)	
10	60—79	(一)	

表5-9　传票算练习题二

题号	起止页码	行数	答案
1	32—51	(三)	
2	24—43	(四)	
3	37—56	(三)	
4	20—39	(一)	
5	41—60	(三)	
6	21—40	(三)	
7	65—84	(四)	
8	23—42	(五)	
9	11—30	(四)	
10	30—49	(一)	

表 5-10 传票算练习题三

题号	起止页码	行数	答案
1	3—22	（三）	
2	16—35	（四）	
3	25—44	（三）	
4	65—84	（一）	
5	31—50	（三）	
6	12—31	（三）	
7	49—68	（四）	
8	16—35	（五）	
9	21—40	（四）	
10	34—53	（一）	

表 5-11 传票算练习题四

题号	起止页码	行数	答案
1	44—63	（三）	
2	13—32	（四）	
3	46—65	（三）	
4	35—54	（一）	
5	50—69	（三）	
6	31—50	（三）	
7	68—87	（四）	
8	35—54	（五）	
9	40—59	（四）	
10	53—72	（一）	

表5-12　传票算练习题五

题号	起止页码	行数	答案
1	34—53	（三）	
2	3—22	（四）	
3	36—55	（三）	
4	25—44	（一）	
5	40—59	（三）	
6	21—40	（三）	
7	58—77	（四）	
8	25—44	（五）	
9	30—49	（四）	
10	43—62	（一）	

（3）5组20页翻打（每套题限时20分钟，见表5-13至表5-17）。

表5-13　传票算练习题一

题号	起止页码	行数	答案
1	13—32	（三）	
2	31—50	（四）	
3	23—42	（三）	
4	7—26	（一）	
5	19—38	（三）	
6	8—27	（三）	
7	19—38	（四）	
8	12—31	（五）	
9	38—57	（四）	
10	18—37	（一）	
11	24—43	（三）	
12	12—31	（四）	
13	1—20	（三）	
14	38—57	（一）	
15	64—83	（三）	
16	15—34	（三）	
17	52—71	（四）	
18	40—59	（五）	
19	11—30	（四）	
20	27—46	（一）	

表5-14 传票算练习题二

题号	起止页码	行数	答案
1	15—34	(一)	
2	33—52	(二)	
3	26—45	(三)	
4	10—29	(四)	
5	22—41	(五)	
6	11—30	(一)	
7	19—38	(二)	
8	12—31	(三)	
9	41—60	(四)	
10	21—40	(五)	
11	27—46	(一)	
12	15—34	(二)	
13	4—23	(三)	
14	41—60	(四)	
15	67—86	(五)	
16	18—37	(一)	
17	55—74	(二)	
18	43—62	(三)	
19	14—33	(四)	
20	30—49	(五)	

表 5-15　传票算练习题三

题号	起止页码	行数	答案
1	3—22	（一）	
2	41—60	（二）	
3	51—70	（三）	
4	4—23	（四）	
5	54—73	（五）	
6	22—41	（一）	
7	41—60	（二）	
8	2—21	（三）	
9	66—85	（四）	
10	45—64	（五）	
11	43—62	（一）	
12	14—33	（二）	
13	5—24	（三）	
14	42—61	（四）	
15	68—87	（五）	
16	17—36	（一）	
17	56—75	（二）	
18	44—63	（三）	
19	15—34	（四）	
20	31—50	（五）	

表5-16 传票算练习题四

题号	起止页码	行数	答案
1	36—55	(一)	
2	54—73	(二)	
3	7—26	(三)	
4	4—23	(四)	
5	18—37	(五)	
6	12—31	(一)	
7	31—50	(二)	
8	12—31	(三)	
9	56—75	(四)	
10	35—54	(五)	
11	33—52	(一)	
12	4—23	(二)	
13	25—44	(三)	
14	32—51	(四)	
15	58—77	(五)	
16	7—26	(一)	
17	46—65	(二)	
18	34—53	(三)	
19	5—24	(四)	
20	21—40	(五)	

表5-17　**传票算练习题五**

题号	起止页码	行数	答案
1	6—25	（一）	
2	24—43	（二）	
3	17—36	（三）	
4	14—33	（四）	
5	48—67	（五）	
6	2—21	（一）	
7	1—20	（二）	
8	12—31	（三）	
9	46—65	（四）	
10	25—44	（五）	
11	23—42	（一）	
12	24—43	（二）	
13	15—34	（三）	
14	22—41	（四）	
15	48—67	（五）	
16	17—36	（一）	
17	36—55	（二）	
18	24—43	（三）	
19	35—54	（四）	
20	11—30	（五）	

(4) 进行100页翻打，并记录下每一题的时间（见表5-18至表5-21）。

表5-18 传票算练习题一 A面

题 号	起始页码	行数	答案	时间记录
1	1—100	(一)		
2	1—100	(二)		
3	1—100	(三)		
4	1—100	(四)		
5	1—100	(五)		

表5-19 传票算练习题二 B面

题 号	起始页码	行数	答案	时间记录
1	1—100	(一)		
2	1—100	(二)		
3	1—100	(三)		
4	1—100	(四)		
5	1—100	(五)		

表5-20 传票算练习题三 C面

题 号	起始页码	行数	答案	时间记录
1	1—100	(一)		
2	1—100	(二)		
3	1—100	(三)		
4	1—100	(四)		
5	1—100	(五)		

表5-21 传票算练习题四 D面

题 号	起始页码	行数	答案	时间记录
1	1—100	(一)		
2	1—100	(二)		
3	1—100	(三)		
4	1—100	(四)		
5	1—100	(五)		

(5) 利用电脑及学习机的软件进行传票翻打练习。

①传票录入功能介绍：

A.在系统主界面选择［传票录入］进入到［传票录入］目录（如图5-25所示）。

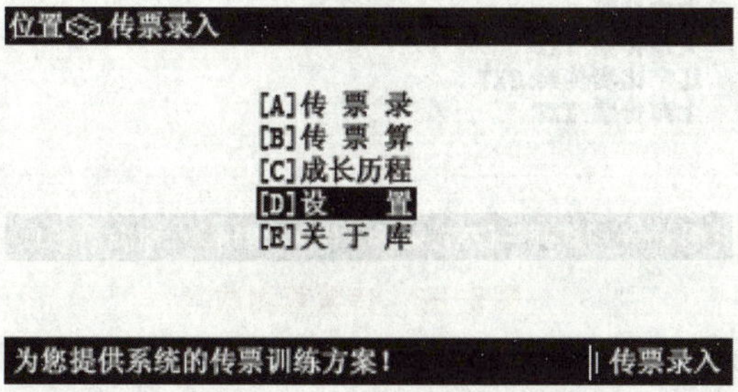

图5-25　［传票录入］目录

B.选择“［D］设置”，进行相关设置。设置完毕后按［Enter］自动保存设置（如图5-26所示）。

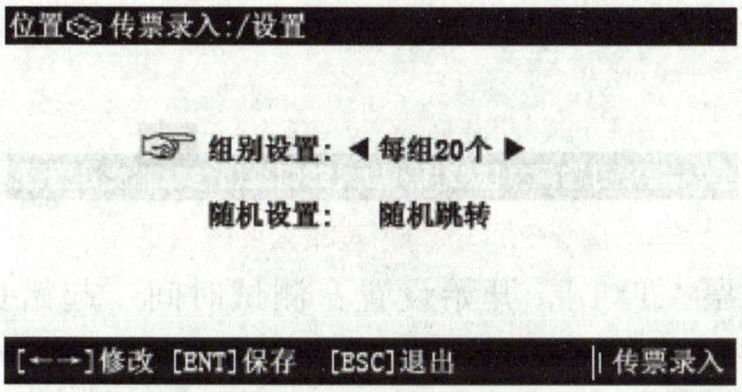

图5-26　保存设置

操作：通过［↑↓］键移动光标，［←→］键调整相关设置。

说明：此步骤只需在第一次使用时设置，或在需要更改训练方式时设置。

C.在［传票录入］目录下选择“［B］传票算”，进入传票算功能菜单（如图5-27所示）。

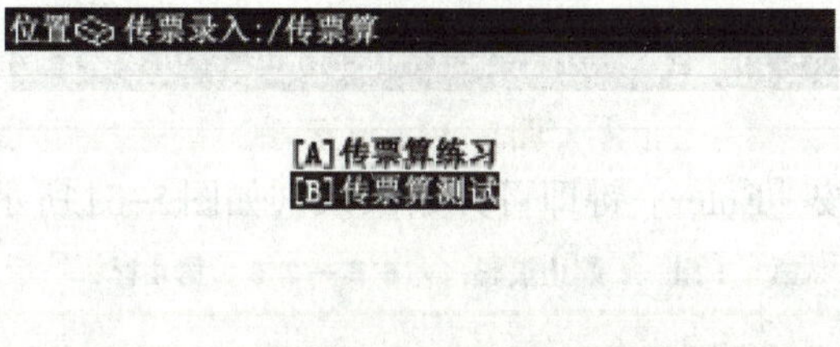

图5-27　功能菜单

D.选择“［B］传票算测试”或者“［A］传票算练习”，二者的区别在于：

测试模式下，系统可以保存最后成绩，并且可以通过无线模块发送测试成绩，该模式可以在比赛时使用。练习模式下，系统不保存成绩，也不能发送成绩，但是可以保存成长历程，该模式只在练习时使用。

以下以传票算测试为例介绍（如图5-28所示）：

图5-28　传票算测试

E.选择［爱丁传票］，下一步选择所要录入的传票页A～D（如图5-29所示）。

图5-29　选择所要录入的传票页

F.选择［爱丁传票A.TXT］，开始设置：测试时间、起始页、行次（如图5-30所示）。

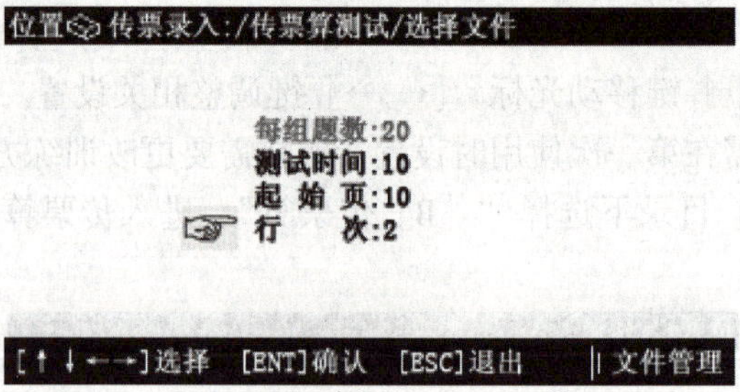

图5-30　设置

G.设置完毕后，按［Enter］键即可开始录入（如图5-31所示）。

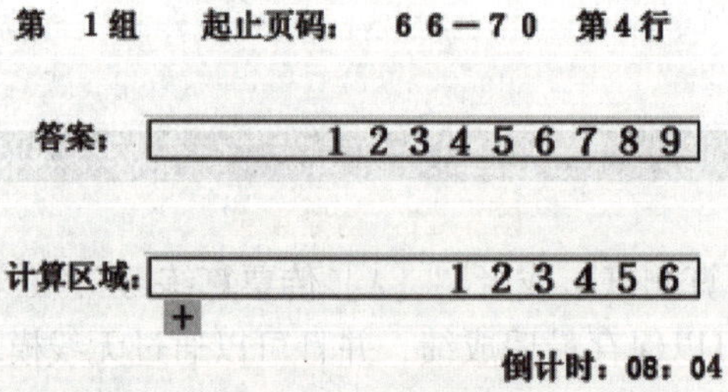

图5-31　录入界面

H.关于录入界面的相关解释说明：

第一行内容：当前输入的组别、当前组的起止页、输入的行序号。

第二行内容：上一组数据的最终结果。

第三行内容：当前组数据的计算区域，学生可以任意+/-计算。

Ⅰ.用户退出或者倒计时结束时，系统会自动计算成绩，并且显示在屏幕上（如图5-32所示）。

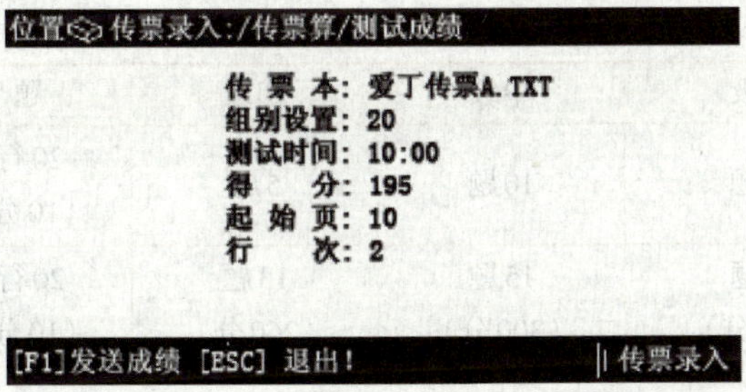

图5-32　成绩显示

传票算计分规则：

按照录入界面提示的页码和行次进行累加，每组加完20题以后按回车键提交得到的结果并将其作为评判得分的标准，即每一组为20分或0分，最后一组以时间截止时的结果评定小分。

例如图5-32中显示，在10分钟截止时，得分195分。

②由教师随机给出起始页码与行数，进行测试，并将每次成绩记录下来（见表5-22）。

表5-22　成绩记录表

班级：　　姓名：　　学号：

序号	日期	练习内容	题量（组数）	成绩（分数）	检查人签字
1					
2					
3					
4					
5					
6					
7					
8					
9					
10					
11					
12					
13					
14					
15					
16					
17					
18					
19					
20					

实训考核：

以中国珠算协会传票翻打等级鉴定标准作为考核标准（见表5-23）。

表5-23 考核标准

项目	高级	中级	初级	题 量	工具
传票翻打	15题	10题	5题	20行/题（10分钟）	计算器
	18题（360分）	15题（300分）	13题（260分）	20行/题（10分钟）	翰林提/小键盘

项目六

超市收银员基本操作技能

【知识目标】

1. 熟悉收银台工作程序。
2. 了解商品条形码常识。
3. 了解收银员服务规范。

【能力目标】

1. 熟练掌握现金收付等收银结算技能。
2. 掌握扫描商品、商品消磁、商品装袋的技巧。

【情感目标】

培养学生为顾客服务的意识，遵守职业道德规范。

任务1　收银台工作程序

超市收银员每天的工作涉及现金及银行卡等多种支付方式，首先要将顾客所购买的商品条形码通过小键盘录入收银机，结算出顾客所购商品的总金额，然后收取顾客的现金等进行结算，再打印购物小票、找零，最后装袋、欢送顾客。

收银台工作程序是前台当班、前台收款、商品装袋、前台交班。前台收款是收银员最主要的工作。这里以百威3000XP商业POS软件为例介绍收银台工作程序，关于软件的详细使用手册及软件试用版可从公司网站www.bw8848.com上下载。

活动1　前台当班

前台当班是一天工作的开始，进入前台主界面，点击前台当班按钮或按键盘“1”，系统会弹出当班界面，如图6-1所示。

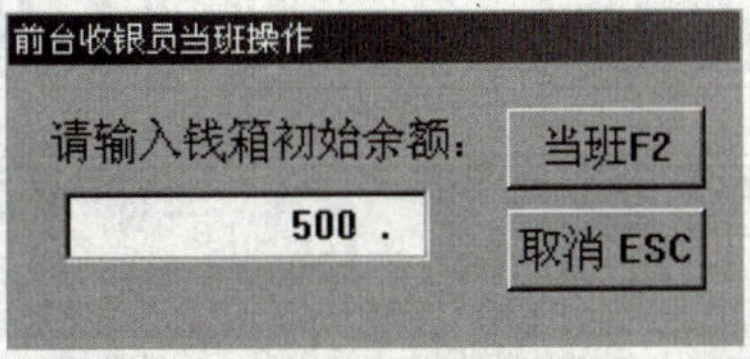

图6-1　前台当班界面

在输入框中输入当班时的钱数（比如钱数为500元，就在框中输入500）；然后按当班（或F2），此时提示是否真的当班，按“是”，则钱箱弹出，将钱放入钱箱，即可完成当班工作。

活动2　前台收款

前台当班工作完成后，即可进入前台收款界面操作，如图6-2所示。

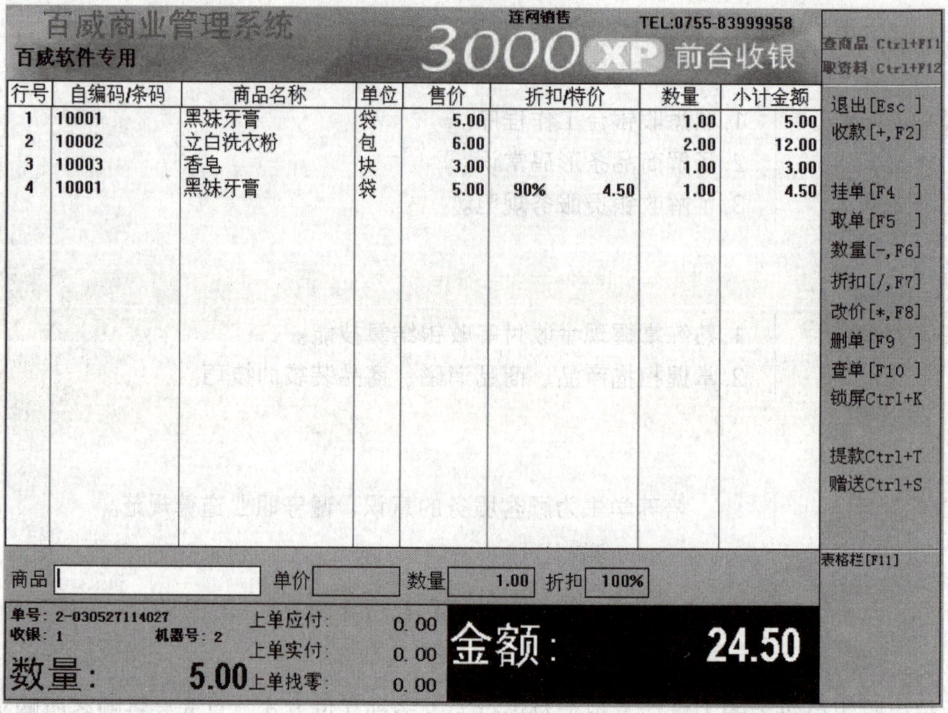

图6-2　前台收款界面

各功能键操作说明：

▲ ESC —— 退出收款界面

退出收款界面，只需按ESC，然后按Y。

▲ + 或 F2 —— 收款

当需要销售的商品全扫描到界面上后，就可以按+ 或者是F2 进行收款操作，系统会弹出收款结算界面（如图6-3所示）。

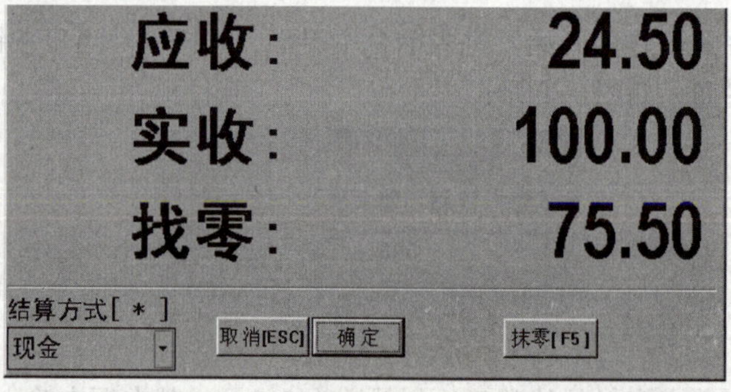

图6-3　前台收款结算界面

在此界面中显示应收、实收、找零栏目。应收表示本单的合计金额，实收表示本单实际收取客户的金额，找零表示需要找客户的金额（实收 - 应收）。

▲ F3 —— 输入业务员

如果前台需要输入业务员，可按 F3，然后输入业务员编号。业务员编号就是员工编号，可在后台员工档案中设置。在这里要注意的是，如果在后台参数设置中没有设置业务员，那么在这里就调不出业务员，所以如果需要在前台输入业务员，那么在后台参数设置中一定要设置业务员才行。

▲ F4 —— 挂单

挂单的意思是，如果某单在输入的过程中，客户突然说我还要买点别的，此时就可按 F4 将这个单挂起来，接着可以给其他的客户收款。

▲ F5 —— 取单

取单是指刚刚挂起单的客户又回来了，就可以按 F5，选择需要取的单据，调出挂起的单，继续收款操作。

▲ - 或 F6 —— 修改数量

如果在收款过程中，发现顾客买了几件同款商品，可先按 - 或 F6 将数量改为销售的数量，然后输入商品的条码，那么销售商品的数量就是刚输入的数量。

▲ / 或 F7 —— 修改折扣

如果在收款过程中，有的商品需要打折，可先按 / 或 F7 将折扣改为销售的折扣；然后输入商品的条码，那么销售的商品就按刚输入的折扣进行销售。输入折扣时注意，如果是九折，那么输入的数字是 90 %，八五折的话输入的是 85 %。

▲ * 或 F8 —— 单品改价

如果在收款过程中，有的商品需要更改价格，可先按 * 或 F8 将价格改为销售的价格；然后输入商品的条码，那么销售商品的价格就是刚输入的价格。

▲ F9 —— 整单删除

如果在收款的过程中，当输入了一些商品后，客户说不需要了，那么在这种情况下就可以按 F9 将该单删除。

▲ F10 —— 查单

如果需要查询今天的销售单，那么可按 F10 进行查询，不过在此只能查询当天该操作员打的单据。

▲ Ctrl+K —— 锁屏

如果收银员中途需要离开一会或者是有其他的事情，可按 Ctrl+K 进行前台收银锁屏，输入锁屏密码。需要注意的是，此时输入的密码一定要记住，如果没有记住密码，等一下回来只有关机重启。

▲ F12 ——开钱箱

在收款的过程中，如果中途需要开钱箱，可按 F12，输入密码后便可使钱箱弹出。

▲ Ctrl+T ——提款

在收款的过程中，如果钱箱中的钱太多了，或者是需要钱急用的话，那么可按 CTRL+T 提一部分款，打印小票，然后由提款人签名。

▲ Ctrl+S ——赠送

在前台销售的过程中，如果有赠送的情况，那么可按CTRL+S，输入商品条码，此时该商品的单价为零，表示该商品是赠送出库的。

▲ F11 ——表格栏与输入商品窗口切换

在输入的过程中，如果某个商品条码输入错了，可按F11切换到表格栏中，然后选中输错的那个商品，按DELETE，即可将该商品删除。

▲ Ctrl+F8 ——查客户

前台如果想查询客户资料，可按Ctrl+F8，在弹出的界面中输入客户的编号、名称或电话等都可以查询到该客户，并可查询到该客户的其他信息（累计购物额、累计积分等），在前台可以进行积分充减操作。

▲ Ctrl+F11 ——查商品

前台如果想查询商品的信息，可按Ctrl+F11，在弹出的界面中输入商品的条码、编号或名称，可以模糊查询到商品的详细资料。

▲ Ctrl+F12 ——取资料

如果在后台修改了一些基本资料信息，而前台又没有退出系统，当重新进入前台时，这些修改的信息在前台是不能体现出来的，此时就可以在前台直接按CTRL+F12取一次资料。

活动3 商品装袋

商场除向顾客提供收银服务外，还为每一位购买商品的顾客提供合适的购物袋盛装已付款的商品的服务。收银员装袋作业管理要求做到：

（1）安全、便利，确保商品的质量安全并方便顾客携带商品。

（2）正确、妥当，针对各种商品的不同特点对商品进行合理的分类包装。

（3）高效、节约，尽量避免购物袋的浪费，竭力降低超市的经营成本。要根据商品型号和特点选择并使用大小不同的购物袋。通过收银员给顾客提供的细致、周到的商品装袋服务，可以为超市赢得更多的顾客。

装袋作业的控制程序是：

（1）硬与重的商品垫底装袋；

（2）正方形或长方形的商品装入购物袋的两侧，作为支架；

（3）瓶装或罐装的商品放在中间，以免受压而破损；

（4）易碎品或轻泡的商品放置在上方；

（5）冷冻品、豆制品等容易出水的商品，肉、菜等容易流出汁液的商品，应先用包装袋装好后再放入大的购物袋中，或经顾客同意不放入大购物袋中；

（6）装入袋中的商品不能高过袋口，避免顾客提拿不方便，一个袋中装不下的商品可放入另一个袋中；

（7）超市在促销活动中所发的广告页或赠品要确认已放入购物袋中；

（8）装袋时要避免不是一个顾客的商品放入同一个袋中的现象；

（9）对体积过大、购物袋装不下的商品，要用绳子捆好，方便顾客提拿；

（10）提醒顾客带走所有包装入袋的商品，防止遗忘在收银台上的情况发生。

活动4　前台交班

当一天的工作完成后，最后需要做的工作便是前台交班，按F2可进入前台交班界面（如图6-4所示），交班时打印交班记录表，表中记录收银员工号、当班时间、当班时钱箱初始余额、合计收款金额、开单张数等信息，收银员最后将交班报表和现金一并交给财务核对。

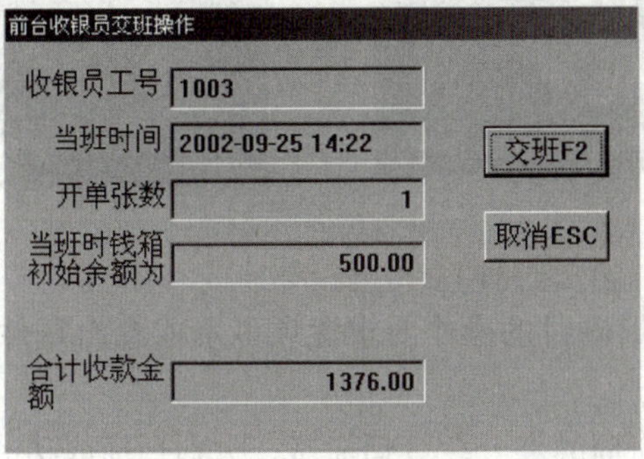

图6-4　前台交班界面

任务2　超市收银技能

活动1　商品条形码录入的技能

【知识驿站】

条形码是在商品上由一组宽度不同、平行相邻的条和空按一定的规则组合起来的符号（如图6-5所示），代表一定的字母、数字信息，颜色通常是黑白的。它将商品信息数码化，使计算机能够读取和处理，以达到识别不同商品的目的。

图6-5　条形码

一、商品条形码录入的方式

商品条形码能否正确录入关系到商品能否顺利实现售卖，在收银员的各项操作技能中，商品条形码录入的技能是最基本的技能，它分为人工录入（如图6-6所示）和机器扫描（如图6-7所示）两种。人工录入是指利用收银机小键盘将8位或13位条形码录入，而机器扫描是指利用扫描仪将商品条形码录入收银机。机器扫描速度快、准确性高，所以在通常情况下，收银员采用机器扫描，但当条形码无法用机器扫描时（如条形码损坏），只能采用人工录入方式。

图6-6 人工录入

图6-7 机器扫描

二、扫描或录入商品条形码时的操作要求

扫描或录入商品条形码时的操作要求逐项显示或念出每件商品的金额。具体标准如下：

（1）手持扫描枪或将商品逐一经过扫描器，听到扫描成功的“嘀”声后，判断收银机显示的售价、品名是否与商品相符或符合常识；

（2）出现扫描例外时，应找出其代码，采用手工方式正确录入；

（3）扫描完成的商品必须与未扫描商品分开放置，避免混淆；

（4）检查购物车（篮）底部、顾客手中是否还留有未扫描商品。

三、在超市柜台收银业务中如何快速录入商品条形码

收银员想提高商品条形码扫描的速度，首先要熟悉一般商品条形码印刷的位置；其次保持印有条形码包装面的平整；最后将条形码正对着扫描器或扫描枪等。如果是人工录入商品条形码则还要练好快速看数、记数及盲打的基本功。快速地录入商品条形码是提高收银速度、衡量收银员工作素质的重要指标。

课堂练习

利用收银机小键盘录入以下商品条形码，见表6-1。

表6-1 商品条形码及商品名称

商品条形码	商品名称
6914568987788	庐山牌香烟
6925498732054	品客薯片
6927958215488	大白兔奶糖
6935487984444	黄鹤楼白酒
6925448777776	屈臣氏面膜粉
6915546833355	碧浪洗衣粉
6925587773494	怡景纯净水
6915432133269	利群牌香烟
6923414446799	舒蕾洗发水
6914687933974	顺爽洗发水

活动2　现金收银业务操作流程

超市收银员获得授权后，便可以输入工号、密码进入超市收银系统进行收银结账工作。目前超市等商业服务企业虽然进入了以电子支付为主的新时期，但现金收银依然是最传统的结算方式，电子支付在项目四已经作了详细介绍，除结算形式由钱币实物改变为“数字货币”外，其他操作流程基本一致。

一、现金收银业务操作流程

现金收款方式的操作流程主要包括迎送顾客、服务顾客、欢送顾客三个环节，收银结账操作主要是收款、验钞、打单、找零四个步骤（如图6-8所示）。

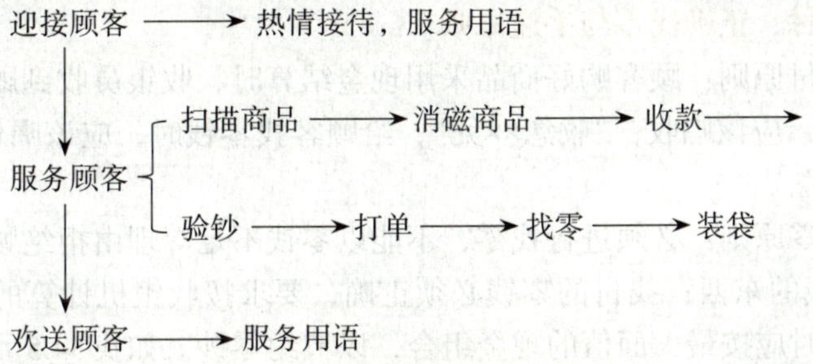

图6-8　现金收银业务操作流程

观察图6-8中的流程，我们发现扫描商品和收款需要用小键盘录入数字，所以作为收银员应该不断提高小键盘数字录入的水平，减少顾客结账等待的时间，以优质服务满足顾客的需要。

二、检验伪钞、残损钞的要点

根据多数商场和超市的规定，如果收银员不小心收到伪钞和残损钞，其损失由收银员自己承担。所以，收银员在收银时要仔细检查所收现金的真假，特别注意以下几点：

1.点看结合

收银员在认真清点顾客所付钞票的同时，注意观察其票面，特别是100元、50元的大钞，主要看钞票的色彩是否鲜艳、图案与水印是否清晰、光变油墨面额数字是否随着光线变化而变色等。

2.注意手感

在点钞时，除了点看结合，还要注意手感。依靠手指触摸钞票的感觉来分辨人民币的真伪。人民币是采用特种原料，由印钞专用纸张印刷，其手感光滑、厚薄均匀、坚挺有韧性，且票面上的行名、盲文、国徽和主景图案一般采用凹版印刷工艺，用手轻轻触摸，有凹凸感，手感与摸普通纸感觉不一样。而假币则纸质松软、平滑无韧性。

3.抓住疑点

收银员在点、看、摸钞票的时候，一旦发现可疑钞票，应该立即抽出，采用多种方法仔细检验，不要抱有侥幸心理误收假钞，给自己和企业带来损失。

4. 机器检测

如果用手工方式仍然不能确定人民币真伪时，可以使用验钞机进行检测，为提高保险系数，一般收取大面额的钞票应同时用手工和机器验钞两种方式检测。

三、疑似伪钞及残损钞的处理措施

（1）如确认是伪钞，请求顾客更换。

（2）如顾客因此产生异议，可由双方一同到银行鉴别。

（3）收银员不能作最后判断时，请求收银管理层的帮助。

（4）对于残损钞，应礼貌地请求顾客更换，并告诉顾客到银行进行兑换。

（5）如属于不影响币值的残损钞，可考虑接受。

四、唱收唱付、正确找零与手递原则

（1）唱收唱付原则：顾客购好商品采用现金结算时，收银员收到顾客交来的现金进行清点、验钞后，应该唱收："收您××元"，给顾客找零钱时，应该唱付："找您××元"，俗称"唱收唱付"。

（2）正确找零原则：必须进行找零，不能以零钱不足等理由拒绝顾客付款，哪怕是用100元买1角钱的东西；找付的零钱必须正确，要求按收银机计算的余额找取现金并清点正确。找零时应按最大面值的现金组合，以节约零钞。如找34.5元，零钱的组合应为1张20元、1张10元、4张1元、1个5角硬币或3张10元、4张1元、1个5角硬币（由收银机所备的零钱的种类决定）。

（3）手递原则：零钱必须亲自递到顾客的手中，不能放在购物袋里或收银机台上。

【小贴士】 微笑服务的魅力

对服务行业来说，微笑是至关重要的。微笑可以感染顾客、微笑可以激发热情、微笑可以增强创造力。收银员在做结账服务时，切忌从头到尾不说一句话，只是闷着头打收银机，脸上没有任何表情。

实训　手工录入商品条形码技能训练

实训目的：训练准确快速地手工录入商品条形码。

实训要求：

（1）在实训室配备收银机及安装相应的模拟收银软件系统，也可以利用大连爱丁数码公司提供的翰林提学习机训练。

（2）思想高度集中，手、眼、脑协调配合。

（3）每分钟录入8个条形码（13位）为合格。

实训时间：本项目训练时间每日须不少于30分钟。

实训形式：

1. 盲打综合练习

按照盲打要求进行盲打综合训练。

2. 手工录入商品条形码技能训练（须安装软件）

首先进入相应的训练系统，导入训练数据；然后按要求进行小组训练；训练结束，系统自动评定成绩；最后由老师记录训练成绩。

要求：

（1）老师统一导入训练数据或统一提供每个商品的零售价等信息（见实训材料，假设每件商品进价1.5元、零售价2元），学生自己先在后台建立商品档案。

（2）定时不定量训练方式：在规定时间内（例如10分钟），由学生手工录入商品条形码，看谁结账速度快、服务质量好。

（3）定量不定时训练方式：规定完成扫描商品的数量（例如20件商品），由学生手工录入商品条形码，看谁结账速度快、服务质量好。

实训考核：

教师在小组训练测试的基础上进行考核评分（见表6-2）。

表6-2　考核评分

评分项目	优秀（22.5—25）	良好（20—22.5）	合格（15—20）	不合格（0—15）	小计
总体熟练程度					
装袋技巧运用					
收款准快					
服务态度					
总分					

评分标准：

（1）满分100分，按照总体熟练程度、装袋技巧运用、收款准快和服务态度四个方面打分。每个项目各25分，各项被评为优秀者可得到该项分值的90%—100%；被评为良好者可得到该项分值的80%—90%；被评为合格者可得到该项分值的60%—80%；被评为不合格者可得到该项分值的60%以下。

（2）总体熟练程度：完成10件商品的售卖、结算及装袋所用时间约60秒，用时大于60秒为不合格；50—60秒为合格；40—50秒为良好；40秒以内为优秀。

（3）装袋技巧运用：遵循安全、便利、正确、妥当、高效、节约的原则与技巧，10件商品用时20秒以上为不合格，15—20秒为合格；10—15秒为良好；10秒内完成为优秀。

（4）收款准快：收款、点钞、验钞、打单、找零不出差错，用时20秒以上为不合格；19—20秒为合格；15—19秒为良好；15秒内为优秀。

（5）服务态度：根据站立服务、唱收唱付、微笑服务等三个要素打分，服务规范、文明服务、普通话标准的评为优秀；有两个要素做得较好可评为良好；有一个要素做得较好可评为合格；三个要素都未做好的评为不合格。

实训材料：

商品条形码资料：

10 100035001	10 100035002	10 100035003	10 100035004	10 100035005
万隆福怪味豆160克	万隆福开心果500克	万隆福纸皮核桃350g	万隆福核桃仁350g	万隆福盐焗腰果150g
6927541600299	6927541600381	6927541601180	6927541618102	6927541618249

10 100035006	万隆福香酥幸运果138G	6927541618454
10 100035007	万隆福笑口杏仁100G	6927541618553
10 100035008	万隆福玉带豆300g	6927541618645
10 100035009	致中和龟苓膏200g	6927671100010
10 100035010	致中和听装龟苓膏250g	6927671100027
10 100035011	致中和龟苓膏学生装200	6927671100065
10 100035012	皇室燕麦片400G	6927823690024
10 100035013	云雾信阳毛尖	6927994110284
10 100035014	串屋精点坊BB蛋糕(香蕉	6928021704087
10 100035015	串屋精点坊BB蛋糕香橙	6928021704100
10 100035016	串屋精点坊BB蛋糕哈密	6928021704124
10 100035017	跳跳龙180克精致小酸酸	6928410402181
10 100035018	跳跳龙丁丁72克糖快乐	6928410402341
10 100035019	久和嫩肉粉	6928451700017
10 100035020	品品人生牛板筋（香辣）	6928497806025
10 100035021	品品人生牛板筋（烧烤）	6928497806032
10 100035022	品品人生牛板筋（香辣）	6928497806049
10 100035023	品品人生牛板筋(麻辣)10	6928497810015
10 100035024	品品人生牛板筋(烧烤)10	6928497810039
10 100035025	强人银耳八宝粥360g	6928535700940
10 100035026	强人八宝礼盒360g	6928535700995
10 100035027	美浓沙嗲牛肉粒158g	6931302602095
10 100035028	美浓沙嗲牛肉粒58g	6931302602132
10 100035029	美浓香辣牛肉粒58g	6931302602156
10 100035030	美浓125克琥珀桃仁	6931302602194
10 100035031	茅台38度不老金牌盒500	6931691101964
10 100035032	茅台繁花似锦500ml*2	6931691103814
10 100035033	茅台52度锦上添花750ml	6931691103852
10 100035034	茅台52度二龙戏珠500ml	6931691103876
10 100035035	茅台52度家常小酒100ml	6931699809220
10 100035036	52度茅台福酒礼盒425ml	6931699810820
10 100035037	老川江70克五香牛肉粒	6932187986744
10 100035038	老川江70克香辣牛肉干	6932187986775
10 100035039	老川江160克沙嗲牛肉干	6932187986829
10 100035040	老川江70克沙嗲牛肉粒	6932187986836
10 100035041	张氏记大厨来辣酱	6925555689989
10 100035042	中味香辣脆220G	6925566700277
10 100035043	中味雪菜肉丝200G	6925566700413
10 100035044	广源黑芝麻甜薄脆200g	6925598710046
10 100035045	广源香葱咸薄脆200g	6925598710145

项目七

会计数字书写技能与实训

【知识目标】

1. 掌握阿拉伯数字书写的基本要求。
2. 掌握汉字大写数字书写的基本要求。

【能力目标】

1. 熟练掌握大小写金额数字的书写规则，写出“一笔好字”。
2. 熟练掌握各类票据、会计凭证账表中数字的书写技巧和错误数字的订正技巧。

【情感目标】

培养学生对数字的敏感性，增强对金额数字的敬畏感、责任感，养成书写认真、负责的职业习惯。

目前我国许多单位的财会工作已使用会计电算化，但在会计核算和管理过程中仍离不开手工操作。财会数字和文字书写的正确和规范与否，直接影响着财会工作的质量和速度以及会计信息的正确性和真实性。如果数字书写潦草、不清楚和不规范或易涂改，往往会导致财会工作的失误，必然会引起账目混乱，导致经济和生活的纠纷，不仅影响工作的质量和效率，而且会给一些别有用心的人以可乘之机，甚至危及国家资金的安全，给国家财产造成重大损失。因此，财会人员只有按照财会规范的要求认真书写，经过长期不懈的专业训练，才能把数字写得正确、整齐、清晰、美观，为做好“一套好账”打下基础（如图7-1所示），有效地提高工作质量和效率。会计数字书写技能是财会工作者非常重要的一项基本功。

在财会实际工作中，“能写”和“会算”是对财会人员的基本要求，数字的计算与书写往往是联系在一起的，一切计算过程和结果都要通过数字来表示。财会书写技能一般包括会计数字的书写和财会应用文字的书写两大部分。会计数字的书写包括阿拉伯数字和汉字大写数字的书写。

分页：2 总页：3

明 细 账

一级科目：原材料　　二级科目：A材料

2010年 月	日	凭证 种类	号数	摘要	日页	借方	贷方	借或贷	余额
				承上页				借	1400000
5	31	记	002	领用			1000000	借	400000
	31			本月合计		750000	1000000	借	400000
6	30	记	001	购进		900000		借	1300000
6	30	记	002	领用			950000	借	350000
	30			本月合计		900000	950000	借	350000
7	31	记	001	购进		925000		借	1275000
7	31	记	002	领用			1000000	借	275000
	31			本月合计		925000	1000000	借	275000
8	31	记	001	购进		1320000		借	1595000
8	31	记	002	领用			275000	借	1320000
8	31	记	002	领用			600000	借	720000
	31			本月合计		1320000	875000	借	720000
9	30	记	001	购进		1380000		借	2100000
				接下页				借	2100000

一套好账1

总第 37 页
分第＿＿页
编号＿＿页

应付账款 **总分类账**

2002年 月	日	凭证 字号	摘要	借方金额	贷方金额	借或贷	余额	✓
6	1		期初余额			贷	1920000	
	6	5	购入A、B材料		15327000	贷	17247000	
	14	12	购入B材料		10000000	贷	27247000	

一套好账2

总第 3 页
分第____页
编号____页

银行存款　总分类账

2002年 月	日	凭证 字	号	摘要	借方金额	贷方金额	借或贷	余额	✓
6	1			期初余额			借	23400000	
	2		1	支付光明厂货款（含税）		14040000	借	9360000	
	5		4	缴纳上月应交税金		5200000	借	4160000	
	6		6	支付A、B材料运杂费（含税）		156500	借	4003500	
	9		7	购入不需安装的设备		2000000	借	2003500	
	11		8	收到甲品货款（含税）	28665000		借	30668500	
	13		11	支付技工学校经费		300000	借	30368500	
	14		12	支付B材料部分货款		14400000	借	15968500	
	15		14	提现、备发工资		14000000	借	1968500	
	16		16	收到国家拨入资金	40000000		借	41968500	
	16		17	归还前欠宏伟厂货款		15327000	借	26641500	
	19		20	收到投资利润	8500000		借	35141500	
	21		23	支付银行借款利息		108000	借	35033500	
	21		24	支付广告费		1500000	借	33533500	
	21			过次页	77165000	67031500	借	33533500	

一套好账3

图7-1　一套好账

任务1　小写数字书写规范与读法

我们在上幼儿园、小学阶段就会书写数字了。从字面上看，很多人以为财会数字就是平时在日常生活中书写的阿拉伯数字，其实这是误解。从范围上看，财会数字包括阿拉伯数字和汉字大写数字。它们用以表示金额时分别为小写金额（阿拉伯金额）数字和汉字大写金额数字。所以从内涵上看，在财会领域阿拉伯数字被赋予了经济上的含义，书写时不能随心所欲，因此我们在书写与读数时要遵循财经制度中对书写规范的要求。

活动1　阿拉伯数字的书写

一、阿拉伯数字的优缺点

（一）优点

阿拉伯数字是最基本的数字符号，其突出的优点是“容易书写”。除4、5外，都能一笔写成。这种符号可以带来一系列的简化效果。例如，在会计簿记中，大范围地引用阿拉伯数字，使得一系列的会计记录、核算工作大大简化。

（二）缺点

（1）阿拉伯数字本身没有计算功能。这是阿拉伯数字符号的一个重要缺陷。例如，5＋4=9，但是5、4这两个数字符号是不能直接变成9的，必须使用其他方法求出得数而完成计算，需要死记硬背基本运算结果，在草稿纸上重复书写中间运算过程等。所以，在会计核算中，几乎不用笔算。

（2）阿拉伯数字容易涂改。例如，1容易改成6、7、9；2容易改成3；3容易改成8；4容易改成9；7容易改成9等，显然这对记录会计数据是非常不利的。

【知识驿站】

阿拉伯数字是古代印度人在生产和实践中创造出来的，后来，阿拉伯人把这种数字传入欧洲国家。公元1200年左右，欧洲的学者正式采用了这些符号和体系。至13世纪，在意大利比萨的数学家斐波那契的倡导下，欧洲人也开始采用阿拉伯数字，那时的阿拉伯数字的形状与现代的阿拉伯数字尚不完全相同，只是比较接近而已，数学家把它们变成今天的1、2、3、4、5、6、7、8、9、0的书写方式。

二、在会计单据、凭证、账表上阿拉伯数字的书写

阿拉伯数字过去只有印刷体字型，手写体没有统一的标准字体。随着社会经济的发展，财政、金融和商业等部门逐步采用一种适合记数和计算需要的阿拉伯数字手写体。弥补阿拉伯数字“容易涂改”的措施之一，是书写时要符合财会数字书写规范的要求。阿拉伯数字规范书写字样如图7–2所示。

图7–2 阿拉伯数字规范书写字样

（一）阿拉伯数字书写的总体要求

【小诀窍】

财经工作离不开阿拉伯数字的书写，只有勤于练笔，才能达到理想效果。初学时，应对照标准要求，仔细观察数字的高度、倾斜度和运笔顺序，不能连笔书写，应放慢速度，切勿求快。

1. 书写字体（字型）要求

字型要求规范、整齐、端正、清晰、美观、整体效果好。每个数字的宽窄、高低及倾斜度要基本一致。大小匀称，笔画流畅，每个字独立有形，使人一目了然。

2. 书写顺序

在凭证和账表上书写阿拉伯数字时，书写顺序应是自上而下，由高位到低位，先左后右，一个一个地认真书写，各自独立，不能潦草，不能回笔，依次写出各位数字；数字之间不能模棱两可和连写，以免分辨不清。

3. 书写高度要求

写每个数时，数字的底部都要紧贴横格底线，不要悬空在横格中间。其高度不超过全格的1/2，这样，既美观又为改错更正数字留有余地。在高度上，除“6”“7”“9”三个数字外，其他数字高低要一致，“6”“7”“9”三个数字较特殊，其中“6”上端比其他数字要高出约四分之一，“7”和“9”下端比其他数字要低出约四分之一，而且底部要破底线。

4. 书写角度要求

各数字的倾斜度要一致，自右上方向左下方倾斜，一般要求倾斜45°～60°为宜，这样可以避免上下数字的重叠。

5. 书写间距要求

每个数字要大小一致，数字排列应保持同等距离，数字上下左右要对齐。

【小贴士】

在印有数位线的凭证、账簿及报表上，每一格只能写一个数字，不得几个数字挤在一个格里，也不得在数字中间留有空格。

6. 书写用笔要求

用蓝黑色或碳素墨水书写，字迹要规范、清楚。

【知识链接】

根据财政部颁布的《会计基础工作规范》的规定：登记账簿要用蓝黑色墨水或者碳素墨水书写，不得使用圆珠笔（银行的复写账簿除外）或者铅笔书写。

（二）阿拉伯数字书写的具体要求

1. “1”的书写要求

“1”的竖要写直，上下一样粗细，下端应紧靠分位格的左下角并落在底线上，要保持倾斜度，将格子占满。

【小贴士】

“1”不能写得太小太短，不出底线，不能上下带钩，下部勿拐尾，避免写得像分节号，更不能写成印刷体。且要合乎斜度要求，以防止改为“2”“4”“6”“7”“9”。

2. “2”的书写要求

“2”起笔时上半圈要略大一点，收笔时下半圈稍小一点，且下部要绕圈并相连。

【小贴士】

绕圈不要超过字的一半，不能写成类似英文字母“Z”的形状。

3. “3”的书写要求

“3”和“8”为上下对称的数字，书写时应上半圈略小于下半圈，且上下半圈中轴线基本保持在一条倾斜的直线上。在横向约1/2处起笔，使数字结构看上去更为稳固。

【小贴士】

上半部分略小，下半部分略大，或上下部分相等，上下半圈中间一笔回锋不能过长且末笔收笔时不能下垂，以防将“3”改为“8”的可能。

4.“4”的书写要求

写“4”时，其顶部不封口，两竖要平行；并注意中间竖是最关键的一笔，右边一条竖线略长一点，并穿过左边竖线折过来的横线，即上至上半格右边线，下至下半格的1/2处。右边的竖线在横线上下部分的分配比例为：上半部分约占字的3/4，下半部分占字的1/4。

【小贴士】

顶部不能封口，不能写成印刷体的“4”。斜度应为45°~60°，否则“4”就写成正体了，并防止改“1”为“4”。

5.“5”的书写要求

写“5”字时，起笔时要有一定的倾斜度，形同画小括弧的形状，即“（”；末笔顺势向左上挑弯一点即可。

【小贴士】

在10个阿拉伯数字中，“5”字是最难写的。因此，书写时，上端的一横要平，要与起笔相连，不留空隙，也不能穿过起笔。横右侧略高，以防改为“8”。

6.“6”的书写要求

写“6”时，其上半部分比其他数字向右上方约高出1/4。起笔时要写成一个斜竖；斜竖下向右画圈，收笔时与左侧的斜竖圈成向左倾斜的椭圆。

【小贴士】

写“6”字时要顶满格子，下部的斜椭圆要明显，不能穿过左侧的斜竖，也不能与左侧斜竖之间留下空隙，以防改“6”为“8”，改“1”为“6”。

7.“7”的书写要求

写“7”时，其上端比其他数字低1/4，末笔要超出底线，下端约超出其他数字高度的1/4。

【小贴士】

起笔时要注意与其他数字的宽窄基本一致，宽度要写够，末笔收笔不能带钩拐尾，以防“7”改为“2”。

8.“8”的书写

写“8”时，上边稍小，下边稍大，起笔从右向左转圈，然后向右下运笔，再向左转圈，笔顺类似于英文字母“S”，最后向上运笔收笔，要弯成圆圈自然连接。

【小贴士】

写“8”时，要注意上圈略小，下圈略大，收笔不能出头或留下空隙；终笔与起笔交接处应略微成棱角，以防将“3”改为“8”的可能性。

9.“9”的书写要求

与“7”一样，起笔略低1/4，末笔出底线，下端约超出其他数字高度的1/4。上部写圈后向下划一斜竖，使斜竖与左侧圆圈相接。

【小贴士】

写圈时不要露头，写完后向左下侧弯时要圆滑，不能有棱角，底线部分不能拐尾，以防改“9”为“8”，“9”的上部应是封口的0，以防改“9”为“5”。

10.“0”的书写要求

“0”起笔后应由左向右转圈，写成上下倾斜的扁椭圆形。起笔和收笔要封口。其高度、宽度和倾斜度与其他数字相同，“6”“7”“9”除外。

【小贴士】

在连写几个“0”时，不要加连档线。不要写得太小，不能长角和有缺口及留有尾巴，更不要开口和写成扁长形。不得偏高或偏低和出现连接线，以防改为“2”“3”“6”“8”“9”。

【小贴士】

对于易混淆且笔顺相近的数字，在书写时，尽可能地按标准字体书写，区分笔顺，避免混同，以防涂改。写“6”“8”“9”“0”时，都必须把圆圈笔画写顺，并一定要封口；写“2”“3”“5”“8”时应自成一体，避免混同。不要把“0”和“6”、“1”和“7”、“3”和“8”、“7”和“9”写混。

总之，数字的宽窄与长短比例要匀称，字型要完全一致，不要多笔或少笔，同样的数字，笔顺、字体、宽窄和圆润要一致，圆直相接要自然、柔软。

【教你一招】　写数歌诀

“1”字落笔左下角，“2”字压线两边分，
“3”字上下一样大，“4”字斜画均斜行，
“5”“7”两横皆平写，“6”字略大看得清，
“8”字斜放宜自然，“9”“0”高低要分明，
“7”“9”还得出格外，书写清晰又匀称。

活动2　阿拉伯数字的读法

一、十进位值制

用10个符号表示基数，用左位1表示本位10的记数方法，称为“十进位值制”。这是中国发明的，人约在公元1世纪已经十分成熟。印度最早出现此方法，是在公元6世

纪。“十进位值制”是人类文明进程中最美妙的创造之一。

用阿拉伯数字结合“十进位值制”，就使多位数的书写非常简捷。其实就是把阿拉伯数字直接拼排起来即可。例如九百一十三，把9、1、3三个数字拼排成913即可。

二、多位数读写法

用阿拉伯数字按十进位值制记数，在不超过三、四位时，一看便知，随口可以读出。但位数多时，就得另想办法，这就是分级。写数时，每一个数字都占据一个位置，每一个位置分别表示不同的单位。数字所在的位置表示的单位称为“数位”。数位按照个、十、百、千、万、十万、百万、千万、万万的顺序，由小到大、从右向左的顺序排列，但写数和读数时的习惯顺序，却是按由大到小、从左到右的顺序进行的。我国的数位排列见表7-1。

表7-1 我国的数位排列

数位	万万万位	千万万位	百万万位	十万万位	万万位	千万位	百万位	十万位	万位	千位	百位	十位	个位	十分位	百分位	千分位	万分位	十万分位	百万分位
读法	兆	千亿	百亿	十亿	亿	千万	百万	十万	万	千	百	十	个	分	厘	毫	丝	忽	微
级名	兆级	亿级				万级				个级				小数					

当一个数的数字很多时，书写阿拉伯数字采用分节制，能够比较容易和快捷地辨认数的数位，有利于数字的书写、阅读和计算工作，提高准确性和工作效率。四位及四位以上的整数部分，可采用国际通行的“三位分节制”，即从个位起，向左每三位数作为一节，节与节之间用分节号“,”分开，但国际上不用“,”号而以空格代替。分节号、小数点是阿拉伯数字书写必不可少的组成部分，决不能错写和漏写。

【小贴士】

分节号是个逗点，不能标高，否则会被误认为1；也不能标成小数点，会引起混乱；带小数的数，应将小数点记在个位与十分位之间的下方。

在书写阿拉伯数字时，应将数字与位数结合在一起书写。书写顺序是由高位到低位，从左到右依次写出各位数字。

【例1】汉字大写数字为：玖仟陆佰贰拾伍，小写数字为：9,625

课堂练习1

汉字大写数字为：叁仟玖佰陆拾伍，小写数字为：________

【例2】汉字大写数字为：陆拾万，小写数字为：600,000

课堂练习2

汉字大写数字为：壹拾肆万，小写数字为：________

【例3】汉字大写数字为：肆万捌仟零贰，小写数字为48,002

课堂练习3

汉字大写数字为：柒仟壹佰零陆万叁仟肆佰零玖，小写数字为：________

三、阿拉伯数字采用三位分节制的规范读法和写法

（一）万及以下数的读法

每读出一个数字，接着读出该数字所在的位数，如37,268应读作叁万柒仟贰佰陆拾捌。

（二）万以上数的读法

对于万以上的数，每读出一个数字，接着只读出该数字所在位数的第一个字。如2,738,426，读作贰佰柒拾叁万捌仟肆佰贰拾陆；314,628,957，读作叁亿壹仟肆佰陆拾贰万捌仟玖佰伍拾柒。

（三）中间有零的数的读法

数字中间有零的，不论是一个或连续几个零，都只读一个“零”而不读出其所在的位数。如3,072，读作叁仟零柒拾贰；400,025，读作肆拾万零贰拾伍。

（四）后面有零的数的读法

数字末尾有零的数的读法，既不读零，也不读零所在的位数。如3,000，读作叁仟；4,200，读作肆仟贰佰。

【例1】不带小数点时，书写阿拉伯数字采用三位分节制时的规范写法与读法

十万位	万位	千位	百位	十位	个位	
2	8	0,	6	3	0	（用分节号）
2	8	0	6	3	0	（用空位）

规范写法为：280,630（用分节号）

280 630（用空位）

汉字大写数字应读成：贰拾捌万零陆佰叁拾。

课堂练习1

数字为1,093,584.00，其汉字大写数字应读成：________

【例2】

万万位	千万位	百万位	十万位	万位	千位	百位	十位	个位	
3	6	9,	1	0	3,	4	8	0	（用分节号）
3	6	9	1	0	3	4	8	0	（用空位）

规范写法为：369,103,480（用分节号）

369 103 480（用空位）

汉字大写数字应读成：叁亿陆仟玖佰壹拾万叁仟肆佰捌拾。

课堂练习2

数字435,028,169，其汉字大写数字应读成：________________

【例3】如为带小数点的数字，书写阿拉伯数字采用三位分节制时，应将小数点记在个位与十分位之间的下方。

千万位	百万位	十万位	万位	千位	百位	十位	个位	十分位	百分位	
7	5,	6	4	0,	2	5	8.	3	5	（用分节号）
7	5	6	4	0	2	5	8.	3	5	（用空位）

规范写法为：75,640,258.35（用分节号）

75 640 258.35（用空位）

汉字大写数字应读成：柒仟伍佰陆拾肆万零贰佰伍拾捌点叁伍。

课堂练习3

数字为58,708,649.78，其汉字大写数字应读成：________________

【例4】

百万位	十万位	万位	千位	百位	十位	个位	十分位	百分位	
7,	0	5	9,	4	0	6.	0	8	（用分节号）
7	0	5	9	4	0	6.	0	8	（用空位）

规范写法为：7,059,406.08（用分节号）

7 059 406.08（用空位）

汉字大写数字应读成：柒佰零伍万玖仟肆佰零陆点零捌。

课堂练习4

数字为19,378,045.00，其汉字大写数字应读成：________________

课堂练习5

数字为70,038,965.20，其汉字大写数字应读成：________________

【教你一招】　读数歌诀

一撇上位千，
二撇前百万，
三撇前十亿，
兆在四撇前。

【例5】一个数为295649028.65。如不用分节号就能立即读出此数是相当困难的；如把它进行分节，即295,649,028.65，我们只要记住读数歌诀的规律，就能快速读出该数为：贰亿玖仟伍佰陆拾肆万玖仟零贰拾捌点陆伍。

课堂练习6

一个数为406835091.05，将该数标上分节号后快速读出对应的汉字大写数字。小写：＿＿＿＿＿＿＿＿，其汉字大写数字应读成：＿＿＿＿＿＿＿＿＿＿＿＿＿＿＿

实训1　阿拉伯数字读写训练

一、写数训练

实训要求：在表7-2的汉字大写数字后面，写上正确规范的阿拉伯数字，并加注三位一节的分节号，请同学们自己试一试。

表7-2　写书练习

序号	汉字大写数字	阿拉伯数字
(1)	伍仟柒佰零玖	
(2)	玖仟叁佰伍拾肆万壹仟贰佰陆拾柒	
(3)	贰仟零捌万柒仟零陆点伍柒	
(4)	壹拾玖万伍仟陆佰捌拾贰	
(5)	肆万壹仟捌佰伍拾柒点叁伍	
(6)	捌亿柒仟陆佰玖拾万柒仟陆佰叁拾壹	
(7)	柒拾壹万玖仟捌佰零伍点陆零	
(8)	叁仟伍佰陆拾贰万肆仟叁佰捌拾伍点零贰	
(9)	陆万玖仟伍佰贰拾伍	
(10)	壹拾捌万贰仟捌佰柒拾肆点叁柒	

二、读数训练

实训要求：对表7-3中的阿拉伯数字加注三位一节分节号后读成正确的汉字大写数字，请同学们自己试一试。

表7-3　读数训练

序号	阿拉伯数字	把阿拉伯数字加注分节号	汉字大写数字的读法
(1)	75693002.18		
(2)	391400.80		
(3)	86305009.04		
(4)	20085006.90		
(5)	60500970.00		
(6)	75000438.49		
(7)	58500000.00		
(8)	423567890.31		
(9)	98700502.00		
(10)	12005003.64		

活动3　小写金额数字的书写规定与读法

在财会工作中，填写票据、凭证、记账和制表时，都要书写数字，而且经常用阿拉伯数字表示金额。用阿拉伯数字表示的金额称为小写金额。小写金额数字（阿拉伯金额数字，下同）的书写除具有与一般阿拉伯数字书写的相同点外，还有其特殊要求。如小写金额前应冠以货币币种符号。小数点后的角位和分位没有数额时要用0补位等。

一、人民币符号“¥”的使用

“¥”是人民币基本单位“元”的汉语拼音“YUAN”的缩写；它有两个意义：一是既表示了人民币币制，又表示了人民币元的单位；二是为了防止增添和涂改数字。

【知识链接】

财政部颁布的《会计基础工作规范》中规定：阿拉伯数字应当一个一个地写，不得连笔写。阿拉伯金额数字前面应当书写货币币种符号或者货币名称简写。币种符号与阿拉伯金额数字之间不得留有空白。凡阿拉伯金额数字前写有币种符号的，数字后面不再写货币单位。

（1）当填制凭证时，如填写支票、发票、收据和借据、报销单及记账凭证等，在小写金额数字前应冠写货币币种符号，人民币用“¥”；美元用“$”；英镑用£等。

【小贴士】

人民币符号“¥”主要应用于填写支票、发票、存单等票证的小写金额，在登记账簿和编制报表时，不能使用“¥”符号。因为在账簿和报表上不存在金额数字被涂改而造成损失的情况，如账簿和报表上使用“¥”符号，反而会增加出现错误的可能性。

【例1】汉字大写金额数字为：人民币捌仟柒佰陆拾伍元肆角叁分，写成小写金额数字为：¥8,765.43。

【小贴士】

小写金额前填写人民币符号“¥”后，小写金额数字¥8,765.43之后就不必再写人民币单位元了。

课堂练习1

汉字大写金额数字为：人民币玖万柒仟伍佰捌拾叁元贰角伍分，写成小写金额数字为¥97,583.25元，对吗？为什么？

【例2】汉字大写金额数字为：人民币捌仟柒佰陆拾玖万零贰佰元伍角整，写成小写金额数字为：¥87,690,200.50。

课堂练习2

汉字大写金额数字为：人民币壹拾捌万柒仟肆佰贰拾柒元陆角伍分，写成小写金额数字为：187,427.65，对吗？为什么？

（2）在书写小写金额数字时，在人民币符号“¥”与数字之间不得留有空位，也不能任意添加冒号，主要是防止金额数字被人增添涂改。

【例3】汉字大写金额数字为：人民币柒拾玖万捌仟陆佰伍拾贰元整，写成小写金额数字为：¥798,652.00。

【小贴士】

【例3】中的小写金额数字不能写为：¥ 798,652.00或¥：798,652.00。

课堂练习3

汉字大写金额数字为：人民币壹仟伍佰捌拾玖万贰仟肆佰零伍元零陆分，写成小写金额数字为：¥ 15,892,405.06，对吗？为什么？

【例4】汉字大写金额数字为：人民币壹万玖仟元整，写成小写金额数字为：¥19,000.00。

课堂练习4

汉字大写金额数字为：人民币壹拾陆万叁仟元整，写成小写金额数字为¥：163,000.00，对吗？为什么？

二、小写金额数字采用三位分节制的规范写法和读法

【小贴士】

在书写人民币符号“¥”，尤其是草写“¥”时，要注意其与阿拉伯数字有明显的区别，不要写成像阿拉伯数字的“7”或“9”一样，以防被篡改。

(1) 对于万位（含万位）以下的数字，从最高位读起，顺着位次每读一个数字就接着读出这个数字所对应的数位名称。

【例1】

万位	千位	百位	十位	个位	
3	4,	2	8	1	（用分节号）
3	4	2	8	1	（用空位）

小写金额数字规范写法为：

¥34,281.00（用分节号）

¥34 281.00（用空位）

汉字大写金额数字应读成：人民币叁万肆仟贰佰捌拾壹元整。

课堂练习1

小写金额数字为¥680,495.00，其汉字大写金额数字应读成：________________

(2) 对于万以上的数字，只读出数字和数位上开头的第一个字，数位名称的第二个字可以省略不读。

【例2】

十万位	万位	千位	百位	十位	个位	
9	7	5,	6	2	4	（用分节号）
9	7	5	6	2	4	（用空位）

小写金额数字规范写法为：

¥975,624.00（用分节号）

或¥975 624.00（用空位）

汉字大写金额数字应读成：人民币玖拾柒万伍仟陆佰贰拾肆元整。

课堂练习2

小写金额数字为¥724,809.00，其汉字大写金额数字应读成：____________

【例3】

千	百	十						
万	万	万	万	千	百	十	个	
位	位	位	位	位	位	位	位	
9	5,	7	8	3,	4	6	1	（用分节号）
9	5	7	8	3	4	6	1	（用空位）

小写金额数字规范写法为：

¥95,783,461.00（用分节号）

¥95 783 461.00（用空位）

汉字大写金额数字应读成：人民币玖仟伍佰柒拾捌万叁仟肆佰陆拾壹元整。

课堂练习3

小写金额数字为¥73,461,598.00，其汉字大写金额数字应读成：____________

（3）数字中间有零时，只读出数字的“0”，而不读出数位的名称。

【例4】

					十	百	
万	千	百	十	个	分	分	
位	位	位	位	位	位	位	
6	0,	0	8	5.	0	7	（用分节号）
6	0	0	8	5.	0	7	（用空位）

小写金额数字规范写法为：

¥60,085.07（用分节号）

¥60 085.07（用空位）

汉字大写金额数字应读成：人民币陆万零捌拾伍元零柒分。

课堂练习4

小写金额数字为¥830,009.04，其汉字大写金额数字应读成：____________

（4）数字最后有一个零或连续有几个零时，既不读“0”也不读出数位的名称。

【例5】

十万位	万位	千位	百位	十位	个位	
7	9	8,	0	0	0	（用分节号）
7	9	8	0	0	0	（用空位）

小写金额数字规范写法为：

￥798,000.00（用分节号）

￥798 000.00（用空位）

汉字大写金额数字应读成：人民币柒拾玖万捌仟元整。

课堂练习5

小写金额数字为￥97,600,000.00，其汉字大写金额数字应读成：________________

三、小写金额数字角位和分位的书写

在金额计量中，所有以元为单位的小写金额数字，一般只保留两位小数，即角位和分位。无论小写金额数字的最后一位有效数字在分位以前或者在分位以后，一律写到分位为止。

在填制会计凭证时，在无金额分位格的凭证上，所有以元为单位（其他币种为货币基本单位，下同）的阿拉伯数字，除表示单价等情况外，一律写到角分。在以元为单位的小数点后面，如果分位没有或分位和角位都没有非零的金额数字，不能让其空位，应用0占位。

【小贴士】

若在印有数位分隔线的凭证或账表上书写金额数字时，只有“角”位和“分”位金额的，在“元”位上不写“0”字；只有“分”位金额的，在“元”和“角”位上均不写“0”字；对于有“角”无“分”的，在分位上写“0”字；对于“角”位和“分”位皆无金额的，即角位和分位都没有有效数字，在“角”和“分”位上均写一个“0”字。

（1）到元为止无角分的金额数字，角位和分位可写“00”或用符号“－”表示。

【例1】汉字大写金额数字为：人民币陆万叁仟柒佰伍拾元整，写成小写金额数字为“￥63,750.00”，也可以写成“￥63,750.－”。

课堂练习1

汉字大写金额数字为：人民币陆拾伍万叁仟捌佰陆拾柒元整，写成小写金额数字为：￥653,867.－，对吗?写成￥653,867.00呢?

（2）有角无分的金额数字，分位应当写“0”，不得用符号“－”代替。

【例2】汉字大写金额数字为：人民币玖拾肆万伍仟陆佰壹拾伍元叁角整，写成小写金额数字为“￥945,615.30”，不能写成“￥945,615.3－”或“￥945,615.3”。

课堂练习2

汉字大写金额数字为：人民币陆佰零贰万肆仟壹佰叁拾柒元捌角整，写成小写金额数字为：¥6,024,137.8 -，对吗？写成¥6,024,137.8呢？

四、小写金额数字在分位格中的书写

小写金额数字在分位格中书写时，应从最高位起，后面各分位格数字必须写完整。

（1）如果是在印有金额分位格的账表凭证上，一般在金额栏内已经标出了数位及金额单位。因此，在书写小写金额时，只需将数字填入相应数位栏中即可，不需要书写分节号及小数点。

（2）小写金额数字后几位是零的，在金额的最后一位有效数字之后，一律用“0”补齐，不能留有空格。而且无论任何情况，均不能用短横线“—”代替。

（3）如果是填写票据或凭证的小写金额，还应在金额数字前第一个分位格中写人民币符号“¥”。

【例1】小写金额数字为¥78,003,950.00，在票据分位格合计栏中的填写见表7-4。

表7-4 正确书写和错误书写（1）

项目	亿	千	百	十	万	千	百	十	元	角	分
正确书写	¥	7	8	0	0	3	9	5	0	0	0
错误书写	¥	7	8	0	0	3	9	5	0	0	
错误书写	¥	7	8	0	0	3	9	5	0		

课堂练习1

小写金额数字为¥10,680,090.00，请在表7-5中填写。

表7-5 书写练习（1）

亿	千	百	十	万	千	百	十	元	角	分

【例2】小写金额为¥27,000.00，在票据分位格合计栏中的填写见表7-6。

表7-6 正确书写和错误书写（2）

项目	亿	千	百	十	万	千	百	十	元	角	分
正确书写				¥	2	7	0	0	0	0	0
错误书写				¥	2	7	0	0	0	—	—
错误书写			¥		2	7	0	0	0	0	0

课堂练习2

小写金额数字为¥456,000.00，请在表7-7中填写。

表7-7 书写练习（2）

亿	千	百	十	万	千	百	十	元	角	分

实训2　小写金额数字读写训练

一、读数训练活动

实训要求：将表7-8中的小写金额数字加注三位一节分节号后，读成正确的汉字大写金额数字。

表7-8　读数训练

序号	小写金额数字	加注分节号的小写金额数字	应读成的汉字大写金额数字
(1)	¥198600.00		
(2)	¥7002100.08		
(3)	¥8105009.70		
(4)	¥290000.06		
(5)	¥3800910.00		
(6)	¥1720005.34		
(7)	¥473000080.00		
(8)	¥5694718.32		
(9)	¥915007.09		
(10)	¥60090403.26		

二、写数训练活动

实训要求：将表7-9中的汉字大写金额数字，写成正确规范的小写金额数字，并加注三位一节的分节号。

表7-9　写数训练

序号	汉字大写金额数字	小写金额数字
(1)	人民币陆仟壹佰陆拾柒万叁仟捌佰玖拾贰元整	
(2)	人民币壹拾柒万零捌佰零伍元零陆分	
(3)	人民币贰仟壹佰陆拾肆万玖仟捌佰柒拾贰元整	
(4)	人民币壹亿贰仟伍佰零贰万柒仟叁佰玖拾伍元捌角整	
(5)	人民币陆万捌仟伍佰零贰元零肆分	
(6)	人民币柒仟元零伍分	
(7)	人民币捌仟叁佰贰拾壹万陆仟伍佰肆拾元整	
(8)	人民币贰仟叁佰柒拾捌元零伍分	
(9)	人民币肆仟零贰万零柒佰零伍元零陆分	
(10)	人民币玖仟肆佰陆拾柒万玖仟捌佰零伍元叁角整	

任务2 中文大写的书写规定

【知识驿站】

在我国历史上汉字数字分小写和大写两种，汉字一、二、三、四、五、六、七、八、九、十、百、千就是汉字“小写数字”(下同)，汉字“大写数字”是指壹、贰、叁、肆、伍、陆、柒、捌、玖、拾、佰、仟等。据说，明朝以前，人们记账都是使用小写数字，由于过于简单，容易被涂改，给一些不法之徒以可乘之机，如把“一”改为“二”“三”“六”“七”，把“三”改成“五”。朱元璋建立明朝后，他惩治贪官污吏雷厉风行，明朝初期有一个户部侍郎郭桓利用职权与官吏们勾结，通过涂改财会凭证上的“小写数字”的办法大肆侵吞政府钱粮，累计达二千四百万石精粮，这个数字差不多与当时全国秋粮实征总数相等。此案牵连到12个朝廷高官、6个部的大小官员和全国许多大地主。太祖大为震惊，下令将郭桓等同案犯以及株连者数万人斩首示众。“郭桓案”后，朱元璋认识到治理贪赃枉法不但要严惩罪犯，更要从制度上防止贪污腐败，在财务管理上实行行之有效的措施。将记载钱粮的数字“一、二、三、四、五、六、七、八、九、十、百、千”分别改为难以涂改的汉字大写数字“壹、贰、叁、肆、伍、陆、柒、捌、玖、拾、陌、阡”。后来人们逐渐用“佰”“仟”代替“陌”“阡”二字。这就从根本上杜绝了通过篡改数字来达到目的的违法行为，有效地堵住了财务管理上的漏洞，故一直沿用至今。

我国财务制度规定，在开具支票、发票、结算票据、账单、存折等重要票证与一切收款和付款凭证以及合同等正式凭证时，除了把金额写成阿拉伯数字外，还必须写上汉字大写数字。使用汉字大写数字可以防伪、防弊，不易被篡改。汉字大写数字的读法和阿拉伯数字的读法是相同的，但规范的书写方法不同。在凭证和账表上，尤其是在账簿上，大写数字的书写方法和一般普通写法也是不同的，结合记账规则的需要，有特定的书写规格和要求。

活动1 汉字大写金额数字书写的基本要求

【案例分析】

杜先生常年给深圳某饭店供应鸡鸭。2010年3月21日，饭店交付给杜先生北京农村商业银行转账支票一张。此支票在交付时只记载了小写金额1 121元，收款人以及大写金额均未记载。同年3月23日，杜先生在未补记收款人以及大写金额的情况下，将支票交给他人。后来，此支票几经转手，在填写了大写金额“柒仟柒佰贰拾壹元”且小写金额被改为7 721元后，于2010年3月27日由刘先生持有。刘先生将支票交于河北三河某信用社，信用社自饭店账户上划款7 721元至刘先生的账户。

饭店将信用社及杜先生告至北京市丰台区人民法院，要求他们承担连带责任，返还不当得利款6 600元以及利息214.80元。饭店认为，现有证据不能证明杜先生没有改动支票所填写的金额，信用社在持票人未提供相关材料的情况下办理业务，故双方应承担连带责任，请求判令杜先生和信用社连带返还不当得利款6 600元以及利息214.80元。

开庭审理过程中杜先生辩称，自己收到饭店交付的支票后，将其交给了他人用以结算豆腐款，自己并未篡改金额，不同意饭店的请求。信用社辩称，其作为收款人是基于金融机构的业务结算行为。刘先生将转账支票交于该社，结算后已如数存入刘先生开立的账户，信用社不存在不当得利的问题。刘先生提交的支票大小写金额齐全且一致，信用社应当为其办理，不存在过错。不同意原告的诉讼请求。

法院审理后认为，当事人对自己的主张，有责任提供证据。从查明的事实来看，杜先生并未变造小写金额，信用社系正常办理结算业务，亦无过错。故饭店诉请的理由不能成立，对其诉请，应予驳回。

从此案中我们应该得到的启示是：无论是出票人在填写支票时，还是持票人在审核支票时，都应该注意按相关法规的规定认真、完整、规范地填写、审核各要素项目，特别是出票日期、大小写金额、出票人等内容。

一、汉字大写数字的种类

汉字大写数字包括数量用字、数位用字、金额单位用字和截止符号用字四种。

（1）数量用字（基数词）有：壹、贰、叁、肆、伍、陆、柒、捌、玖、零。

（2）数位用字（数位词）有：拾、佰、仟、万、亿等。

对于数量用字，每个字单独存在时能表示一定意义；而数位用字单独存在时往往不能完整和准确地表达其意义。

（3）金额单位用字（单位词）有：元、角、分。

（4）截止符号用字有：整（正）。

二、中文大写数字书写的有关规定

中国人民银行《支付结算制度汇编》规定，银行、单位和个人填写的各种票据和结算凭证是办理支付结算和现金收付的重要依据，是记载经济业务和明确经济责任的一种书面证明。它直接关系到支付结算的准确、及时和安全。因此，填写票据和结算凭证，必须做到标准化、规范化，要做到数字正确、字迹清楚、不错漏、不潦草，以防止涂改。

（一）用正楷字或行书字书写

票据金额不仅用阿拉伯数字书写，还用中文大写金额数字书写，在书写时一律用正楷字或行书字，不得自造简化字。

【小贴士】

为了预防将来出现涂改的情况，在书写阿拉伯数字的同时，还要按规范的汉字书写要求书写中文大写金额数字。汉字书写一定要规范，一律用正楷字或行书字书写。如壹、贰、叁、肆、伍、陆、柒、捌、玖、拾、佰、仟、万、亿、圆（元）、角、分、零、整（正）等易于辨认、不易涂改的字样，不得用一、二（两）、三、四、五、六、七、八、九、十、仨、毛、另（或0）、园等字样代替。

1.汉字大写数字的书写

用途：主要用于填写收据、借据、发货票、支票、合同等需要防止涂改的信用凭证。

读写规则：

（1）基数词要与数位词、金额单位词等结合起来表示数。

如：￥120.00　大写为：人民币壹佰贰拾元整

（2）数字之间不能留空位。写数字的顺序与读一样，如果数字中有相邻两个以上“0”时，大写时只写一个“零”字。如果连续有几个“0”，个位也是“0”，十分位不是“0”时，大写可不写零字。

如：￥2,000.46　大写为：人民币贰仟元肆角陆分

汉字大写数字不能写错，也不能漏写，一旦出现差错，要重新填制凭证，不能涂改。

2.汉字小写数字的书写

基数词：一、二、三、四、五、六、七、八、九、十

数位词：个、十、百、千、万、亿

用途：汉字小写数字用于无须防止涂改的数字，如计划、总结以及请示报告等。读写规则与汉字大写数字完全相同，这里不再举例。

（二）“人民币”与数字之间不得留有空位

有固定格式的重要单证，大写金额栏一般都印有“人民币”字样，数字应紧接在“人民币”后面书写，在“人民币”与数字之间不得留有空位。大写金额栏没有印“人民币”字样的，应加填“人民币”三字。在票据和结算凭证大写金额栏内不得预印固定的“仟、佰、拾、万、仟、佰、拾、元、角、分”字样。若发票等凭证大写金额栏预印了固定的数位词，对未使用的部分应划线或在其前面加符号“⊗”拦头注销。

【例1】小写金额数字为￥9,000.05，在印有大写金额万、仟、佰、拾、元、角、分位置的凭证上书写大写金额数字时，其汉字大写金额数字应写成：人民币⊗万玖仟零佰零拾零元零角伍分。

（三）“整（正）”字的用法

汉字大写金额数字到“元”为止的，在“元”字之后，应写“整”字。汉字大写金额数字到“角”为止的，在“角”位后写“整”字，到“分”为止的，“分”字之后，不写“整”字。“整”字笔画较多，在书写数字时，常常将“整”字写成“正”字。

【例2】小写金额数字为￥846,000.00，其汉字大写金额数字应写为：人民币捌拾肆万陆仟元整（正）。

课堂练习1

小写金额数字为￥4,210,800.00，其汉字大写金额数字应写为：

______________________________。

【例3】小写金额数字为￥90,143.00，其汉字大写金额数字应写为：人民币玖万零壹佰肆拾叁元整（正）。

课堂练习2

小写金额数字为￥640,758.00，其汉字大写金额数字应写为：

______________________________。

【例4】小写金额数字为￥46,300.80，其汉字大写金额数字应写为：人民币肆万陆仟叁佰元零捌角整（正）。

课堂练习3

小写金额数字为￥29,008.50，其汉字大写金额数字应写为：

______________________________。

【小贴士】

若小写金额有"分"，则"分"字后不写"整（正）"字。如小写金额为￥36,900.45，其汉字大写金额数字应写为：人民币叁万陆仟玖佰元零肆角伍分。不能写为：人民币叁万陆仟玖佰元零肆角伍分整（正）。

（四）有关"零"的写法

小写金额数字有"0"时，汉字大写金额数字应怎样书写要看"0"所在的位置。对于数字尾部有"0"，不管是一个还是连续几个，汉字大写到非零数位后，用一个"整（正）"字结尾，都不需用"零"来表示。如"￥8.50"，汉字大写金额数字写成"人民币捌元伍角整"，又如"￥200.00"，应写成"人民币贰佰元整"。小写金额数字中间有"0"时，汉字大写金额数字应按照汉语语言规律、金额数字构成和防止涂改的要求进行书写。具体如下：

（1）小写金额数字中间有"0"时，汉字大写金额数字要写"零"字。

【例1】"￥704.36"的汉字大写金额数字应写成"人民币柒佰零肆元叁角陆分"。

（2）小写金额数字中间连续有几个"0"时，汉字大写金额数字可以只写一个"零"字。

【例2】"￥9,006.23"的汉字大写金额应写成"人民币玖仟零陆元贰角叁分"。

（3）小写金额数字元位是"0"，或者数字中间连续有几个"0"，紧接的元位也是"0"，但角位不是"0"时，汉字大写金额数字中可以只写一个"零"字，也可以不写"零"。

【例3】"￥4,880.52"的汉字大写金额数字应写成"人民币肆仟捌佰捌拾元零伍角贰分"或者"人民币肆仟捌佰捌拾元伍角贰分"。

【例4】"￥92,000.48"的汉字大写金额数字应写成"人民币玖万贰仟元零肆角捌分”或者“人民币玖万贰仟元肆角捌分”。

(4) 小写金额数字万位是“0”，但千位不是“0”时，汉字大写金额可以写“零”，也可以不写“零”。

【例5】“¥91,804,753.26”的汉字大写金额数字应写成“人民币玖仟壹佰捌拾万零肆仟柒佰伍拾叁元贰角陆分”或者“人民币玖仟壹佰捌拾万肆仟柒佰伍拾叁元贰角陆分”。

(5) 小写金额数字角位是“0”，而分位不是“0”的，汉字大写金额数字元字后面应写“零”字。

【例6】“¥745.08”的汉字大写金额数字应写成“人民币柒佰肆拾伍元零捌分”。

【例7】“¥9,100.07”的汉字大写金额数字应写成“人民币玖仟壹佰元零柒分”。

(6) 在印有大写金额万、仟、佰、拾、元、角、分位置的凭证上书写大写金额数字时，小写金额数字中间有几个“0”(含分位)，汉字大写金额数字就要写几个“零”字。

【例8】小写金额数字为¥580,000.03，在印有大写金额万、仟、佰、拾、元、角、分位置的凭证上书写大写金额数字时，其汉字大写金额数字应写成：人民币伍拾捌万零仟零佰零拾零元零角叁分。

(五) 有关“壹”字的要求

在书写汉字大写金额数字时“壹”字不能遗漏。平时口语习惯说“拾几”“拾几万”，在这里“拾”字仅代表数位，而不是数字。如果在数位前不加“壹”字既不符合书写要求，又容易被改成“贰拾几”“叁拾几”等。

【例1】“¥17.68”的汉字大写金额应写成“人民币壹拾柒元陆角捌分”。

【例2】“¥160,000.00”的汉字大写金额应写成“人民币壹拾陆万元整”。

实训3 汉字大写金额数字书写训练

实训要求：将表7-10中的小写金额数字书写成规范的汉字大写金额数字。

表7-10 汉字大写金额数字书写训练

序号	小写金额数字	汉字大写金额数字
(1)	¥107,006.50	
(2)	¥3,004,000.00	
(3)	¥15,600,000.00	
(4)	¥526,879,400.35	
(5)	¥74,600,350.80	
(6)	¥980,600.34	

续表

序号	小写金额数字	汉字大写金额数字
（7）	¥1,400,008.05	
（8）	¥3,865,940.00	
（9）	¥8,567,409.63	
（10）	¥45,208,030.70	
（11）	¥7,209,006.35	
（12）	¥125,605,480.30	
（13）	¥82,000.50	
（14）	¥5,918,600.32	
（15）	¥9,843,500.67	
（16）	¥60,004,080.00	
（17）	¥4,008.05	
（18）	¥39,678.00	
（19）	¥180,000.00	
（20）	¥286,005.70	

活动2　数字书写错误的订正方法

如果财会数字的书写发生了错误，就要进行订正，订正数字要求规范化，不能随意在原来的数字上涂改、挖补、刮擦、粘贴，或者用涂改液、消字药水等化学方法消字，以保证数字的真实性，明确经济责任。

一、小写金额数字错误的订正

小写金额数字写错需要更正时，应该按规定的方法改正或作废重新填写。其采用的订正方法是划线更正法：先将错误数字整体划红线注销，但必须使原有字迹仍可辨认；然后在划线上方填写正确的文字或者数字，并由记账人员在更正处盖章，以明确责任，最后将正确的数字写在错误数字的上面。

（1）小写金额数字发生错误时，不能只改其中的部分数字。

【例1】将小写金额数字¥4,792.35，错写为¥4,729.35，订正方法如下：

正确的订正方法	错误的订正方法
¥4,792.35	92
~~¥4,729.35~~	¥4,729.35

课堂练习1

在填写小写金额数字¥42,756.98时，错写为¥47,256.98，请在表7 11中进行订正。

表7-11　　小写金额数字错误的订正（1）

错误的订正方法	正确的订正方法
42,7 ~~¥47,256.98~~	

（2）书写时小写金额数字，未写完便发现有错，不能只改写已写错数字，应把数字写完，然后用划线更正法更正。

【例2】小写金额数字为¥5,879.56，写到¥8,5时发现写错，订正方法见表7-12。

表7-12　　小写金额数字错误的订正（2）

错误的订正方法	正确的订正方法
¥5,879.56 ~~¥8,5~~	¥5,879.56 ~~¥8,579.56~~

课堂练习2

小写金额数字¥685,940.24，写到¥658,9时发现写错，请在表7-13中进行订正。

表7-13　　小写金额数字错误的订正（3）

错误的订正方法	正确的订正方法
¥685,940.24 ~~¥658,9~~	

二、在分位格中书写小写金额数字错误的订正

在财会实际工作中，书写数字时会偶然发生错误，如错列、错行、错位或写错数字等，应使用规范的划线更正法进行更正，并由经手人在更正处加盖私章以明确经济责任。

（1）如果在填写票据或凭证时发现一笔金额数字中只写错一个或几个数码字，不能只更改写错的数码字，而应将该数字全部用红线划销后，再将正确的数字写入上半格。

【例1】在填写票据或凭证时发现一笔小写金额数字应为¥642,000.65而错写为¥624,000.65，订正方法见表7-14。

表7-14　　订正方法（1）

项目	亿	千	百	十	万	千	百	十	元	角	分
错误的更正方法			¥	6	4 ~~2~~	2 ~~4~~	0	0	0	6	5
正确的更正方法		经办人盖章	¥ ~~¥~~	6 ~~6~~	4 ~~2~~	2 ~~4~~	0 ~~0~~	0 ~~0~~	0 ~~0~~	6 ~~6~~	5 ~~5~~

课堂练习1

在填写票据或凭证时发现一笔小写金额数字应为¥8,059,400.76而错写为¥8,095,400.76，请在表7-15中进行订正。

表7-15　订正练习（1）

项目	亿	千	百	十	万	千	百	十	元	角	分
错误的更正方法		¥	8	0	5 ~~9~~	9 ~~5~~	4	0	0	7	6
正确的更正方法											

（2）如果在填写票据或凭证时一笔小写金额数字未写完便发现有误，则要把数字写完，或用“0”把剩余空位补齐，不能留空格，然后再用划线更正法更正。

【例2】在填写票据或凭证合计数时发现一笔小写金额数字为¥1,497,658.35，写到¥1479时发现写错，订正方法见表7-16。

表7-16　订正方法（2）

项目	亿	千	百	十	万	千	百	十	元	角	分
正确的更正方法	经办人盖章	¥ ~~¥~~	1 ~~1~~	4 ~~4~~	9 ~~7~~	7 ~~9~~	6 ~~6~~	5 ~~5~~	8 ~~8~~	3 ~~3~~	5 ~~5~~
正确的更正方法	 经办人盖章	¥ ~~¥~~	1 ~~1~~	4 ~~4~~	9 ~~7~~	7 ~~9~~	6 ~~0~~	5 ~~0~~	8 ~~0~~	3 ~~0~~	5 ~~0~~
错误的更正方法		¥ ~~¥~~	1 ~~1~~	4 ~~4~~	9 ~~7~~	7 ~~9~~	6	5	8	3	5

课堂练习2

在填写凭证合计数时，小写金额数字为¥5,248,670.90，写到¥52468时才发现写错，请在表7-17中用两种方法进行订正。

表7-17　订正练习（2）

项目	亿	千	百	十	万	千	百	十	元	角	分
错误的更正方法		¥ ~~¥~~	5 ~~5~~	2 ~~2~~	4 ~~4~~	8 ~~6~~	6 ~~8~~	7	0	9	0
正确的更正方法											
正确的更正方法											

三、在账簿中书写小写金额数字错误的订正

在登记会计账簿时由于疏忽等原因，有时可能会出现笔误把数字写错。因为账簿记录是不能随意调换或销毁的。因此，必须使用规范的划线更正法进行更正。其方法是将错误的整笔数字从左至右划一条红线进行注销，然后把正确的数写在被注销的错误数的上方的空白处，并由经手人在更正处加盖私章以明确经济责任。

【例1】在登记账簿时发现有几笔数额写错，其订正方法见表7-18。

表7-18 订正方法（3）

正确的更正方法

	百	十	万	千	百	十	元	角	分
经办人盖章			9	3	5	6	1	2	7
			~~9~~	~~3~~	~~6~~	~~5~~	~~1~~	~~2~~	~~7~~
经办人盖章					6	9	7	0	0
					~~6~~	~~9~~	~~3~~	~~0~~	~~0~~
经办人盖章				4	5	8	7	0	0
				~~4~~	~~6~~	~~8~~	~~8~~	~~0~~	~~0~~
经办人盖章					7	2	5	4	8
					~~7~~	~~1~~	~~6~~	~~4~~	~~8~~
经办人盖章						8	9	5	7
				~~8~~	~~9~~	~~5~~	~~7~~	~~0~~	~~0~~

错误的更正方法

百	十	万	千	百	十	元	角	分
				5	6			
		9	3	~~6~~	~~5~~	1	2	7
						7		
				6	9	~~3~~	0	0
				5		7		
			4	~~6~~	8	~~8~~	0	0
				7	2	5	4	8
				~~7~~	~~1~~	~~6~~		
					8	9	5	7
			~~8~~	~~9~~	~~5~~	~~7~~		

课堂练习1

在登记账簿时发现有几笔数额写错，请在表7-19中将其订正。

表7-19 订正练习（3）

错误的更正方法

亿	千	百	十	万	千	百	十	元	角	分
								6		
						5	0	~~8~~	7	9
					8	5	3	1	9	6
					~~8~~	~~3~~	~~5~~			
					2			8		
				7	~~5~~	0	4	~~6~~	0	3
							8			
					~~6~~	~~2~~	~~9~~	5	0	0
						7	6	0	5	8
	~~7~~	~~6~~	~~0~~	~~5~~	~~8~~					
					¥	2	8	6	5	0
						~~2~~	~~6~~	~~6~~	~~5~~	~~0~~

正确的更正方法

亿	千	百	十	万	千	百	十	元	角	分

四、汉字大写金额数字的订正方法

汉字大写金额数字主要用于填写需要防止涂改的发票、支票、汇票、收据、存单等各种重要凭证。因此，在书写时不能写错，如果写错需要重新填制凭证，写错的凭证注销作废，并须妥善保管，不能随便丢弃。记账凭证、账簿等上面的汉字大写金额数字书写错误时，应采取划线更正法更正写错的汉字大写金额数字，具体要求及注意事项与小写金额数字错误的订正方法相同。

【例1】将人民币陆万玖仟捌佰壹拾肆元零伍分，错写为人民币陆万玖仟捌佰肆拾壹元零伍分，订正方法见表7-20。

表7-20　订正方法（4）

正确的订正方法	错误的订正方法
人民币陆万玖仟捌佰壹拾肆元零伍分 经办人盖章 ~~人民币陆万玖仟捌佰肆拾壹元零伍分~~	壹拾肆 人民币陆万玖仟捌佰~~肆拾壹~~元零伍分
	壹　肆 人民币陆万玖仟捌佰~~肆~~拾~~壹~~元零伍分

课堂练习1

将汉字大写金额数字人民币肆拾捌万捌仟玖佰叁拾贰元贰角陆分，错写为人民币肆拾捌万捌仟玖佰叁拾贰元陆角贰分，请在表7-21中进行订正。

表7-21　订正练习（4）

错误的订正方法	订正要求	正确的订正方法
贰　陆 人民币肆拾捌万捌仟玖佰叁拾贰元~~陆~~角~~贰~~分	不能只订正个别数字	
贰角陆分 人民币肆拾捌万捌仟玖佰叁拾贰元~~陆角贰分~~	必须全部划掉重写	

五、汉字大写金额数字常见书写错误分析

汉字大写金额数字正确写法与错误写法对照见表7-22。

表7-22　汉字大写金额数字正确写法与错误写法对照

小写金额数字	汉字大写金额数字		
	正确写法	错误写法	错误原因
¥130,000.00	人民币壹拾叁万元整	人民币拾叁万元整	漏写了“壹”字
¥85,000.00	人民币捌万伍仟元整	人民币：捌万伍仟元整	“人民币”后多了一个冒号
¥7,351.00	人民币柒仟叁佰伍拾壹元整	人民币柒仟叁佰伍拾壹元	少写了个“整”字
¥436,007.02	人民币肆拾叁万陆仟零柒元零贰分	人民币肆拾叁万陆仟零柒元贰分	漏写了“零”字
¥650,008.09	人民币陆拾伍万零捌元零玖分	人民币陆拾伍万另捌元另玖分	将“零”字错写成“另”字
¥2,765.90	人民币贰仟柒佰陆拾伍元玖角整	人民币贰仟柒佰陆拾伍元玖角零分	多写了“零分”两字，少写了个“整”字
¥56,930.84	人民币伍万陆仟玖佰叁拾元捌角肆分	人民币伍万陆仟玖佰叁拾捌角肆分	漏写了一个“元”字
¥950,007.20	人民币玖拾伍万零柒元贰角整	人民币玖拾伍万元零柒元贰角整	多写了一个“元”字
¥150,062,000.00	人民币壹亿伍仟零陆万贰仟元整	人民币壹亿伍仟万零陆万贰仟元整	多写了一个“万”字
¥35,980.80	人民币叁万伍仟玖佰捌拾元零捌角整	人民币叁万伍仟玖佰捌拾零元捌角整	“零”字用法不对
¥680,000.50	人民币陆拾捌万元零伍角整	人民币　陆拾捌万元零伍角整	“人民币”与第一个大写数字之间空位过大

实训4 数字书写错误的订正训练

一、阿拉伯数字的错误订正

实训要求：使用正确的订正方法，更正下列数字，并填上规范的汉字大写数字，见表7-23。

（1）正确数字应是：　89,506.47

（2）正确数字应是：1,826,005.35

（3）正确数字应是：5,329,480.08

（4）正确数字应是：4,856,700.80

（5）正确数字应是：7,503,620.00

表7-23　　阿拉伯数字的错误订正

（1）（大写）				8	9	5	0	4	6	7	
（2）（大写）			1	2	8	6	0	0	5	3	5
（3）（大写）			5	3	2	9	8	4	0	0	8
（4）（大写）			4	8	5	6	7	0	0	0	8
（5）（大写）			7	5	0	3	6	2			

二、小写金额数字错误的订正

实训要求：在登记账表时，发现小写金额数字写错，按规范的订正方法更正，并加盖印章，见表7-24。

表7-24　　小写金额数字错误的订正

错误的更正方法								正确的更正方法							
十	万	千	百	十	元	角	分	十	万	千	百	十	元	角	分
		5	0	3 ~~8~~	1	5	7								
	8	9	8 ~~4~~	5	3 ~~8~~	0	2								
	6	7 ~~6~~	5 ~~7~~	6 5	2	5	8								
		~~7~~	¥ ~~5~~	7 ~~8~~	5 ~~2~~	8	2								
 ¥	¥ 	2 2	5 5	6 6	0 0	8 8	7 7								

三、汉字大写金额数字常见书写错误分析

实训要求：请在表7-25中对汉字大写金额数字常见书写错误进行订正并指出错误原因。

表7-25 汉字大写金额数字常见书写错误分析

小写金额数字	汉字大写金额数字		
	错误写法	正确写法	错误原因
￥4,895,000.67	人民币肆佰捌拾玖万伍仟零元陆角柒分		
￥159,648.23	人民币拾伍万玖仟陆佰肆拾捌元贰角叁分		
￥300,009.05	人民币叁拾万元零玖元零伍分		
￥58,491.80	人民币伍万捌仟肆佰玖拾壹元捌角零分		
￥7,268.05	人民币：柒仟贰佰陆拾捌元零伍分		
￥64,900.05	人民币陆万肆仟玖佰元伍分		
￥28,056,000.00	人民币贰仟捌佰万零伍万陆仟元整		
￥78,005.18	人民币 柒万捌仟零伍元壹角捌分		
￥97,560.20	人民币玖万柒仟伍佰陆拾贰角整		
￥856,000.00	人民币捌拾伍万陆仟元		
￥451,009.08	人民币肆拾伍万壹仟另玖元另捌分		

任务3 票据、结算凭证填写规范

常见的银行金融票据和结算凭证有：支票、汇票、本票等票据，存款单、汇款单等结算凭证。票据和结算凭证上的金额、出票或签发日期、收款人名称不得更改，更改的票据一律无效。票据和结算凭证以大写金额数字和小写金额数字同时记载的，两者金额必须一致，否则票据无效，银行不予受理。票据和结算凭证上一旦写错或漏写了数字，必须重新填写单据，不能在原票据上涂改，以保证所记录数字的真实性、准确性、及时

性和完整性。

活动1　在固定格式凭证中汉字大写金额数字的书写

银行结算凭证的大写金额栏内，按规定不得预印固定的大写金额数位，一般只印有“人民币”字样。

【例1】小写金额数字为￥81,502,679.25，其汉字大写金额数字应写成：人民币捌仟壹佰伍拾万零贰仟陆佰柒拾玖元贰角伍分。

错误写法：人民币　捌仟壹佰伍拾万零贰仟陆佰柒拾玖元贰角伍分。

错误写法：人民币：捌仟壹佰伍拾万零贰仟陆佰柒拾玖元贰角伍分。

课堂练习1

小写金额数字为￥64,028,100.35，判断下列汉字大写金额数字写法是否正确，如果不正确请说明原因。

人民币：陆仟肆佰零贰万捌仟壹佰元叁角伍分。

人民币　陆仟肆佰零贰万捌仟壹佰元叁角伍分。

在发票、收据等凭证的大写金额栏内，一般印有“人民币”字样和固定的大写金额数位，即“拾、万、仟、佰、拾、元、角、分”等字样。填写大写金额时，只需填入数量用字即可。

【例2】武汉金星科技开发股份有限公司2021年8月30日购买空调机的购货发票见表7-26。

表7-26　　　　　　　　　　　　×××发票

购货单位：武汉金星科技开发股份有限公司　　　　日期2021年8月30日　　　　NO：0045869

品名	型号	单位	数量	单价	金额								
					百	十	万	千	百	十	元	角	分
空调机	XH3500	台	2	6 750.00			1	3	5	0	0	0	0
人民币（大写）	⊗拾壹万叁仟伍佰零拾零元零角零分					¥	1	3	5	0	0	0	0

制单：张　洪　　　　　　　　收款：刘光美　　　　　　　　发货：

课堂练习2

长盛酒店有限责任公司于2021年10月购买型号为SH2000的电视机5台，单价5 800元/台，制单人为李乐，收款人为张海洋，请为该公司开具一张购货发票，见表7-27。

表 7-27　×××发票

购货单位：　　　　　日期　年　月　日　　　　　NO：08567

品名	型号	单位	数量	单价	金额								
					百	十	万	千	百	十	元	角	分
人民币（大写）	佰　拾　万　仟　佰　拾　元　角　分												

制单：　　　　　收款：　　　　　发货：

【小贴士】

如果金额数字中含有“0”，则应该在大写相对应数位处填写“零”，并将大写金额栏未用部分用规定符号划销。

活动 2　金融票据出票日期的书写

为防止变造票据的出票日期，支票、发票等票据的出票日期必须使用汉字大写，在填写年、月、日时，应按照下列规则书写：

一、年的填写

年份应按阿拉伯数字表示的年份所对应的汉字大写书写。

【例 1】2021 年对应的大写是贰零贰壹年。

二、月的填写

月份数 1 月和 2 月前应加“零”字，3 月至 9 月前不需要加“零”字，10 月写成“零壹拾月”，11 月和 12 月必须写成“壹拾壹月”和“壹拾贰月”。

【例 2】月份数大写是零壹月、零贰月、叁月、肆月、伍月、陆月、柒月、捌月、玖月、零壹拾月、壹拾壹月和壹拾贰月。

三、日的填写

日为 1 日至 9 日、10 日、20 日、30 日时，前面应加“零”字，11 日至 19 日必须写成“壹拾×日”，21 日至 29 日必须写成“贰拾×日”，31 日必须写成“叁拾壹日”。

【例 3】支票出票日为 1 月 30 日，应写成：零壹月零叁拾日。

课堂练习 1

支票出票日为 10 月 2 日应写成：________________

【例 4】支票出票日为 10 月 10 日，应写成：零壹拾月零壹拾日。

课堂练习2

支票出票日为2月25日应写成：______________________

【例5】支票出票日为3月30日，应写成：叁月零叁拾日。

课堂练习3

支票出票日为2月10日，应写成：______________________

【小链接】

根据银行的有关规定，若票据出票日期是用小写数字填写的，银行不予受理。大写日期未按要求规范填写的，银行可予受理，但由此造成损失的，由出票人自行承担。作废的支票不得撕毁，应由签发单位自行注销，并与存根一起保存。

活动3 支票填写规范

一、支票签发的有关规定及实例

（1）签发支票应使用碳素墨水或墨汁填写，必须记载下列事项：

①表明“支票”字样；

②无条件支付的委托；

③确定的金额；

④付款人名称；

⑤出票日期；

⑥出票人签章。

（2）支票的付款人为支票上记载的出票人开户银行，使用支付密码的支票还应在支票相应位置填写支付密码等信息。

（3）支票的金额、收款人名称，可以由出票人授权补记。未补记前不得背书转让和提示付款。

（4）支票的大小写金额必须一致；支票的日期、大小写金额和收、付款人名称不能更改，否则支票无效，对于票据上记载的其他事项，原记载人可以更改，但必须由原记载人签章证明。

（5）支票的提示付款期自出票之日起十天，到期日遇节假日顺延。

（6）出票人预留银行的印鉴是银行审核支票付款的依据，出票人可与银行约定使用支付密码作为支付的条件。出票人不得签发与其预留印鉴不符或支付密码错误的支票。

（7）出票人签发支票的金额不得超过付款时在付款人处实有的存款金额。禁止签发空头支票。

（8）签发现金支票，必须符合国家现金管理的规定。

【小链接】

空头支票是指出票人签发的支票在付款时，其在付款人处的存款账户内的余额小于支票的金额。人民银行对空头支票处以支票金额5%但不低于1 000元的罚款，持票人有权要求出票人支付支票金额2%的赔偿金。

【实例1】转账支票的签发：2021年4月8日顺康贸易公司支付前欠N市佳旺有限公司的购货款，金额748 296.60元。普通支票签发格式如图7-3所示。

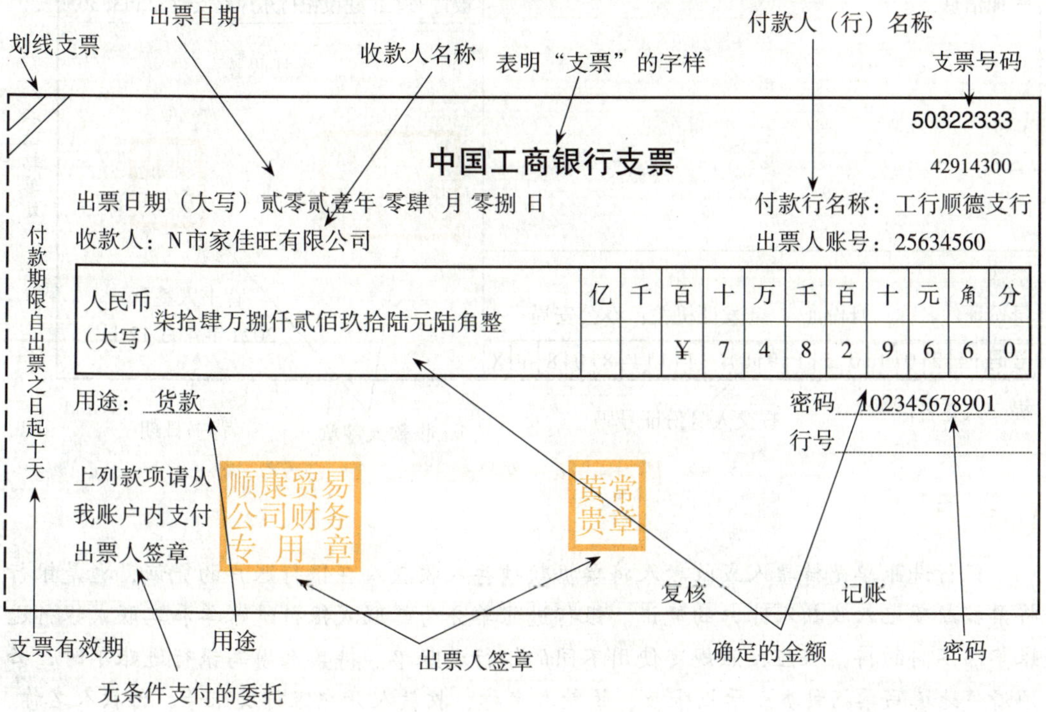

图7-3　普通支票签发格式

三、转账支票委托收款的规定及实例

【小链接】

背书是指在票据背面或者粘单上记载有关事项并签章的票据行为。背书转让的，背书人应当承担票据责任。

单位持支票向银行提示委托收款，应作委托收款背书，同时填写进账单。进账单付款人、收款人信息及大小写金额必须与支票一致。提交人向开户银行提交支票和进账单时还需同时出示本人身份证件，并在支票背面摘录证件号码及发证机关。

【知识驿站】

单位、个人和银行办理支付结算必须遵守下列原则：

一、恪守信用，履约付款；

二、谁的钱进谁的账，由谁支配；

三、银行不垫款。

——《中国人民银行支付结算办法》总则第十六条

【实例2】委托收款背书：2021年4月12日N市佳旺有限公司出纳李强持顺康贸易公司签发的金额为748 296.60元的转账支票到开户行申请进账。

委托收款背书格式和填写进账单格式分别如图7-4和如图7-5所示。

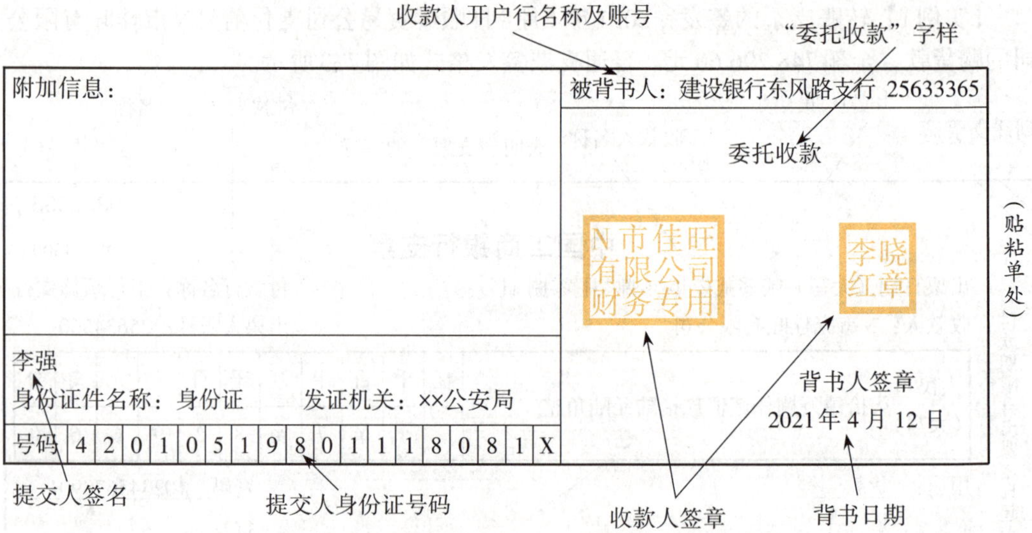

图7-4 委托收款背书格式

【小贴士】

银行进账单是持票人或收款人将票据款项存入收款人在银行账户的凭证，也是银行将票据款项记入收款人账户的凭证。银行进账单分为三联式银行进账单和二联式银行进账单。不同的持票人应按照规定使用不同的银行进账单。持票人填写银行进账单时，必须清楚地填写票据种类、票据张数、收款人名称、收款人开户银行及账号、付款人名称、付款人开户银行及账号、票据金额等栏目（如图7-7所示），并连同相关票据一并交给银行经办人员。对于二联式银行进账单，银行受理后，银行应在第一联上加盖转讫章并退给持票人，持票人凭以记账。把支票存入银行后，支票就留在银行了，但银行会给企业出具一个进账单，企业凭进账单来记账，说明支票上的款项划到企业的银行存款账号。

中国建设银行进账单（回 单） 1

2021年4月12日 XV 16479721

付款人	全 称	顺康贸易公司	收款人	全 称	N市佳旺有限公司
	账 号	25634560		账 号	25633365
	开户银行	工行顺德支行		开户银行	建设银行东风路支行
金额	人民币（大写）	柒拾肆万捌仟贰佰玖拾陆元陆角整		亿 千 百 十 万 千 百 十 元 角 分	¥ 7 4 8 2 9 6 6 ×
票据种类	转账支票	票据张数	壹张		
备注：			交给银行后视为已盖章		

此联是开户银行交给持（出）票人的回单

图7-7 填写进账单格式

四、现金支票签发实例

【实例3】现金支票填写：2021年10月12日N市佳旺有限公司出纳李强提现213 000元，以备发放工资。现金支票的填写如图7-6和图7-7所示。

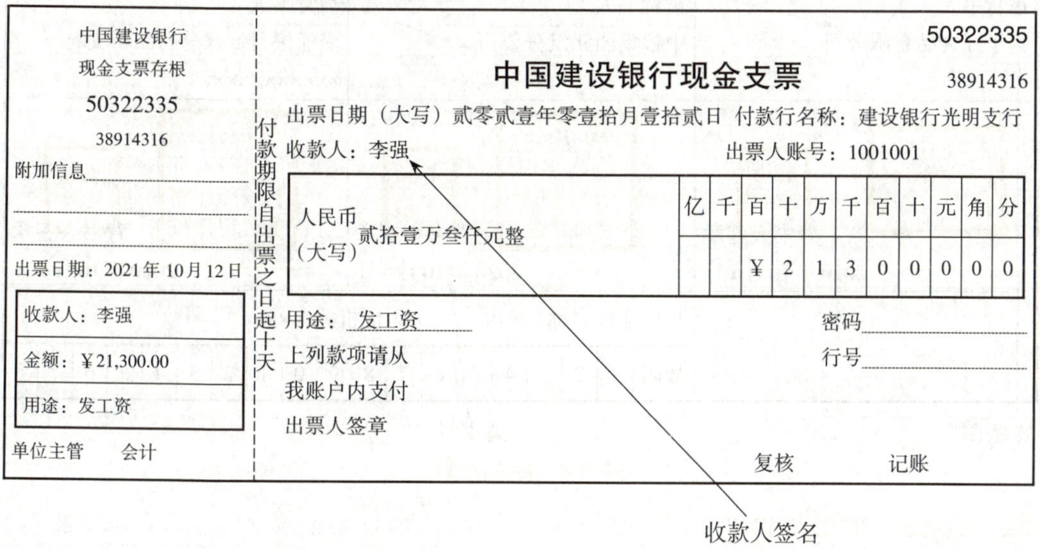

图7-6　现金支票的填写（正面）

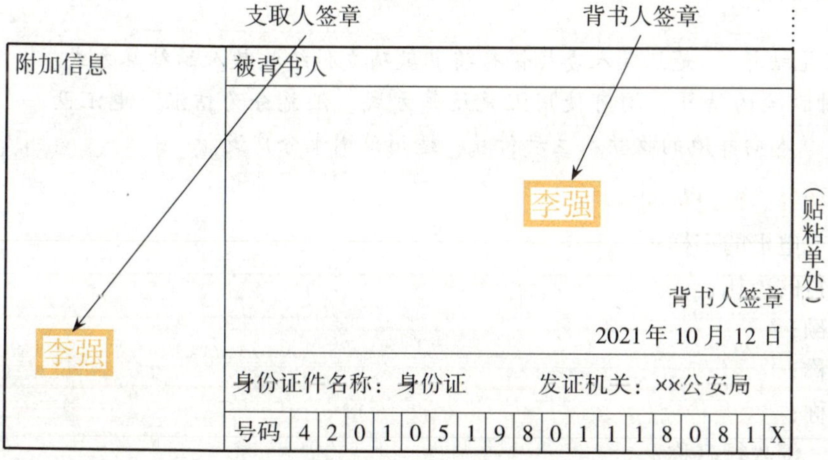

根据《中华人民共和国票据法》等法律法规的规定，签发空头支票由中国人民银行处以票面金额5%但不低于1 000元的罚款。

图7-7　现金支票的填写（背面）

【小贴士】

收款人为个人的现金支票，收款人名称、背书人签章和取款人名称应该一致。

五、支票连续转让背书实例

【实例4】下列支票出票日期是2020年9月30日，签发时的收款人是武汉中百超市，经过两次转让：武汉中百超市→扬子江食品有限公司→中粮集团武汉分公司，最后的持票人是中粮集团武汉分公司。背书的填写如图7-8所示。

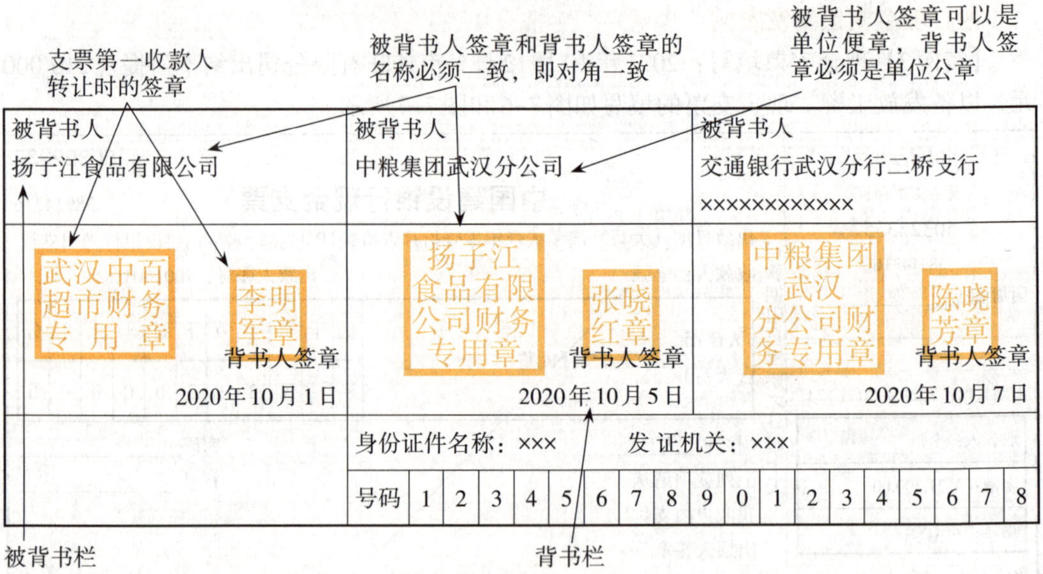

图7-8　背书的填写

活动4　汇兑凭证

【知识驿站】

汇兑又称“汇兑结算”，是汇款人委托银行将其款项支付给收款人的结算方式。单位和个人的各种款项的结算，均可使用汇兑结算方式。汇兑分为信汇、电汇两种，由于它便于汇款人向异地的收款人主动付款，适用范围十分广泛。

一、签发汇兑凭证必须记载的事项

（1）表明信汇或电汇的字样；
（2）无条件支付的委托；
（3）确定的金额；
（4）收款人名称；
（5）汇款人名称；
（6）汇入地点、汇入行名称；
（7）汇出地点、汇出行名称；
（8）委托日期；
（9）汇款人签章。

汇兑凭证上欠缺上列记载事项之一的，银行不予受理。

【小贴士】

汇款人和收款人均为个人，需要在汇入银行支取现金的，应在信、电汇凭证的汇款金额大写栏，先填写现金字样，后填写汇款金额。

——《中国人民银行支付结算办法》第一百七十三条

二、电汇凭证样本

电汇凭证一式三联，必须套写。凭证第一联为回单联，第二联为借方凭证，第三联为发报联，凭以汇出汇款。

【实例5】图7-9是2019—2020年度武汉大学研究生缴费电汇凭证回单联填写样式。

××银行 **电汇凭证** （回 单） No 012345 1

□普通 □加急 委托日期 2019年8月28日

<table>
<tr><td rowspan="3">汇款人</td><td>全 称</td><td>×××××××××××</td><td rowspan="3">收款人</td><td>全 称</td><td colspan="12">学生本人姓名</td></tr>
<tr><td>账 号</td><td>×××××××××××</td><td>账 号</td><td colspan="12">×××××××××××</td></tr>
<tr><td>汇出地点</td><td>××省××市/县</td><td>汇入地点</td><td colspan="12">××省××市/县</td></tr>
<tr><td colspan="2">汇出行名称</td><td>×××××××××××</td><td colspan="2">汇入行名称</td><td>汉口银行樱花支行</td><td>行号</td><td colspan="10">313100000273</td></tr>
<tr><td rowspan="2">金额</td><td rowspan="2">人民币（大写）</td><td colspan="4" rowspan="2">×××××××××××</td><td>亿</td><td>千</td><td>百</td><td>十</td><td>万</td><td>千</td><td>百</td><td>十</td><td>元</td><td>角</td><td>分</td></tr>
<tr><td></td><td></td><td></td><td></td><td>¥</td><td>×</td><td>×</td><td>×</td><td>×</td><td>×</td><td>×</td></tr>
<tr><td colspan="3" rowspan="3">汇出行签章</td><td colspan="2">支付密码</td><td colspan="12"></td></tr>
<tr><td colspan="14">附加信息及用途：
武汉大学××学院××专业××班级</td></tr>
<tr><td colspan="14">复核： 记账：</td></tr>
</table>

图7-9 电汇凭证回单联

实训5 支票、发票的填写训练

一、在支票上填写出票日期的练习活动

实训要求：采用规范的填写方法写出支票签发的大写日期，年份为2021年，见表7-28。

表7-28 出票日期填写活动

序号	日期	出票大写日期			
(1)	1月18日	出票日期	年	月	日
(2)	2月8日	出票日期	年	月	日
(3)	3月10日	出票日期	年	月	日
(4)	4月28日	出票日期	年	月	日
(5)	5月30日	出票日期	年	月	日
(6)	6月15日	出票日期	年	月	日
(7)	7月20日	出票日期	年	月	日
(8)	8月12日	出票日期	年	月	日
(9)	9月25日	出票日期	年	月	日
(10)	10月31日	出票日期	年	月	日
(11)	11月29日	出票日期	年	月	日
(12)	12月6日	出票日期	年	月	日

二、发票的填写练习

新华酒店有限责任公司于2021年1月16日购买了型号为XHD001的电视机5台，单价3 800元/台，制单人为李晓，收款人为张海，请您为该公司开具一张购货发票，见表7-29。

表 7-29 ×××发票

购货单位： 日期 年 月 日 NO：08567

品名	型号	单位	数量	单价	金额								
					百	十	万	千	百	十	元	角	分
人民币（大写）	佰 拾 万 仟 佰 拾 元 角 分												

制单： 收款： 发货：

三、支票的填写练习

2021年10月10日W市力可股份有限公司开出转账支票支付向W市百货公司购买办公用品款项1 000元，请代为填写，如图7-10和图7-11所示。（资料：付款行名称为建设银行光明支行，出票人账号为1001002，行号为502488887901）

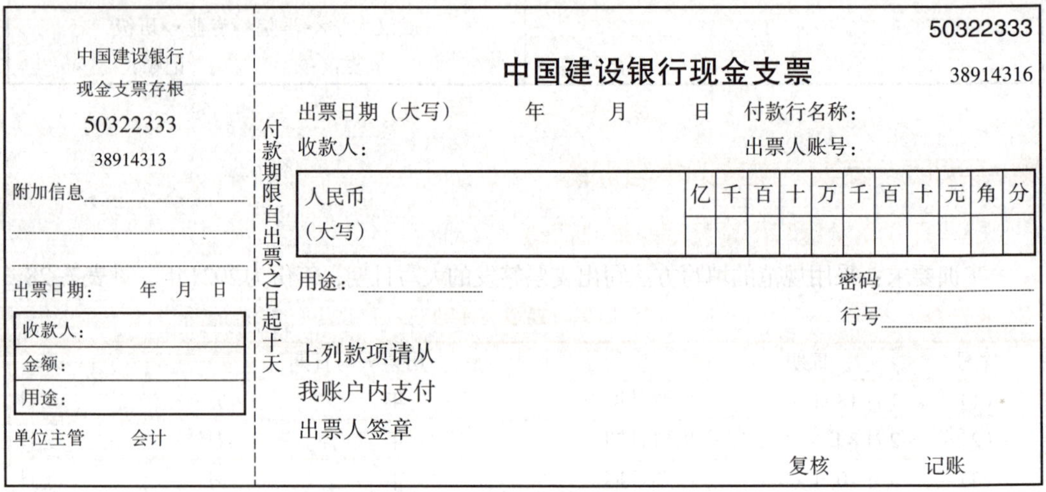

图 7-10 支票正面

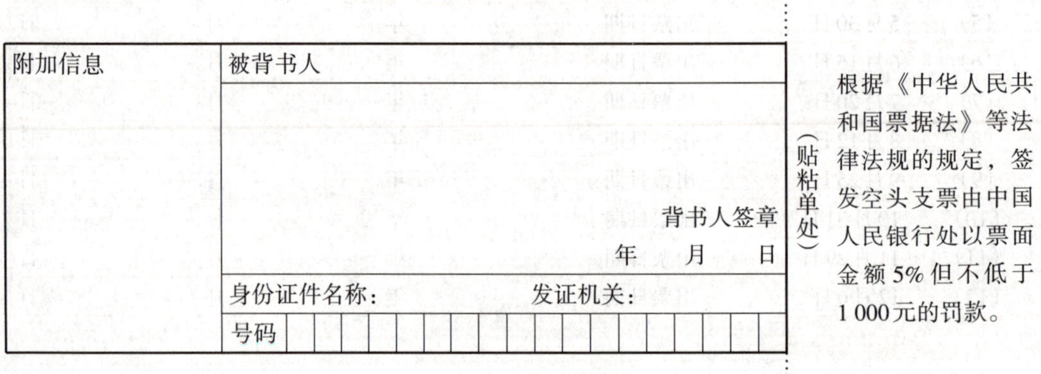

图 7-11 支票背面

项目八

税务申报、征收技能

【知识目标】

1. 了解一般纳税人增值税专用发票的格式、防伪特征与鉴别方法。
2. 了解小规模纳税人增值税专用发票的格式、防伪特征与鉴别方法。
3. 明确首次申领增值税发票条件及流程。
4. 熟悉个人所得税申报流程。

【能力目标】

1. 一般纳税人增值税申报表的填写。
2. 小规模纳税人增值税申报表的填写。
3. 能利用电子税务局自然人客户端进行个人所得税的办税、查询等业务。
4. 掌握企业所得税申报表A类、B类的填写方法。

【情感目标】

争做诚实守信、依法纳税的好公民。

任务1　增值税发票的认知、开具及申报

活动1　一般纳税人增值税专用发票的认知及防伪识别

一、概念

增值税专用发票是增值税计算和管理中重要的、具有决定性的、合法的专用发票，作为纳税人反映经济活动的重要会计凭证，其又是兼记销货方纳税义务和购货方进项税额的合法证明。

二、作用

（1）增值税专用发票是商事凭证，由于实行凭发票扣税，购货方要支付增值税，因此其也是完税凭证，起到对销货方纳税义务和购货方进项税额的合法证明的作用。

（2）一种货物从最初生产到最终消费之间的各个环节可以用增值税专用发票连接起来，依据专用发票上注明的税额，按环节征税，按环节扣税，让税款从上一个经营环节

传递到下一个经营环节，一直到把商品、劳务或服务供应给最终消费者，这样，各环节开具的增值税专用发票销项税额减进项税额，就是该商品、劳务或服务的整体税负。因此，体现了增值税普遍征收和公平税负的特征。

三、格式

增值税专用发票，常见的为一式三联。

第一联为记账联（字体为黑色），主要是销售方记账使用，如图8-1所示。

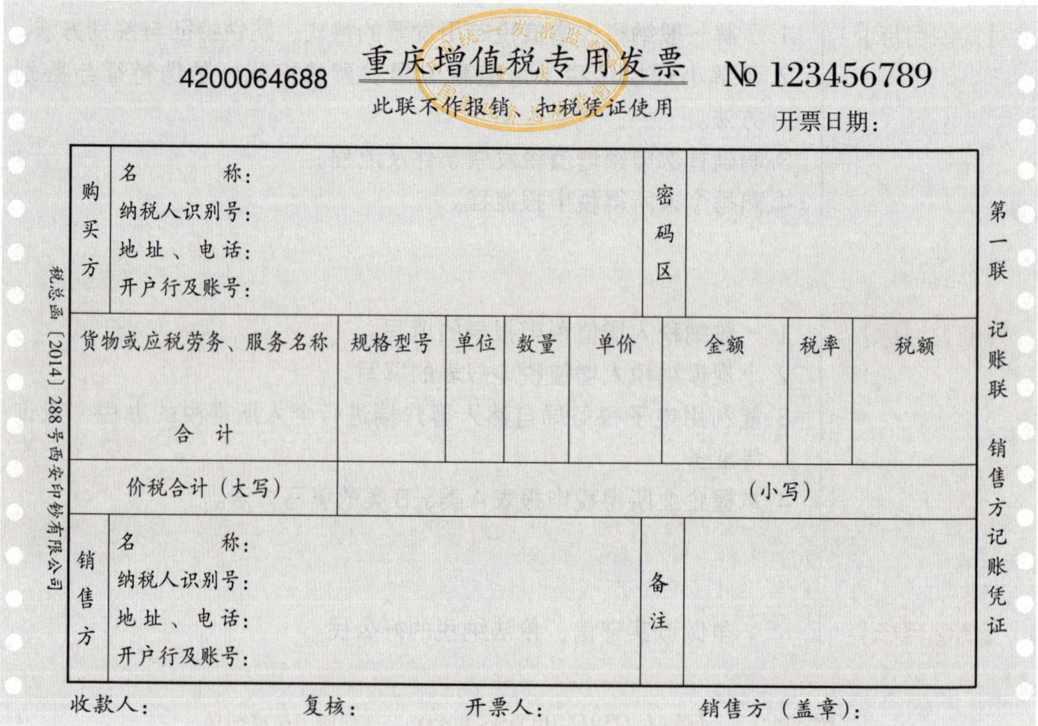

4200064688　重庆增值税专用发票　№ 123456789

此联不作报销、扣税凭证使用

开票日期：

购买方	名　称： 纳税人识别号： 地址、电话： 开户行及账号：				密码区		
货物或应税劳务、服务名称	规格型号	单位	数量	单价	金额	税率	税额
合　计							
价税合计（大写）					（小写）		
销售方	名　称： 纳税人识别号： 地址、电话： 开户行及账号：				备注		

收款人：　复核：　开票人：　销售方（盖章）：

税总函〔2014〕288号西安印钞有限公司

第一联　记账联　销售方记账凭证

图8-1　增值税专用发票记账联

第二联为抵扣联（绿色），主要用于购买方认证抵扣进项税，如图8-2所示。

第三联为发票联（橙色），主要是购买方记账使用，如图8-3所示。

四、如何识别发票真伪

（一）登录国家税务总局全国增值税发票查验平台

（1）可查验使用增值税发票管理新系统开具的发票，包括：增值税专用发票、增值税普通发票（含电子普通发票、卷式发票）、机动车销售统一发票，不在上述范围之内的发票，需按照原查验渠道进行查验。

（2）可以查验的时间范围：可查验最近1年内增值税发票管理新系统开具的发票；当日开具的发票最快可以次日进行查验。

（3）每天每张发票在线可查询次数为5次，超过次数后请于次日再进行查验操作。

国家税务总局全国增值税发票查验平台界面如图8-4所示。

4200064688　**重庆增值税专用发票**　№ 123456789

抵扣联

开票日期：

税总函〔2014〕288号西安印钞有限公司

购买方	名　　称： 纳税人识别号： 地 址 、 电 话： 开户行及账号：				密码区		
货物或应税劳务、服务名称	规格型号	单位	数量	单价	金额	税率	税额
合　计							
价税合计（大写）					（小写）		
销售方	名　　称： 纳税人识别号： 地 址 、 电 话： 开户行及账号：				备注		

收款人：　复核：　开票人：　销售方（盖章）：

第二联　抵扣联　购买方记账凭证

图8-2　增值税专用发票抵扣联

4200064688　**重庆增值税专用发票**　№ 123456789

发票联

开票日期：

税总函〔2014〕288号西安印钞有限公司

购买方	名　　称： 纳税人识别号： 地 址 、 电 话： 开户行及账号：				密码区		
货物或应税劳务、服务名称	规格型号	单位	数量	单价	金额	税率	税额
合　计							
价税合计（大写）							
销售方	名　　称： 纳税人识别号： 地 址 、 电 话： 开户行及账号：				备注		

收款人：　复核：　开票人：　销售方（盖章）：

第三联　发票联　购买方记账凭证

图8-3　增值税专用发票发票联

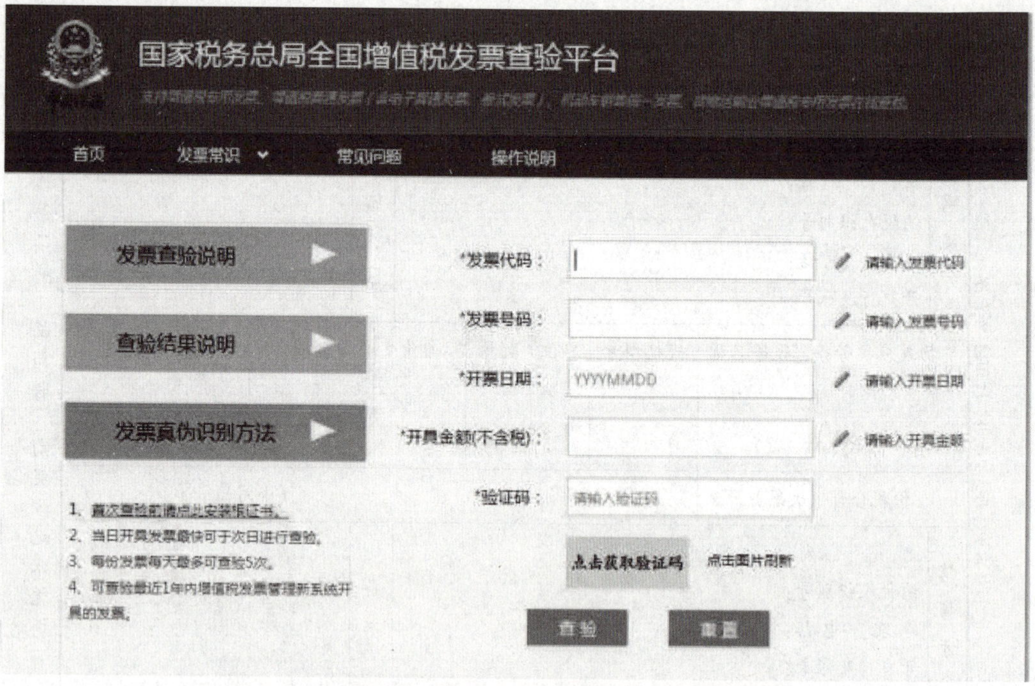

图8-4 国家税务总局全国增值税发票查验平台界面

（二）输入要求填写的发票信息（如图8-5所示）

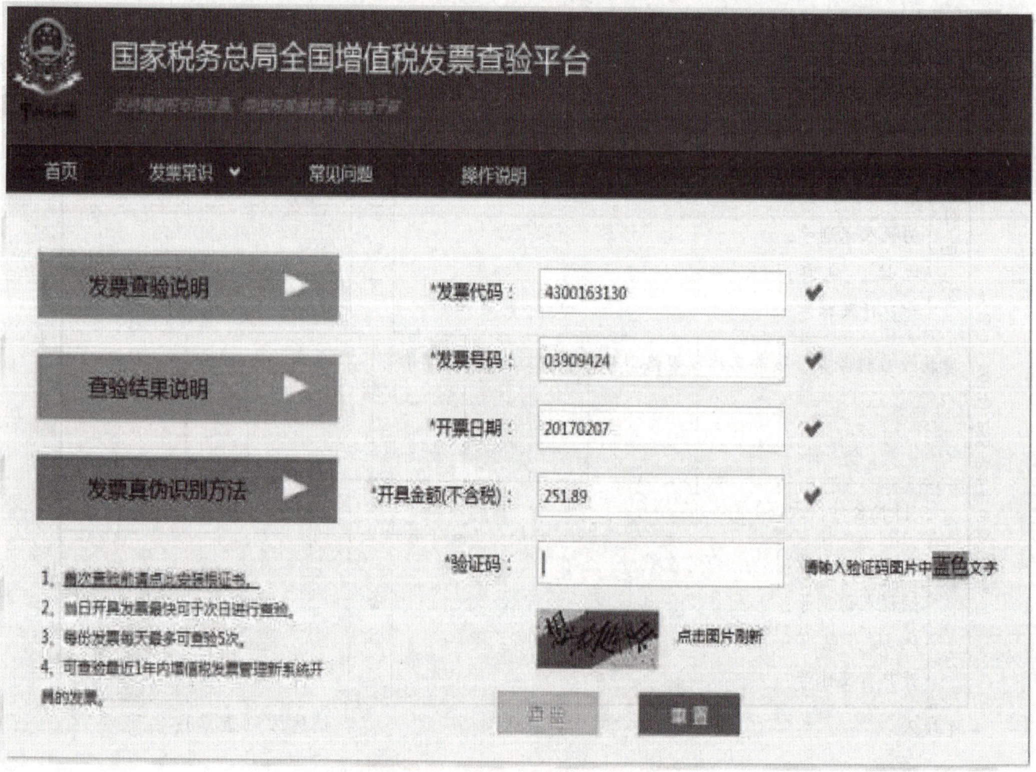

图8-5 输入要求填写的发票信息

（三）查验（如图8-6所示）

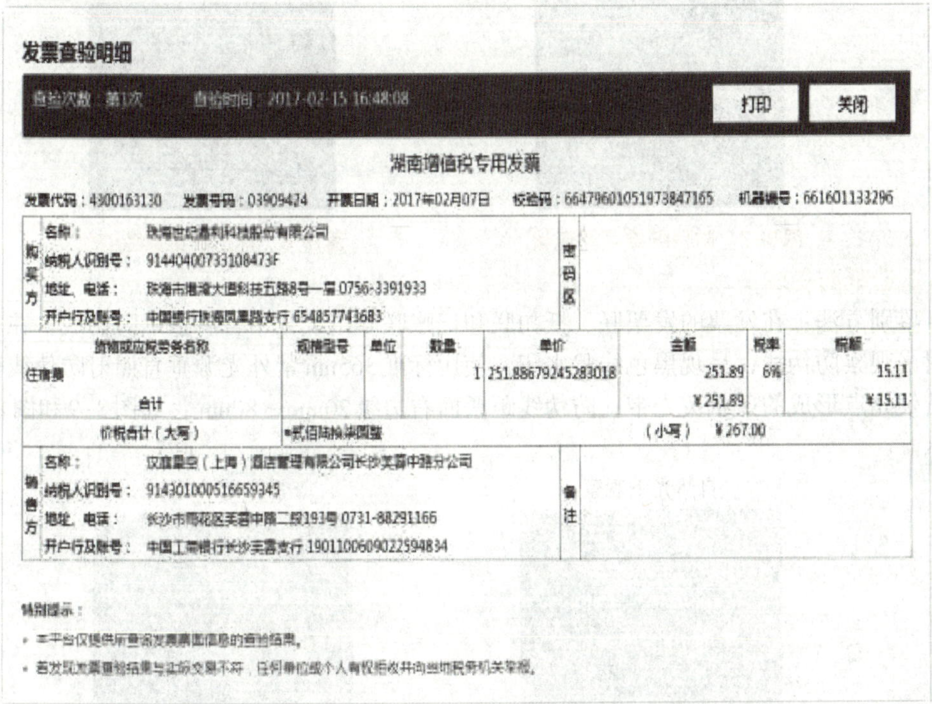

发票查验明细

查验次数：第1次　查验时间：2017-02-15 16:48:08　打印　关闭

湖南增值税专用发票

发票代码：4300163130　发票号码：03909424　开票日期：2017年02月07日　校验码：66479601051973847165　机器编号：661601133296

购买方	名称：珠海世纪鼎利科技股份有限公司 纳税人识别号：91440400733108473F 地址、电话：珠海市港湾大道科技五路8号一层 0756-3391933 开户行及账号：中国银行珠海凤凰路支行 654857743683			密码区			
货物或应税劳务名称	规格型号	单位	数量	单价	金额	税率	税额
住宿费			1	251.88679245283018	251.89	6%	15.11
合计					¥251.89		¥15.11
价税合计（大写）	⊗贰佰陆拾柒圆整				（小写）¥267.00		
销售方	名称：汉庭星空（上海）酒店管理有限公司长沙芙蓉中路分公司 纳税人识别号：914301000516659345 地址、电话：长沙市雨花区芙蓉中路二段193号 0731-88291166 开户行及账号：中国工商银行长沙芙蓉支行 1901100609022594834			备注			

特别提示：

- 本平台仅提供所查询发票票面信息的查验结果。
- 若发现发票查验结果与实际交易不符，任何单位或个人有权拒收并向当地税务机关举报。

图8-6　查验

查验结果说明：

（1）纳税人输入的发票校验信息与税务机关电子信息一致，则显示相关的发票详细信息（如发票已被开具方作废，则在查验结果中显示“作废”标识）。

（2）纳税人输入的发票校验信息与税务机关电子信息至少有一项不一致，则显示查验不一致的结果信息。

（3）纳税人输入的发票校验信息无法在税务机关的电子信息中查到，则显示查无此票的结果信息。

特别提示：《中华人民共和国发票管理办法》规定：不符合规定的发票，不得作为财务报销凭证，任何单位和个人有权拒收。付款方取得发票后应及时核对发票开具内容是否真实、项目填写是否齐全、加盖的发票专用章是否与收款方一致。对于违反发票管理法规的行为，任何单位和个人有权向税务机关举报。

（四）几种防伪特征与鉴别方法

1.光角变色圆环纤维

鉴别方法：防伪纤维呈圆环状，随机分布在发票的发票联、抵扣联和记账联专用纸张中，使用标准365nm紫外光源以小于45度的角度照射环形纤维，靠近光源的半圆环为红色，远离光源的半圆环为黄绿色，如图8-7和图8-8所示。

紫外光下观察

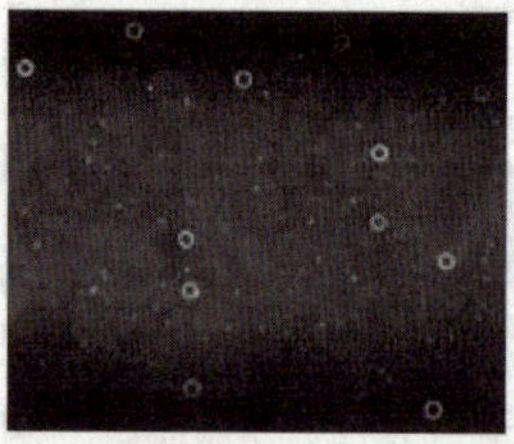

图 8-7 防伪纤维呈圆环状

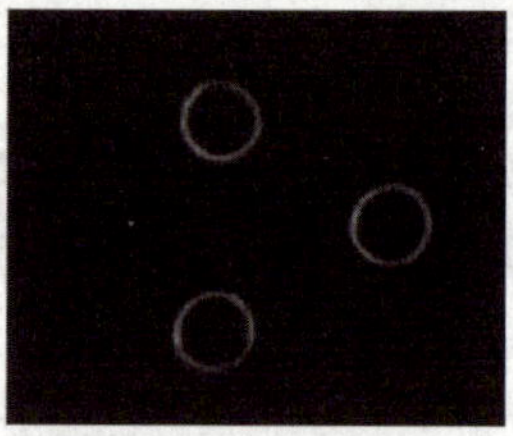

图 8-8 环形纤维颜色变化

2. 造纸防伪线

鉴别方法：在发票的发票联、抵扣联和记账联专用纸张中含有造纸防伪线，在日光下对光观察防伪线，呈现黑色线状水印，使用标准 365nm 紫外光源垂直照射防伪线呈现红蓝荧光点形成的条状荧光带，防伪线距票面右边缘 20mm—80mm，如图 8-9 和图 8-10 所示。

自然光下观察

图 8-9 黑色线状水印

紫外光下观察

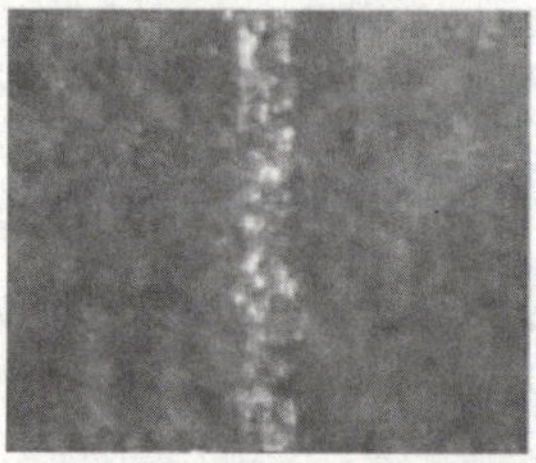

图 8-10 红蓝色条状荧光带

3. 防伪油墨，摩擦显色

鉴别方法：发票各联次左上方的发票代码使用防伪油墨印制，使用白纸摩擦票面的发票代码区域，在发票代码的摩擦区域均会产生红色擦痕，如图 8-11 和图 8-12 所示。

发票代码图案原色

4600143160

图 8-11 发票代码原色

原色摩擦可产生红色擦痕

4600143160

图 8-12 发票代码红色擦痕

4. 专用异型号码

鉴别方法：发票各联次右上方的发票号码为专用异型号码，字体为专用异型变化字体，可直观目视识别，如图 8-13 所示。

9876543210

图 8-13 专用异型号码

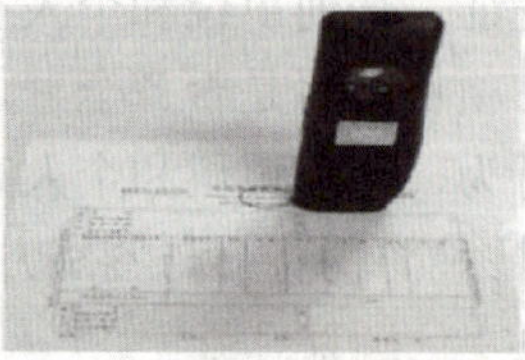

图 8-14 检验仪

5. 复合信息防伪

鉴别方法：使用复合信息防伪特征检验仪检测，对通过检测的发票，检验仪自动发出复合信息防伪特征验证通过的语音提示，如图8-14所示。

活动2　小规模纳税人增值税普通发票的认知及防伪识别

一、概念

普通发票是指在购销商品、提供或接受服务以及从事其他经营活动中，所开具和收取的收付款凭证。它是相对于增值税专用发票而言的。

任何单位和个人在购销商品、提供或接受服务以及从事其他经营活动中，除增值税一般纳税人开具和收取的增值税专用发票之外，所开具和收取的各种收付款凭证均为普通发票。

二、作用

增值税普通发票是一切单位和个人在购销商品、提供或接受应税服务时，所开具和收取的业务凭证，是会计核算的原始依据，也是审计机关、税务机关执法检查的重要依据。收到此类发票的企业可以按我国的所得税相关法律法规的要求在所得税前列支。如果没有取得任何发票，是不能在所得税前列支的，在所得税汇缴时要调增应纳税所得额。

通常在购买方是小规模纳税人或者个人的时候，或者购买方经营范围以外的采购，需要开具普通发票给购买方，购买方计入费用或者成本，在所得税前列支。综上所述，如果没有发票，购买方就不能将这笔成本税前列支，须全额缴纳25%的企业所得税，这笔税负比增值税更重。而且，普票一般只在小规模纳税人中流通，小规模纳税人的增值税征收率是收入的3%，与进项税额无关，就算是开专票给小规模纳税人，其也无法抵扣。

三、格式

增值税普通发票，常见的为一式两联或五联，发票规格为240mm×140mm。

第一联为记账联（如图8-15所示），销售方记账凭证；第二联为发票联，购买方记账凭证；第三联至第五联由发票使用单位自行安排使用。

1100143350　北京增值税普通发票　№

（全国统一发票监制章　北京　国家税务总局监制）

开票日期：

<table>
<tr><td>购买方</td><td colspan="4">名　　称：
纳税人识别号：
地 址、电 话：
开户行及账号：</td><td>密码区</td><td colspan="3"></td></tr>
<tr><td colspan="2">货物或应税劳务、服务名称</td><td>规格型号</td><td>单位</td><td>数量</td><td>单价</td><td>金额</td><td>税率</td><td>税额</td></tr>
<tr><td colspan="2">
合　计</td><td></td><td></td><td></td><td></td><td></td><td></td><td></td></tr>
<tr><td colspan="2">价税合计（大写）</td><td colspan="7">（小写）</td></tr>
<tr><td>销售方</td><td colspan="4">名　　称：
纳税人识别号：
地 址、电 话：
开户行及账号：</td><td>备注</td><td colspan="3"></td></tr>
</table>

收款人：　　　　复核：　　　　开票人：　　　　销售方（盖章）：

税总函〔2014〕××号××××公司

第一联　记账联　销售方记账凭证

图8-15　增值税普通发票记账联

增值税电子普通发票只有一个联次，如图8-16所示。

××增值税电子普通发票

机器编号：

发票代码：
发票号码：
开票日期：
校 验 码：

购买方	名　　称： 纳税人识别号： 地 址 、电 话： 开户行及账号：				密码区		
货物或应税劳务、服务名称	规格型号	单位	数量	单价	金额	税率	税额
合　计							
价税合计（大写）					（小写）		
销售方	名　　称： 纳税人识别号： 地 址 、电 话： 开户行及账号：				备注		

收款人：　　复核：　　开票人：　　销售方（盖章）：

图8-16　增值税电子普通发票

增值税普通发票（卷票）（如图8-17所示）为定长发票。发票宽度有76mm、57mm两种，长度固定为177.8mm。基本联次为一联，即“发票联”。发票印制的基本内容包括：发票名称、发票监制章、发票联、发票代码、发票号码、黑标定位符和二维码等。发票的二维码中包含发票代码和发票号码信息，用于发票查验时的快速扫描录入。

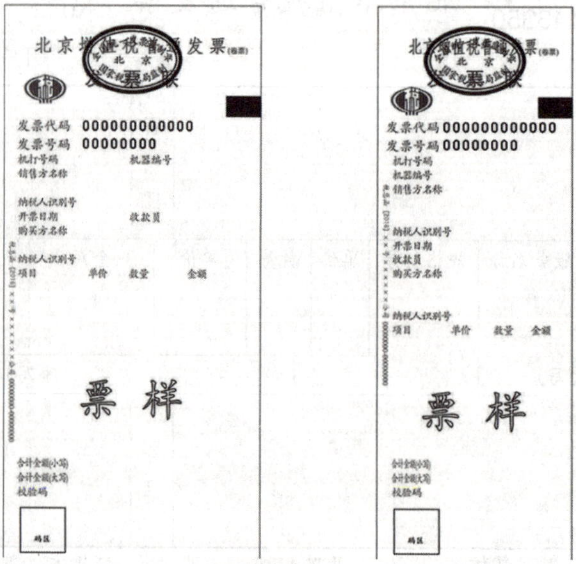

图8-17　增值税普通发票（卷票）

增值税电子普通发票（通行费）只有一个联次，如图8-18所示。

××增值税电子普通发票

全国统一发票监制章　国家税务总局监制

通行费

机器编号：

发票代码：
发票号码：
开票日期：
校 验 码：

购买方	名　　称： 纳税人识别号： 地 址 、电 话： 开户行及账号：	密码区	

货物或应税劳务、服务名称	规格型号	单位	数量	单价	金额	税率	税额
合　计							
价税合计（大写）				（小写）			

销售方	名　　称： 纳税人识别号： 地 址 、电 话： 开户行及账号：	备注	

收款人：　　　　复核：　　　　开票人：　　　　销售方（盖章）：

图8-18　增值税电子普通发票（通行费）

四、如何识别发票真伪

（一）登录国家税务总局全国增值税发票查验平台

具体查验方法可参见本项目活动1中的“如何识别发票真伪”。

（二）防伪特征与鉴别方法

1.弯曲状荧光变色防伪纤维（黄、蓝双面荧光）

（1）防伪特征。发票纸张在自然光下观察与普通纸张基本相同。当使用365nm紫外光在发票正面、反面分别照射时，可见防伪荧光纤维，纤维呈弯曲状，同一根荧光纤维显现黄色、蓝色荧光交替变换颜色的特征。

（2）鉴别方法。将发票放置在验钞机或其他365nm紫外光光源下观察，可见发票纸张中多根弯曲状防伪荧光纤维。当使用紫外光光源交替照射发票正面、反面时，即可观察到同一根纤维显现出黄色、蓝色两种荧光颜色交替变化的效果，如图8-19和图8-20所示。

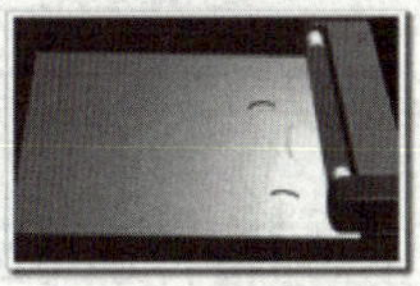

图8-19　颜色交替变化效果1

图8-20　颜色交替变化效果2

2.纸张温变防伪

（1）防伪特征。发票记账联、发票联纸张在正常情况下为白色，在130度左右温度下，纸张背面加热部位呈现粉红色，颜色不可逆。

（2）鉴别方法。使用日常生活中的简易加热器（如吹风筒、直发器、点烟器、电熨斗等）靠近发票记账联、发票联纸张，纸张背面加热部位由白色变为粉红色，颜色不可逆，如图8-21所示。

3.纸张划线防伪

（1）防伪特征。发票记账联、发票联纸张在正常情况下为白色，使用硬物在发票纸张的背面划线，纸张显现淡蓝色的线条。

（2）鉴别方法。将发票记账联、发票联纸张放于硬的平面上，用手指甲、竹签或其他光滑硬物在纸张的背面用力快速划过，纸面显现淡蓝色的线条，如图8-22所示。

图8-21 白色变为粉红色

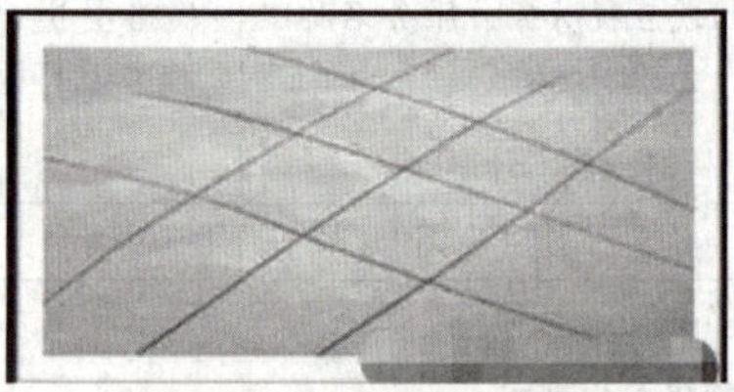

图8-22 淡蓝色的线条

4.监制章专用红外激发荧光油墨防伪

（1）规格：椭圆形，长30.0mm，高20.0mm，字体为楷体。

（2）位置：位于记账联、发票联票面表格上方居中，椭圆下半弧顶点距表格上边框线2.5mm。

（3）印刷油墨：专用红外激发荧光防伪油墨。

（4）防伪效果及鉴别方法：监制章图案在960nm专用红外激光笔照射下显现出红色亮点，如图8-23所示。

5.定制专用号码防伪

（1）规格：8位专用号码，长约22.0mm，高约5.0mm。

（2）位置：位于票面右上角字符（№）后，号码首位数字距字符（№）右端4.0mm，底边距表格上边框线14.0mm。

（3）发票号码颜色：发票号码颜色为深蓝色。

（4）防伪效果及鉴别方法：专业定制异形字体，为增值税普通发票专用号码，使用刻度尺测量鉴别，如图8-24所示。

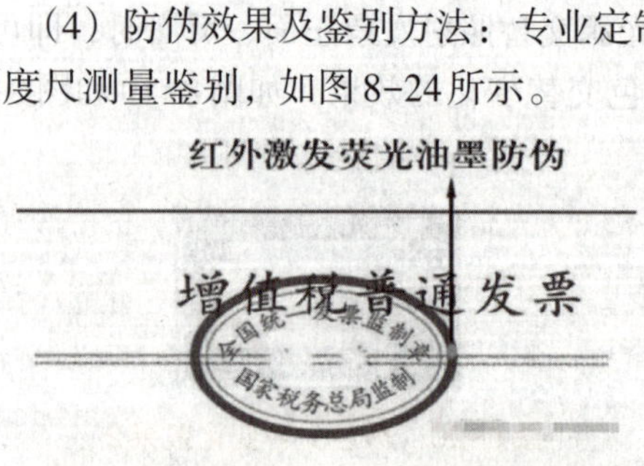

图8-23 监制章专用红外激发荧光防伪

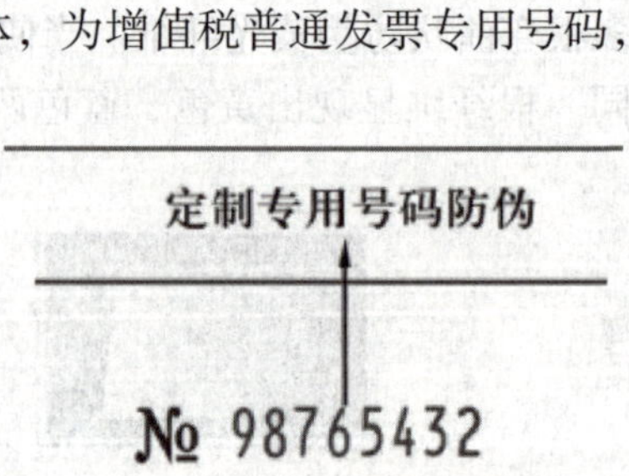

图8-24 定制异形字体

6.压划变色红外非吸收油墨防伪

（1）规格：发票代码为10位2号宋体阿拉伯数字，字高4.5mm，长35.0mm。字符

№字高5.0mm，宽5.5mm。

（2）位置：发票代码位于票面左上角，数字最右端距双杠线左端10.0mm，底边距表格上边框线14.0mm。字符№位于票面右上角，字符№左端距双杠线右端10.0mm，底边距表格上边框线14.0mm。

（3）内容：发票代码及字符№。

（4）印刷油墨：压划变色红外非吸收防伪油墨。

（5）防伪效果及鉴别方法：在外力作用下发票代码及字符№及周围图案变红色；发票代码和字符№在自然光下呈现灰黑色，在红外专用识别仪下发票代码字符和字符№不可见。红外非吸收防伪需要工具鉴别，鉴别工具为红外专用识别仪，在大于700nm的近红外区无吸收。压划防伪无须检验工具，用白纸或硬币等压划代码及字符№即可，如图8-25所示。

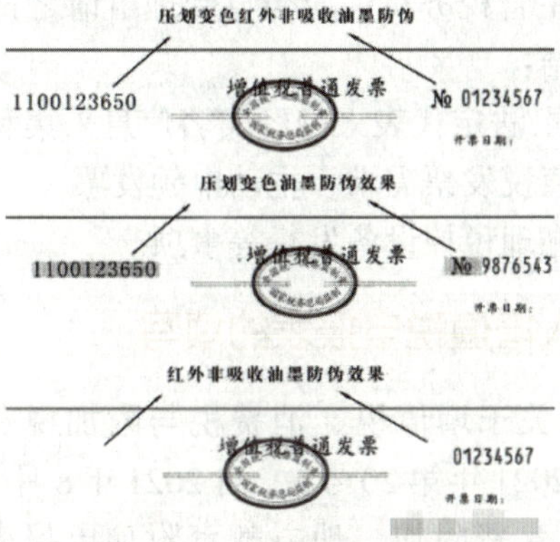

图8-25　压划变色效果

7. 微缩文字防伪

（1）规格：双杠线两端各长出票头3.0mm，线粗0.28mm。监制章内圈线粗0.26mm。

（2）位置：位于监制章内圈及票面表格上方居中，双杠线下一行线距表格上边框线11.5mm。

（3）内容：双杠线缩微内容由地区加“增值税普通发票”和“国家税务总局监制”的汉语拼音（首位字母按特定规律组合）的微缩文字构成。例如，山东增值税普通发票上条线缩微内容由“山东增值税普通发票”的汉语拼音首位字母循环组成，即由“SDZZHSHPTFP”循环组成。下条线缩微内容由“国家税务总局监制”的汉语拼音首位字母循环组成。监制章内圈缩微内容由“国家税务总局监制”的汉语拼音首位字母循环组成。

（4）颜色：双杠线颜色与发票表格文字颜色相同，监制章内圈线颜色与监制章颜色相同。

（5）防伪效果及鉴别方法：使用10倍以上放大镜观察，缩微线内容清晰可见，如图8-26所示。

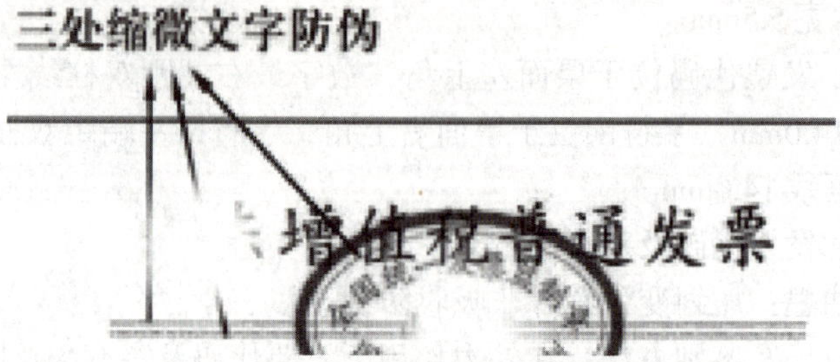

图8-26 微缩文字防伪

活动3 增值税发票首次申领

首次申领增值税发票条件：符合3个条件可2日办结，即满足下列条件的新办纳税人首次申领增值税发票，主管税务机关应当自受理申请之日起2个工作日内办结，有条件的主管税务机关当日办结：

（1）纳税人的办税人员/法定代表人已经实名信息采集和验证。

（2）纳税人有开具增值税发票需求，主动申领发票。

（3）纳税人按照规定办理税控设备发行等事项。

活动4 一般纳税人增值税申报表的填写

根据《国家税务总局关于增值税、消费税与附加税费申报表整合有关事项的公告》（国家税务总局公告2021年第20号），自2021年8月1日起，增值税、消费税分别与城市维护建设税、教育费附加、地方教育附加申报表整合，启用《增值税及附加税费申报表（一般纳税人适用）》、《增值税及附加税费申报表（小规模纳税人适用）》。

一、"一主表五附表"

一主表五附表包括《增值税及附加税费申报表（一般纳税人适用）》《增值税及附加税费申报表附列资料（一）》《增值税及附加税费申报表附列资料（二）》《增值税及附加税费申报表附列资料（三）》《增值税及附加税费申报表附列资料（四）》《增值税及附加税费申报表附列资料（五）》。

二、综合申报表填写案例

某企业为增值税一般纳税人，2021年7月发生有形动产经营租赁业务，开具4张13%税率的增值税专用发票，金额合计1 200 000元，税额合计156 000元；销售应税货物，开具1张13%税率的增值税普通发票，金额80 000元，税额10 400元。购进按规定允许抵扣的国内旅客运输服务，取得1张增值税专用发票，金额50 000元，税额4 500元；取得1张注明旅客身份信息的航空运输电子客票行程单，票价2 000元，民航发展基金50元，燃油附加费120元；取得5张注明旅客身份信息的公路、水路等其他客票，票面金额合计2 060元。购进一栋不动产，取得1张增值税专用发票，金额1 500 000元，税额135 000元。企业2021年1月符合加计抵减政策，并已通过电子税务局提交《适用加计抵减政策的声明》。

案例分析：

本期销项税额=156 000+10 400=166 400（元）

购进国内旅客运输服务取得增值税专用发票的，可抵扣的进项税额为发票上注明的税额，即4 500元。

取得注明旅客身份信息的航空运输电子客票行程单的，按照下列公式计算进项税额：

航空旅客运输进项税额=（票价+燃油附加费）÷（1+9%）×9%=（2 000+120）÷（1+9%）×9%=175.05（元）

需要注意，民航发展基金不作为计算进项税额的基数。

取得注明旅客身份信息的公路、水路等其他客票的，按照下列公式计算进项税额：

公路、水路等其他旅客运输进项税额=票面金额÷（1+3%）×3%=2 060÷（1+3%）×3%=60（元）

购进国内旅客运输服务进项税额合计=4 500+175.05+60=4 735.05（元）

购进不动产取得增值税专用发票的，可抵扣的进项税额为发票上注明的税额，即135 000元。

本期可抵扣进项税额=4 735.05+135 000=139 735.05（元）

企业2021年7月可计提的加计抵减额=139 735.05×10%=13 973.51（元）

本期应纳增值税税额=本期销项税额−本期进项税额−本期实际抵减额=166 400−139 735.05−13 973.51=12 691.44（元）

本期应缴城市维护建设税=12 691.44×7%=888.40（元）

本期应缴教育费附加税=12 691.44×3%=380.74（元）

本期应缴地方教育附加税=12 691.44×2%=253.83（元）

（1）《增值税及附加税费申报表附列资料（一）》第1行“13%税率的货物及加工修理修配劳务”：

本行“开具其他发票”下的“销售额”列=80 000元

本行“开具其他发票”下的“销项（应纳）税额”列=10 400元

《增值税及附加税费申报表附列资料（一）》第2行“13%税率的服务、不动产和无形资产”：

本行“开具增值税专用发票”下的“销售额”列=1 200 000元

本行“开具增值税专用发票”下的“销项（应纳）税额”列=156 000元

本月销项（应纳）税额合计=156 000+10 400=166 400（元）

《增值税及附加税费申报表附列资料（一）》见表8-1。

（2）《增值税及附加税费申报表附列资料（二）》第2行“其中：本期认证相符且本期申报抵扣”：

本行“份数”列=2份

本行“金额”列=50 000+1 500 000=1 550 000（元）

本行“税额”列=4 500+135 000=139 500（元）

《增值税及附加税费申报表附列资料（二）》第8b行“其他”：

本行“份数”列=6份

本行“金额”列=（2 000+120）÷（1+9%）+2 060÷（1+3%）=3 944.95（元）

表 8-1 **增值税及附加税费申报表附列资料（一）**

（本期销售情况明细）

税款所属时间：　　年　月　日至　　年　月　日

纳税人名称：（公章）　　　　　　　　　　　　　　　　　　金额单位：元（列至角分）

项目及栏次				开具增值税专用发票		开具其他发票		未开具发票		纳税检查调整		合计			服务、不动产和无形资产扣除项目本期实际扣除金额	扣除后	
				销售额	销项（应纳）税额	销售额	销项（应纳）税额	销售额	销项（应纳）税额	销售额	销项（应纳）税额	销售额	销项（应纳）税额	价税合计		含税（免税）销售额	销项（应纳）税额
				1	2	3	4	5	6	7	8	9=1+3+5+7	10=2+4+6+8	11=9+10	12	13=11-12	14=13÷(100%+税率或征收率)×税率或征收率
一、一般计税方法计税	全部征税项目	13%税率的货物及加工修理修配劳务	1											—	—	—	—
		13%税率的服务、不动产和无形资产	2														
		9%税率的货物及加工修理修配劳务	3											—	—	—	—
		9%税率的服务、不动产和无形资产	4														
		6%税率	5														
	其中：即征即退项目	即征即退货物及加工修理修配劳务	6	—	—	—	—	—	—	—	—			—	—	—	—
		即征即退服务、不动产和无形资产	7	—	—	—	—	—	—	—	—						
二、简易计税方法计税	全部征税项目	6%征收率	8							—	—			—	—	—	—
		5%征收率的货物及加工修理修配劳务	9a							—	—			—	—	—	—
		5%征收率的服务、不动产和无形资产	9b							—	—						
		4%征收率	10							—	—			—	—	—	—
		3%征收率的货物及加工修理修配劳务	11							—	—			—	—	—	—
		3%征收率的服务、不动产和无形资产	12							—	—						
		预征率　%	13a							—	—						
		预征率　%	13b							—	—						
		预征率　%	13c							—	—						
	其中：即征即退项目	即征即退货物及加工修理修配劳务	14	—	—	—	—	—	—	—	—			—	—	—	—
		即征即退服务、不动产和无形资产	15	—	—	—	—	—	—	—	—						
三、免抵退税	货物及加工修理修配劳务		16	—	—		—		—	—	—		—	—	—	—	—
	服务、不动产和无形资产		17	—	—		—		—	—	—		—				—
四、免税	货物及加工修理修配劳务		18				—		—	—	—		—	—	—	—	—
	服务、不动产和无形资产		19	—	—		—		—	—	—		—				—

本行“税额”列=175.05+60=235.05（元）

本行填写企业取得的除增值税专用发票以外的其他扣税凭证允许抵扣的进项税额。

《增值税及附加税费申报表附列资料（二）》第9行“（三）本期用于购建不动产的扣税凭证”：

本行“份数”列=1份

本行“金额”列=1 500 000元

本行“税额”列=135 000元

本行填写企业本月允许抵扣的不动产进项税额。

《增值税及附加税费申报表附列资料（二）》见表8-2。

表8-2　增值税及附加税费申报表附列资料（二）

（本期进项税额明细）

税款所属时间：　年　月　日至　年　月　日

纳税人名称：（公章）　金额单位：元（列至角分）

一、申报抵扣的进项税额				
项目	栏次	份数	金额	税额
（一）认证相符的增值税专用发票	1=2+3			
其中：本期认证相符且本期申报抵扣	2			
前期认证相符且本期申报抵扣	3			
（二）其他扣税凭证	4=5+6+7+8a+8b			
其中：海关进口增值税专用缴款书	5			
农产品收购发票或者销售发票	6			
代扣代缴税收缴款凭证	7		—	
加计扣除农产品进项税额	8a	—	—	
其他	8b			
（三）本期用于购建不动产的扣税凭证	9			
（四）本期用于抵扣的旅客运输服务扣税凭证	10			
（五）外贸企业进项税额抵扣证明	11	—	—	
当期申报抵扣进项税额合计	12=1+4+11			

二、进项税额转出额		
项目	栏次	税额
本期进项税额转出额	13=14至23之和	
其中：免税项目用	14	
集体福利、个人消费	15	
非正常损失	16	
简易计税方法征税项目用	17	
免抵退税办法不得抵扣的进项税额	18	
纳税检查调减进项税额	19	
红字专用发票信息表注明的进项税额	20	

续表

二、进项税额转出额

项目	栏次	税额
上期留抵税额抵减欠税	21	
上期留抵税额退税	22	
异常凭证转出进项税额	23a	
其他应作进项税额转出的情形	23b	

三、待抵扣进项税额

项目	栏次	份数	金额	税额
（一）认证相符的增值税专用发票	24	—	—	—
期初已认证相符但未申报抵扣	25			
本期认证相符且本期未申报抵扣	26			
期末已认证相符但未申报抵扣	27			
其中：按照税法规定不允许抵扣	28			
（二）其他扣税凭证	29=30至33之和			
其中：海关进口增值税专用缴款书	30			
农产品收购发票或者销售发票	31			
代扣代缴税收缴款凭证	32		—	
其他	33			
	34			

四、其他

项目	栏次	份数	金额	税额
本期认证相符的增值税专用发票	35			
代扣代缴税额	36	—	—	

（3）《增值税及附加税费申报表附列资料（三）》见表8-3。

表8-3　增值税及附加税费申报表附列资料（三）

（服务、不动产和无形资产扣除项目明细）

税款所属时间：　　年　月　日至　　年　月　日

纳税人名称：（公章）　　　　金额单位：元（列至角分）

项目及栏次		本期服务、不动产和无形资产价税合计额（免税销售额）	服务、不动产和无形资产扣除项目				
			期初余额	本期发生额	本期应扣除金额	本期实际扣除金额	期末余额
		1	2	3	4=2+3	5（5≤1且5≤4）	6=4-5
13%税率的项目	1						
9%税率的项目	2						
6%税率的项目（不含金融商品转让）	3						
6%税率的金融商品转让项目	4						
5%征收率的项目	5						
3%征收率的项目	6						
免抵退税的项目	7						
免税的项目	8						

（4）《增值税及附加税费申报表附列资料（四）》第6行“一般项目加计抵减额计算”：

期初余额：0

本期发生额：13 973.51元

本期调减额：0

本期可抵减额：13 973.51元

本期实际抵减额：13 973.51元

期末余额：0

《增值税及附加税费申报表附列资料（四）》见表8-4。

表8-4　增值税及附加税费申报表附列资料（四）

（税额抵减情况表）

税款所属时间：　　年　月　日至　　年　月　日

纳税人名称：（公章）　　金额单位：元（列至角分）

一、税额抵减情况						
序号	抵减项目	期初余额	本期发生额	本期应抵减税额	本期实际抵减税额	期末余额
		1	2	3=1+2	4≤3	5=3-4
1	增值税税控系统专用设备费及技术维护费					
2	分支机构预征缴纳税款					
3	建筑服务预征缴纳税款					
4	销售不动产预征缴纳税款					
5	出租不动产预征缴纳税款					

二、加计抵减情况							
序号	加计抵减项目	期初余额	本期发生额	本期调减额	本期可抵减额	本期实际抵减额	期末余额
		1	2	3	4=1+2-3	5	6=4-5
6	一般项目加计抵减额计算						
7	即征即退项目加计抵减额计算						
8	合计						

（5）《增值税及附加税费申报表附列资料（五）》的填写：

第1列“增值税税额”：填写主表增值税本期应补（退）税额。

第2列“增值税免抵税额”：填写上期经税务机关核准的增值税免抵税额。

第3列“留抵退税本期扣除额”：填写本期因增值税留抵退税扣除的计税依据。

第4列“税（费）率”：填写适用税（费）率。

第5列“本期应纳税（费）额”：填写本期按适用的税（费）率计算缴纳的应纳税（费）额。计算公式为：本期应纳税（费）额=（增值税税额+增值税免抵税额-留抵退税本期扣除额）×税（费）率。

第6列“减免性质代码”：按《减免税政策代码目录》中附加税费适用的减免性质代码填写，试点建设培育产教融合型企业抵免不填列此列。有减免税（费）情况的必填。

第7列“减免税（费）额”：填写本期减免的税（费）额。

第8列“减免性质代码”：符合《财政部关于调整部分政府性基金有关政策的通知》（财税〔2019〕46号）规定的试点建设培育产教融合型企业分别填写教育费附加产教融合试点减免性质代码61101402、地方教育附加产教融合试点减免性质代码99101401。不适用建设培育产教融合型企业抵免政策的则为空。

第9列“本期抵免金额”：填写试点建设培育产教融合型企业本期抵免的教育费附加、地方教育附加金额。

第10列“本期已缴税（费）额”：填写本期应纳税（费）额中已经缴纳的部分。该列不包括本期预缴应补（退）税费情况。

第11列“本期应补（退）税（费）额”：该列次与主表第39至41栏对应相等。

该企业2021年7月《增值税及附加税费申报表附列资料（五）》：

第1列第一行=第二行=第三行=12 691.44元

第4列第一行=7%

第4列第二行=3%

第4列第三行=2%

第5列第一行=第11列第一行=888.40元

第5列第二行=第11列第二行=380.74元

第5列第三行=第11列第三行=253.83元

《增值税及附加税费申报表附列资料（五）》见表8-5。

表8-5　增值税及附加税费申报表附列资料（五）

（附加税费情况表）

税（费）款所属时间：　　年　月　日至　　年　月　日

纳税人名称：(公章)　　　　金额单位：元（列至角分）

税（费）种		计税（费）依据			税（费）率（%）	本期应纳税（费）额	本期减免税（费）额		试点建设培育产教融合型企业		本期已缴税（费）额	本期应补（退）税（费）额
		增值税税额	增值税免抵税额	留抵退税本期扣除额			减免性质代码	减免税（费）额	减免性质代码	本期抵免金额		
		1	2	3	4	5=（1+2-3）×4	6	7	8	9	10	11=5-7-9-10
城市维护建设税	1											
教育费附加	2											
地方教育附加	3											
合计	4											
本期是否适用试点建设培育产教融合型企业抵免政策					□是 □否	当期新增投资额				5		
						上期留抵可抵免金额				6		
						结转下期可抵免金额				7		
可用于扣除的增值税留抵退税额使用情况						当期新增可用于扣除的留抵退税额				8		
						上期结存可用于扣除的留抵退税额				9		
						结转下期可用于扣除的留抵退税额				10		

（6）《增值税及附加税费申报表》主表见表8-6。

表8-6　**增值税及附加税费申报表**

（一般纳税人适用）

根据国家税收法律法规及增值税相关规定制定本表。纳税人不论有无销售额，均应按税务机关核定的纳税期限填写本表，并向当地税务机关申报。

税款所属时间：自　　年　月　日至　　年　月　日　　填表日期：　　年　月　日　　　　金额单位：元（列至角分）

纳税人识别号（统一社会信用代码）：□□□□□□□□□□□□□□□□□□□□　　　　所属行业：

纳税人名称：		法定代表人姓名		注册地址		生产经营地址	
开户银行及账号		登记注册类型		电话号码			

项目		栏次	一般项目		即征即退项目	
			本月数	本年累计	本月数	本年累计
销售额	（一）按适用税率计税销售额	1				
	其中：应税货物销售额	2				
	应税劳务销售额	3				
	纳税检查调整的销售额	4				
	（二）按简易办法计税销售额	5				
	其中：纳税检查调整的销售额	6				
	（三）免、抵、退办法出口销售额	7			—	—
	（四）免税销售额	8			—	—
	其中：免税货物销售额	9			—	—
	免税劳务销售额	10			—	—
税款计算	销项税额	11				
	进项税额	12				
	上期留抵税额	13				—
	进项税额转出	14				
	免、抵、退应退税额	15			—	—
	按适用税率计算的纳税检查应补缴税额	16			—	—
	应抵扣税额合计	17=12+13-14-15+16		—		—
	实际抵扣税额	18（如17<11，则为17，否则为11）				
	应纳税额	19=11-18				
	期末留抵税额	20=17-18				
	简易计税办法计算的应纳税额	21				
	按简易计税办法计算的纳税检查应补缴税额	22			—	—
	应纳税额减征额	23				
	应纳税额合计	24=19+21-23				

续表

项目		栏次	一般项目		即征即退项目	
			本月数	本年累计	本月数	本年累计
税款缴纳	期初未缴税额（多缴为负数）	25				
	实收出口开具专用缴款书退税额	26			—	—
	本期已缴税额	27=28+29+30+31				
	①分次预缴税额	28		—		—
	②出口开具专用缴款书预缴税额	29		—	—	—
	③本期缴纳上期应纳税额	30				
	④本期缴纳欠缴税额	31				
	期末未缴税额（多缴为负数）	32=24+25+26-27				
	其中：欠缴税额（≥0）	33=25+26-27		—		—
	本期应补（退）税额	34＝24-28-29		—		—
	即征即退实际退税额	35	—	—		
	期初未缴查补税额	36			—	—
	本期入库查补税额	37			—	—
	期末未缴查补税额	38=16+22+36-37			—	—
附加税费	城市维护建设税本期应补（退）税额	39			—	—
	教育费附加本期应补（退）费额	40			—	—
	地方教育附加本期应补（退）费额	41			—	—

声明：此表是根据国家税收法律法规及相关规定填写的，本人（单位）对填报内容（及附带资料）的真实性、可靠性、完整性负责。

纳税人（签章）： 年 月 日

经办人： 经办人身份证号： 代理机构签章： 代理机构统一社会信用代码：	受理人： 受理税务机关（章）： 受理日期： 年 月 日

活动5 小规模纳税人增值税申报表的填写

小规模纳税人加入申报比对后的申报顺序，总体上类似于一般纳税人的申报顺序，须先抄报再申报。纳税人在申报增值税时，须先将税控设备开票数据上传抄报，再进行申报，若未抄报税则不能提交申报数据。同时，申报系统也新增了逻辑校验关系，请在申报时如实填写，并按照系统提示准确完成申报。若经反复确认系统仍有异常提示，为确保如期申报，可选择通过“强制申报”功能完成申报。如有其他问题，可与主管税务机关联系。

案例一：某纳税人为增值税小规模纳税人，2021年第三季度销售电子秤，自行开具增值税普通发票，价税合计45.32万元。

案例分析：

在本案例中企业属于销售货物收入，适用的征收率为3%，取得收入44万元（45.32÷1.03）。

根据财政部税务总局公告2021年第11号文，月销售额15万元以下，季度销售额45万元以下的增值税小规模纳税人免征增值税。

所以本企业本期无须缴纳增值税及附加税。

《增值税及附加税费申报表（小规模纳税人适用）》及其附列资料见表8-7和表8-8。

表8-7　增值税及附加税费申报表

（小规模纳税人适用）

纳税人识别号（统一社会信用代码）：□□□□□□□□□□□□□□□□□□□□□□□□

纳税人名称：　　　　　　　　　　　　　　　　　　金额单位：元（列至角分）

税款所属期：2021年　月　日至　　年　月　日　　　　填表日期：　　年　月　日

	项目	栏次	本期数		本年累计	
			货物及劳务	服务、不动产和无形资产	货物及劳务	服务、不动产和无形资产
一、计税依据	（一）应征增值税不含税销售额（3%征收率）	1				
	增值税专用发票不含税销售额	2				
	其他增值税发票不含税销售额	3				
	（二）应征增值税不含税销售额（5%征收率）	4	—		—	
	增值税专用发票不含税销售额	5	—		—	
	其他增值税发票不含税销售额	6	—		—	
	（三）销售使用过的固定资产不含税销售额	7（7≥8）		—		—
	其中：其他增值税发票不含税销售额	8		—		—
	（四）免税销售额	9=10+11+12	440 000		440 000	
	其中：小微企业免税销售额	10	440 000		440 000	
	未达起征点销售额	11				
	其他免税销售额	12				
	（五）出口免税销售额	13（13≥14）				
	其中：其他增值税发票不含税销售额	14				
二、税款计算	本期应纳税额	15				
	本期应纳税额减征额	16				
	本期免税额	17	13 200		13 200	
	其中：小微企业免税额	18	13 200		13 200	
	未达起征点免税额	19				
	应纳税额合计	20=15-16				
	本期预缴税额	21			—	—
	本期应补（退）税额	22=20-21			—	—

续表

三、附加税费	项目	栏次	本期数		本年累计	
			货物及劳务	服务、不动产和无形资产	货物及劳务	服务、不动产和无形资产
	城市维护建设税本期应补（退）税额	23	0			
	教育费附加本期应补（退）费额	24	0			
	地方教育附加本期应补（退）费额	25	0			

声明：此表是根据国家税收法律法规及相关规定填写的，本人（单位）对填报内容（及附带资料）的真实性、可靠性、完整性负责。

纳税人（签章）： 年 月 日

表8-8 增值税及附加税费申报表（小规模纳税人适用）附列资料（二）

（附加税费情况表）

税（费）款所属时间： 年 月 日至 年 月 日

纳税人名称（公章）： 金额单位：元（列至角分）

税（费）种	计税（费）依据	税（费）率（%）	本期应纳税（费）额	本期减免税（费）额		增值税小规模纳税人"六税两费"减征政策		本期已缴税（费）额	本期应补（退）税（费）额
	增值税税额			减免性质代码	减免税（费）额	减征比例（%）	减征额		
	1	2	3=1×2	4	5	6	7=（3-5）×6	8	9=3-5-7-8
城市维护建设税	0	7%	0						0
教育费附加	0	3%	0						0
地方教育附加	0	2%	0						0
合计	—	—		—		—			

案例二：某纳税人为增值税小规模纳税人，主要提供建筑服务，可以自行开具增值税专用发票。2021年三季度提供建筑服务，自行开具增值税普通发票价税合计30.90万元，自行开具增值税专用发票上注明的不含税销售额为1万元。

案例分析：

该纳税人本月取得3%征收率的销售服务、不动产和无形资产收入合计31万元。其中：

纳税人提供建筑服务并自行开具增值税专用发票的收入1万元，不能享受小微企业优惠政策，应填列在申报表第2栏"税务机关代开的增值税专用发票不含税销售额"，该纳税人本期销售服务增值税应纳税额为0.03万元（1×3%）。

根据《财政部 税务总局关于实施小微企业普惠性税收减免政策的通知》（财税〔2019〕13号）的规定，对增值税小规模纳税人可以在50%的税额幅度内减征资源税、城市维护建设税、房产税、城镇土地使用税、印花税（不含证券交易印花税）、耕地占用税和教育费附加、地方教育附加。

城市维护建设税=300×7%×（1-50%）=10.5（元）

教育费附加=300×3%×（1-50%）=4.5（元）

地方教育附加=300×2%×（1-50%）=3（元）

由于纳税人本月收入合计小于小微企业收入标准，因此该纳税人本期自行开具增值税普通发票的不含税收入30万元可以享受免税优惠政策。本期销售货物免税额为0.9万元（30×3%）。

具体填列方法见表8-9至表8-11。

表8-9　增值税及附加税费申报表

（小规模纳税人适用）

纳税人识别号（统一社会信用代码）：□□□□□□□□□□□□□□□□□□□□

纳税人名称：　金额单位：元（列至角分）

税款所属期：2021年　月　日至　年　月　日　填表日期：　年　月　日

	项目	栏次	本期数		本年累计	
			货物及劳务	服务、不动产和无形资产	货物及劳务	服务、不动产和无形资产
一、计税依据	（一）应征增值税不含税销售额（3%征收率）	1		10 000		10 000
	增值税专用发票不含税销售额	2		10 000		10 000
	其他增值税发票不含税销售额	3				
	（二）应征增值税不含税销售额（5%征收率）	4	—		—	
	增值税专用发票不含税销售额	5	—		—	
	其他增值税发票不含税销售额	6	—		—	
	（三）销售使用过的固定资产不含税销售额	7（7≥8）		—		—
	其中：其他增值税发票不含税销售额	8		—		—
	（四）免税销售额	9=10+11+12		300 000		300 000
	其中：小微企业免税销售额	10		300 000		300 000
	未达起征点销售额	11				
	其他免税销售额	12				
	（五）出口免税销售额	13（13≥14）				
	其中：其他增值税发票不含税销售额	14				

续表

	项目	栏次	本期数		本年累计	
			货物及劳务	服务、不动产和无形资产	货物及劳务	服务、不动产和无形资产
二、税款计算	本期应纳税额	15		300		300
	本期应纳税额减征额	16				
	本期免税额	17		9 000		9 000
	其中：小微企业免税额	18		9 000		9 000
	未达起征点免税额	19				
	应纳税额合计	20=15-16		300		
	本期预缴税额	21			—	—
	本期应补（退）税额	22=20-21		300	—	—
三、附加税费	城市维护建设税本期应补（退）税额	23	10.5			
	教育费附加本期应补（退）费额	24	4.5			
	地方教育附加本期应补（退）费额	25	3			

声明：此表是根据国家税收法律法规及相关规定填写的，本人（单位）对填报内容（及附带资料）的真实性、可靠性、完整性负责。

纳税人（签章）：　　年　月　日

表 8-10　增值税及附加税费申报表（小规模纳税人适用）附列资料（一）

（服务、不动产和无形资产扣除项目明细）

税款所属期：　　年　月　日至　　年　月　日　　　　填表日期：　　年　月　日

纳税人名称（公章）：　　　　金额单位：元（列至角分）

应税行为（3%征收率）扣除额计算			
期初余额	本期发生额	本期扣除额	期末余额
1	2	3（3≤1＋2之和，且3≤5）	4＝1＋2－3
应税行为（3%征收率）计税销售额计算			
全部含税收入（适用3%征收率）	本期扣除额	含税销售额	不含税销售额
5	6=3	7＝5－6	8＝7÷1.03
10 300	0	10 300	10 000
应税行为（5%征收率）扣除额计算			
期初余额	本期发生额	本期扣除额	期末余额
9	10	11（11≤9＋10之和，且11≤13）	12＝9＋10－11
应税行为（5%征收率）计税销售额计算			
全部含税收入（适用5%征收率）	本期扣除额	含税销售额	不含税销售额
13	14=11	15＝13－14	16＝15÷1.05

表8-11　增值税及附加税费申报表（小规模纳税人适用）附列资料（二）

（附加税费情况表）

税（费）款所属时间：　　年　月　日至　　年　月　日

纳税人名称（公章）：　　　　　　　　　　　　　　　　金额单位：元（列至角分）

税（费）种	计税（费）依据	税（费）率（%）	本期应纳税（费）额	本期减免税（费）额		增值税小规模纳税人“六税两费”减征政策		本期已缴税（费）额	本期应补（退）税（费）额
	增值税税额			减免性质代码	减免税（费）额	减征比例（%）	减征额		
	1	2	3=1×2	4	5	6	7=（3-5）×6	8	9=3-5-7-8
城市维护建设税	300	7%	21			50%	10.5		10.5
教育费附加	300	3%	9			50%	4.5		4.5
地方教育附加	300	2%	6			50%	3		3
合计	—	—		—		—			

案例三：某小规模纳税人2021年第二季度提供劳务派遣服务，取得含税收入21万元，开具普通发票。代用工单位支付给劳务派遣员工的工资、福利和为其办理社会保险及住房公积金共计10.5万元，并根据增值税管理规定取得合法差额扣除凭证。

案例分析：

该纳税人本期允许差额扣除额=10.5（万元）

差额后含税销售额=21-10.5=10.5（万元）

本期增值税应纳税额=［10.5÷（1+5%）］×5%=0.5（万元）

在填列申报表时应先填具《增值税及附加税费申报表（小规模纳税人适用）附列资料（一）》，再填具《增值税及附加税费申报表（小规模纳税人适用）》，具体填列方法如下：

第一步，填列《增值税及附加税费申报表（小规模纳税人适用）附列资料（一）》（见表8-12）。

表8-12　《增值税及附加税费申报表（小规模纳税人运用）附列资料（一）》（部分）

应税行为（5%征收率）扣除额计算			
期初余额	本期发生额	本期扣除额	期末余额
9	10	11（11≤9＋10之和，且11≤13）	12＝9＋10－11
0	105 000	105 000	0
应税行为（5%征收率）计税销售额计算			
全部含税收入（适用5%征收率）	本期扣除额	含税销售额	不含税销售额
13	14=11	15＝13－14	16＝15÷1.05
210 000	105 000	105 000	100 000

第二步，填列《增值税及附加税费申报表（小规模纳税人适用）》（见表8-13）。

表8-13　《增值税及附加税费申报表（小规模纳税人适用）》(部分)

	项目	栏次	本期数		本年累计	
			货物及劳务	服务、不动产和无形资产	货物及劳务	服务、不动产和无形资产
一、计税依据	（一）应征增值税不含税销售额（3%征收率）	1	0	0	0	0
	税务机关代开的增值税专用发票不含税销售额	2	0	0	0	0
	税控器具开具的普通发票不含税销售额	3	0	0	0	0
	（二）应征增值税不含税销售额（5%征收率）	4	—	100 000	—	100 000
	税务机关代开的增值税专用发票不含税销售额	5	—		—	
	税控器具开具的普通发票不含税销售额	6	—	200 000	—	200 000
	…					
二、税款计算	本期应纳税额	15	0	5 000	0	5 000
	本期应纳税额减征额	16	0	0	0	0
	本期免税额	17	0	0	0	0
	其中：小微企业免税额	18	0	0	0	0
	未达起征点免税额	19	0	0	0	0
	应纳税额合计	20=15-16	0	5 000	0	5 000
	本期预缴税额	21	0	0	—	—
	本期应补（退）税额	22=20-21	0	5 000	—	—

任务2　所得税

活动1　个人所得税申报流程

1.进入电子税务局自然人客户端（如图8-27所示）

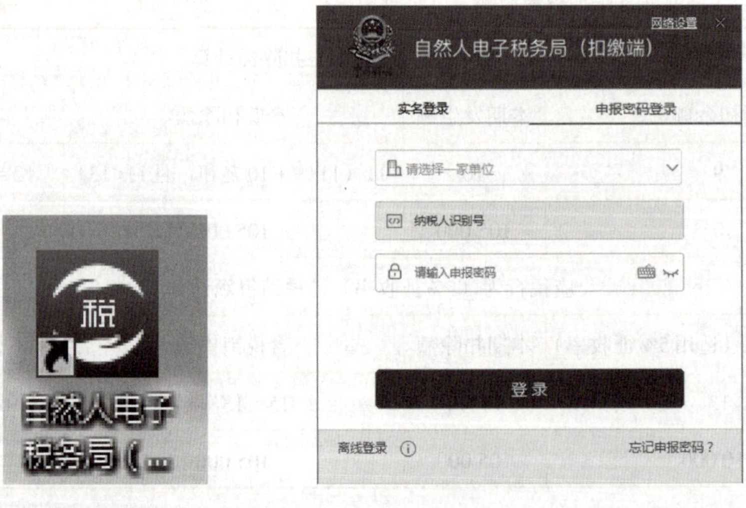

图 8-27　电子税务局自然人客户端

办理税务登记后，需要申报个税，在电脑或手机上下载自然人客户端并获取密码。首先以企业身份进入电子税务局下载自然人客户端，然后安装并填写纳税人识别号等，然后获取密码（法人或财务负责人绑定的手机会收到密码信息），修改密码进入即可。

2. 人员信息采集（如图 8-28 至图 8-32 所示）

图 8-28　人员信息采集（1）

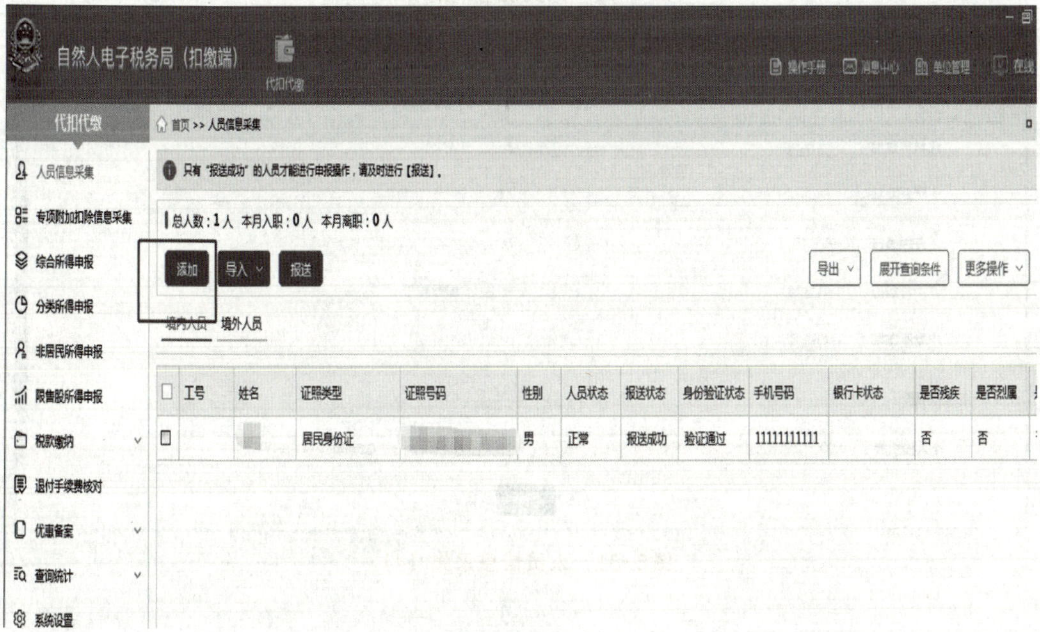

图8-29 人员信息采集（2）

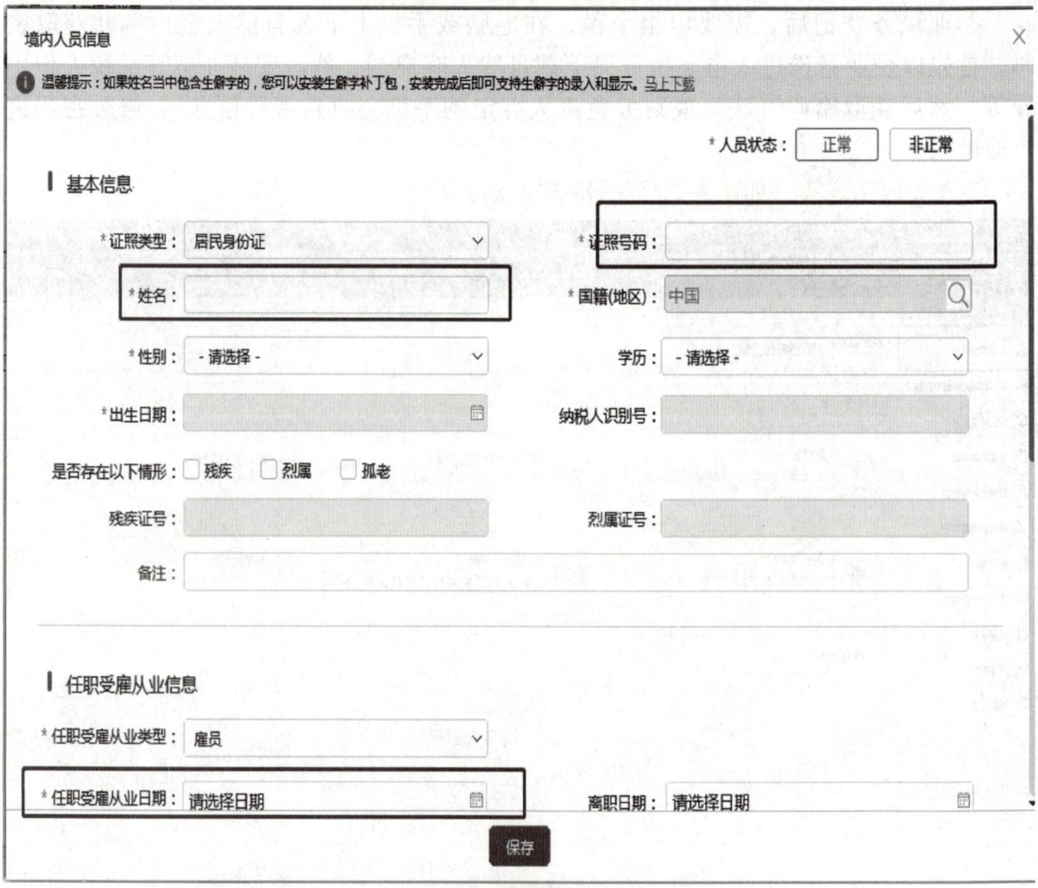

图8-30 人员信息采集（3）

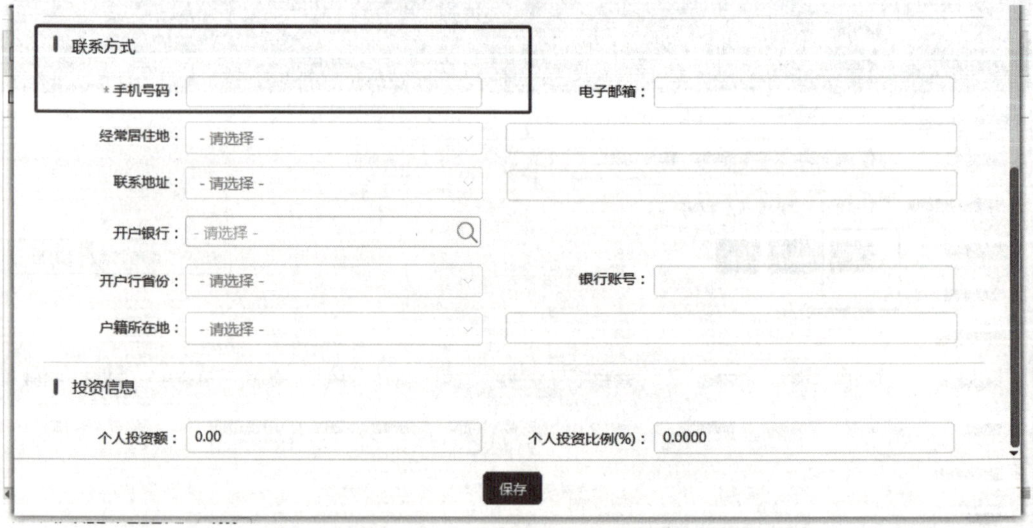

图8-31 人员信息采集（4）

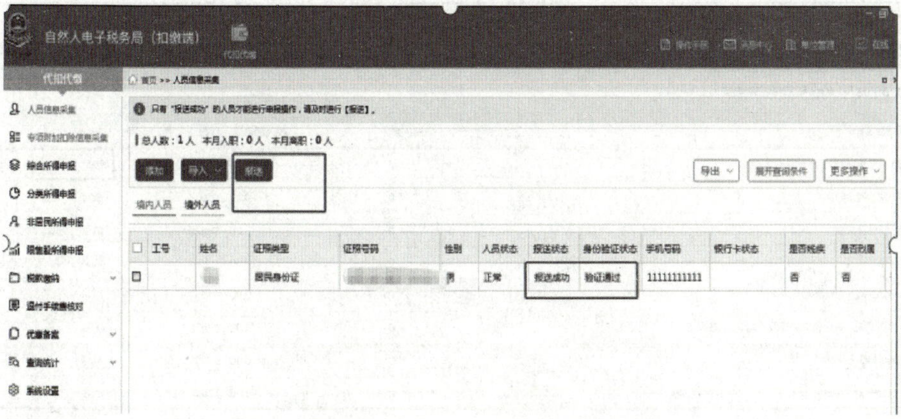

图 8-32　人员信息采集（5）

3. 六项扣除（如图 8-33 所示）

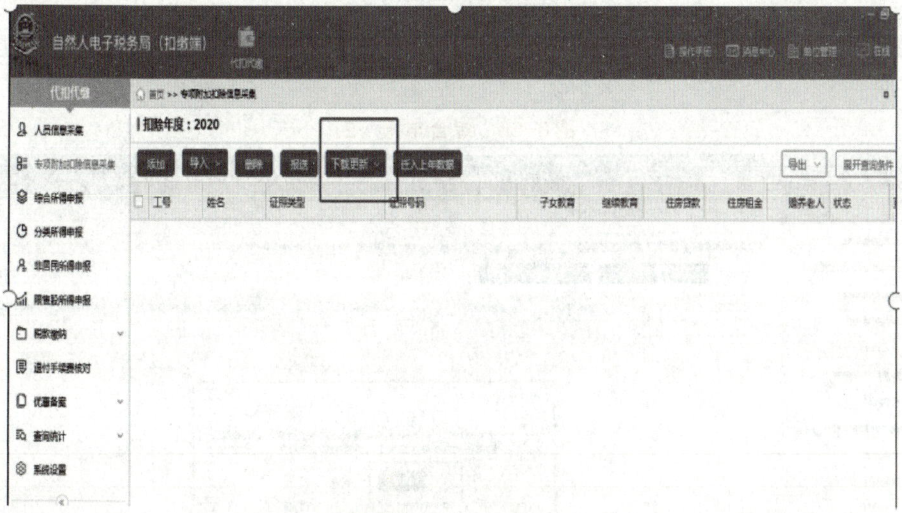

图 8-33　六项扣除

4. 综合申报（如图 8-34 至图 8-43 所示）

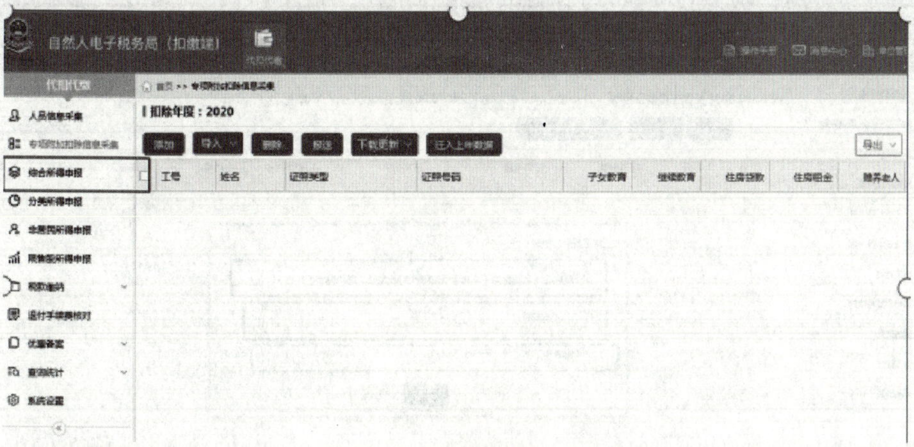

图 8-34　综合申报（1）

图8-35 综合申报（2）

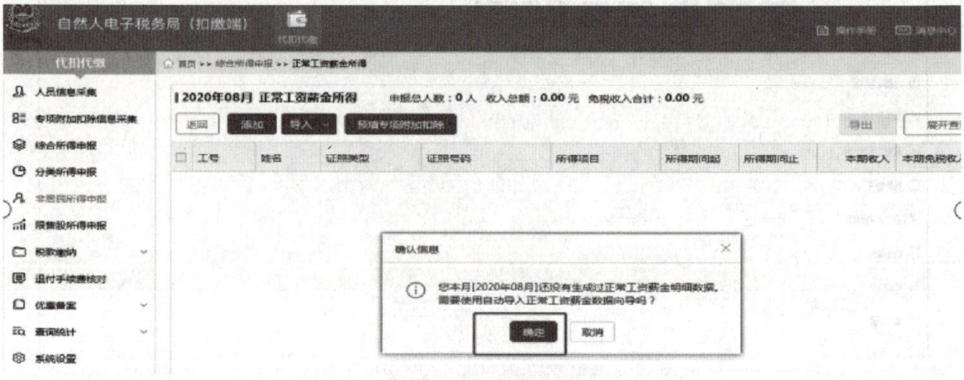

图8-36 综合申报（3）

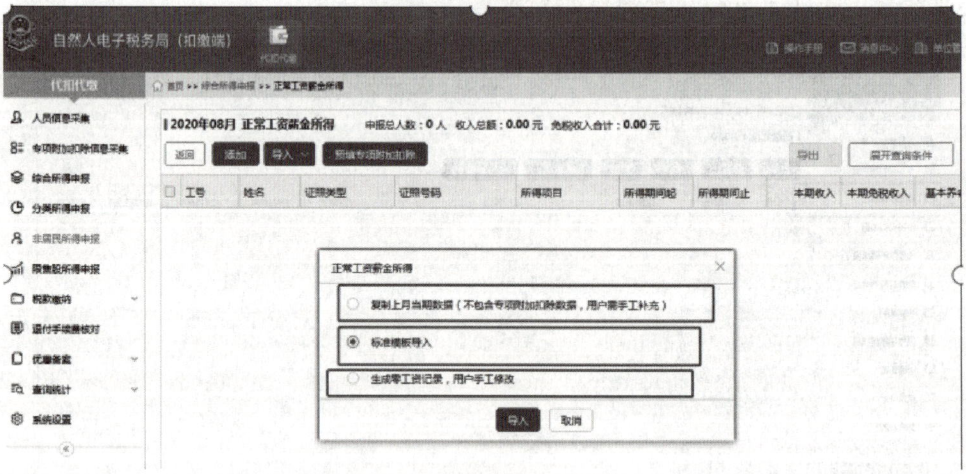

图8-37 综合申报（4）

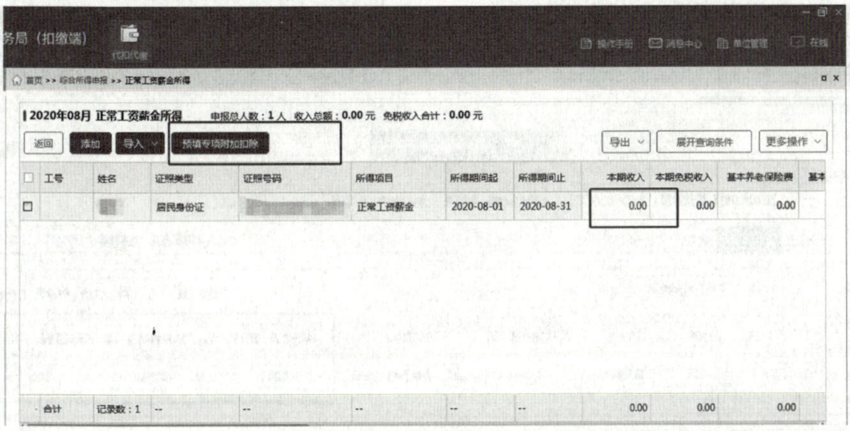

图 8-38　综合申报（5）

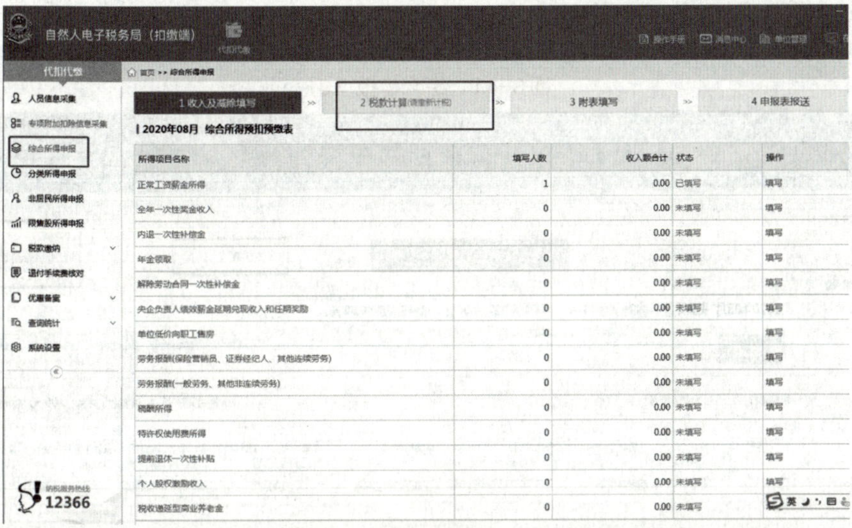

图 8-39　综合申报（6）

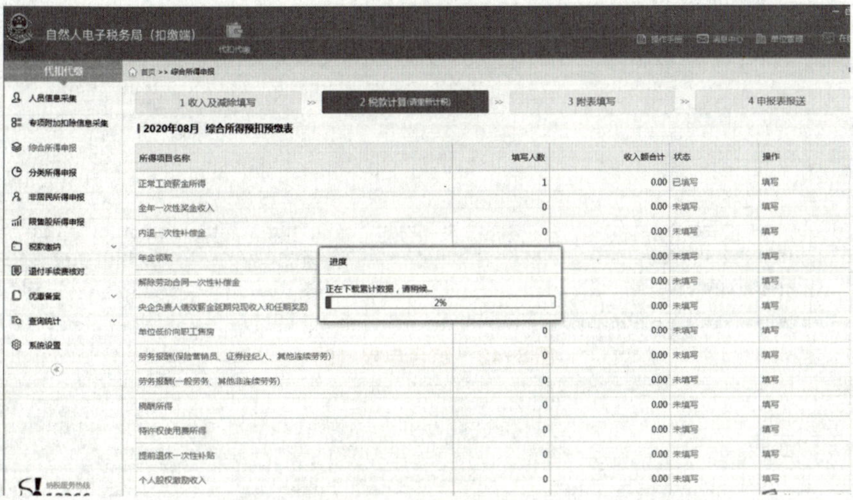

图 8-40　综合申报（7）

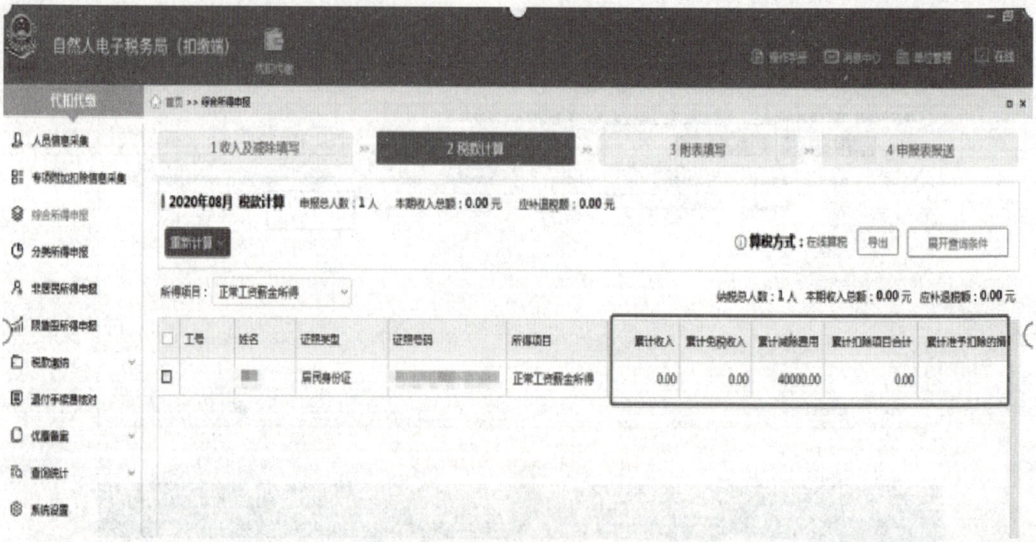

图8-41 综合申报（8）

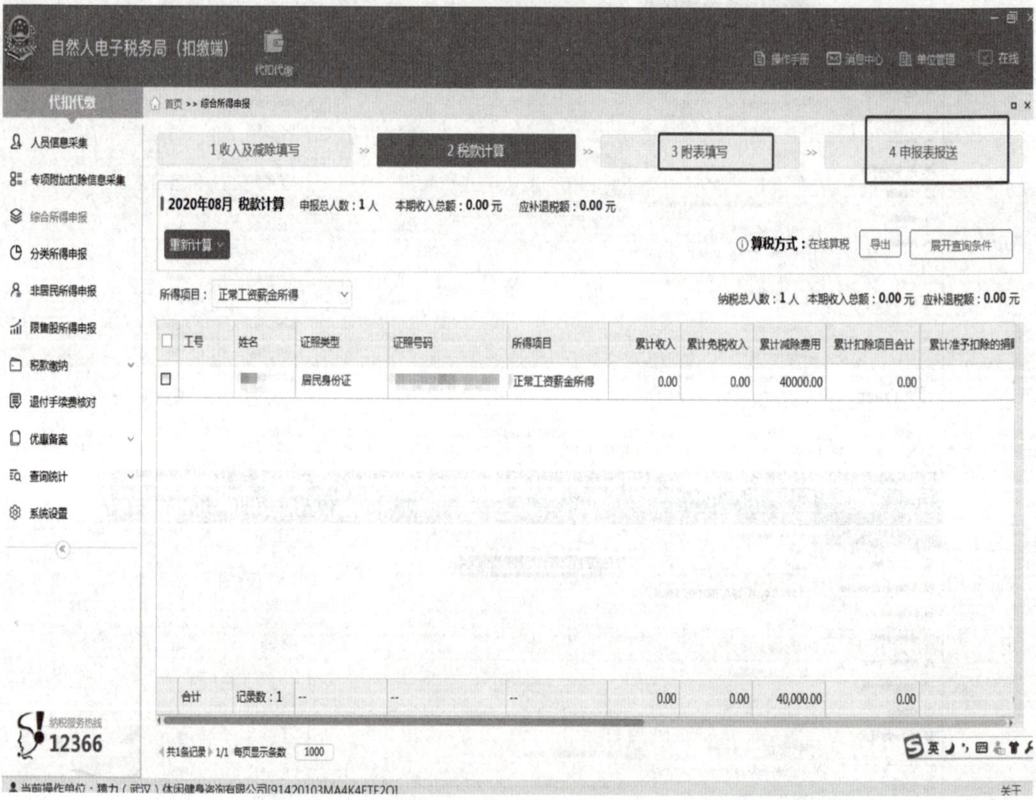

图8-42 综合申报（9）

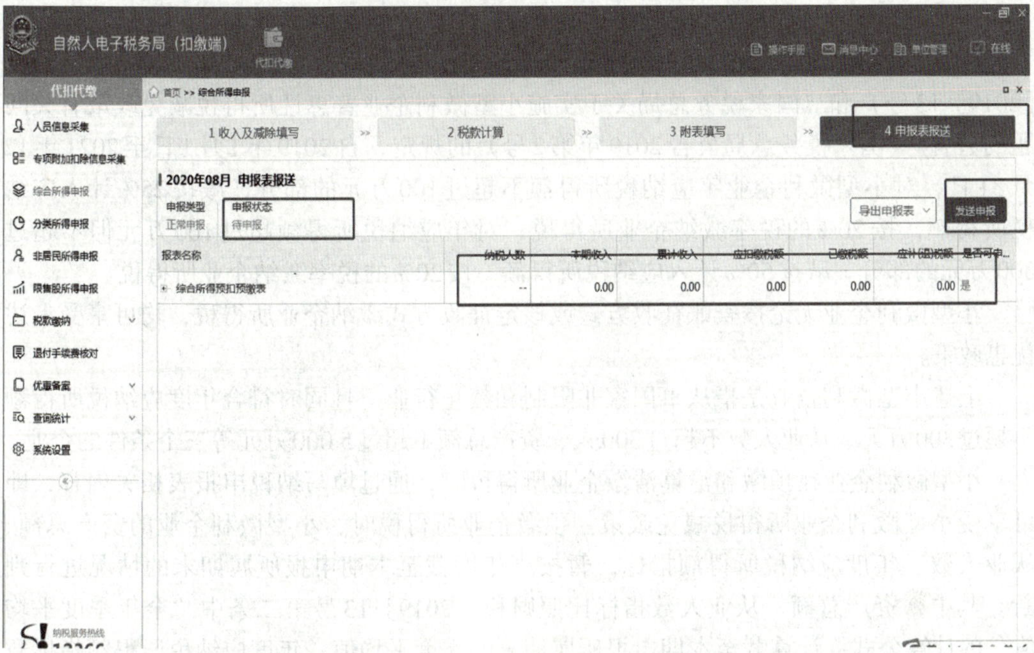

图8-43　综合申报（10）

活动2　企业所得税申报表A类、B类的填写

一、企业所得税征收计算方式

企业所得税征收计算方式有查账征收和核定征收两类，简称A类、B类。A类适用于财务会计核算规范的企业，按收入减成本费用后的利润找适用税率，计算缴纳企业所得税。B类核定应税所得率征收，适用于能够正确核算收入而不能正确核算成本费用的企业。如果财务核算制度不健全，不能正确核算成本费用的，实行核定应税所得率方式征收。如果利润率低于核定应税所得率的话，建议按规定做好财务会计核算工作，争取查账征收（可以少缴税），否则实行核定应税所得率方式征收对公司有利。

核定征收应税所得率标准见表8-14。

表8-14　核定征收应税所得率标准

行　业	应税所得率（%）
农、林、牧、渔业	3—10
制造业	5—15
批发和零售贸易业	4—15
交通运输业	7—15
建筑业	8—20
饮食业	8—25
娱乐业	15—30
其他行业	10—30

二、政策简介

根据《财政部 税务总局关于实施小微企业普惠性税收减免政策的通知》（财税〔2019〕13号）和《国家税务总局关于实施小型微利企业普惠性所得税减免政策有关问题的公告》（国家税务总局公告2019年第2号）的规定，自2019年1月1日至2021年12月31日，对小型微利企业年应纳税所得额不超过100万元的部分，减按25%计入应纳税所得额，按20%的税率缴纳企业所得税；对年应纳税所得额超过100万元但不超过300万元的部分，减按50%计入应纳税所得额，按20%的税率缴纳企业所得税。

小型微利企业无论按查账征收方式或核定征收方式缴纳企业所得税，均可享受上述优惠政策。

上述小型微利企业是指从事国家非限制和禁止行业，且同时符合年度应纳税所得额不超过300万元、从业人数不超过300人、资产总额不超过5 000万元等三个条件的企业。

小型微利企业在预缴和汇算清缴企业所得税时，通过填写纳税申报表相关内容，即可享受小型微利企业所得税减免政策。预缴企业所得税时，小型微利企业的资产总额、从业人数、年度应纳税所得额指标，暂按当年度截至本期申报所属期末的情况进行判断。其中，资产总额、从业人数指标比照财税〔2019〕13号第二条中“全年季度平均值”的计算公式，计算截至本期申报所属期末的季度平均值；年度应纳税所得额指标暂按截至本期申报所属期末不超过300万元的标准判断。

三、操作指导

企业所得税目前有两种征收方式：核定征收与查账征收。

（一）核定征收

核定征收：适用于能够正确核算收入而不能正确核算成本费用的企业。

第一步：填报《中华人民共和国企业所得税月（季）度预缴纳税申报表（A类）》“预缴税款计算”部分的“营业收入”“营业成本”“利润总额”等项目，eTax电子申报软件将根据所填报的数据自动计算生成“实际利润额”的本年累计金额，如图8-44所示。

预缴税款计算			
行次	项目		本年累计金额
1	营业收入		0.00
2	营业成本		0.00
3	利润总额		0.00
4	加：特定业务计算的应纳税所得额		0.00
5	减：不征税收入		0.00
6	减：免税收入、减计收入、所得减免等优惠金额（填写A201010）		0.00
7	减：固定资产加速折旧（扣除）调减额（填写A201020）		0.00
8	减：弥补以前年度亏损		0.00
9	实际利润额（3+4-5-6-7-8）\按照上一纳税年度应纳税所得额平均额确定的应纳税所得额		0.00
10	税率（25%）		0.25
11	应纳所得税额（9×10）		0.00
12	减：减免所得税额（填写A201030）		0.00
13	减：实际已缴纳所得税额		0.00
14	减：特定业务预缴（征）所得税额		0.00
L15	减：符合条件的小型微利企业延缓缴纳所得税额	是否延缓缴纳所得税 ◉是 ○否	0.00
15	本期应补（退）所得税额（11-12-13-14-L15）\税务机关确定的本期应纳所得税额		0.00

图8-44 预缴纳税申报表（A类）

第二步：填报“按季度填报信息”中的“季初从业人数”、“季末从业人数”、“季初资产总额（万元）”、“季末资产总额（万元）”和“国家限制或禁止行业”5个项目，如图8-45所示。

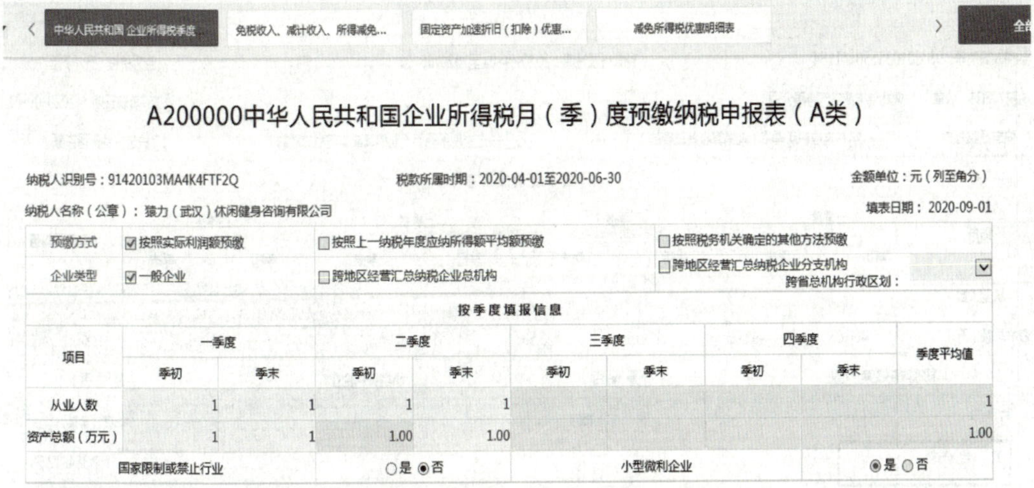

项目	一季度		二季度		三季度		四季度		季度平均值
	季初	季末	季初	季末	季初	季末	季初	季末	
从业人数	1	1	1	1					1
资产总额（万元）	1	1	1.00	1.00					1.00
国家限制或禁止行业			○是 ◉否		小型微利企业			◉是 ○否	

图8-45　预缴纳税申报表（A类）五项填写信息

请注意：“季初从业人数”和“季末从业人数”应当填报大于零的整数；“季初资产总额（万元）”和“季末资产总额（万元）”填报单位为万元，填报金额应大于零。

第三步：eTax电子申报软件将根据“实际利润额”本年累计金额，平均从业人数，平均资产总额以及“国家限制或禁止行业”等项目的情况，智能判断并自动填报“小型微利企业”项目；对于符合条件的小型微利企业，还将自动计算填报A201030《减免所得税优惠明细表》第1行“符合条件的小型微利企业减免企业所得税”，如图8-46所示。

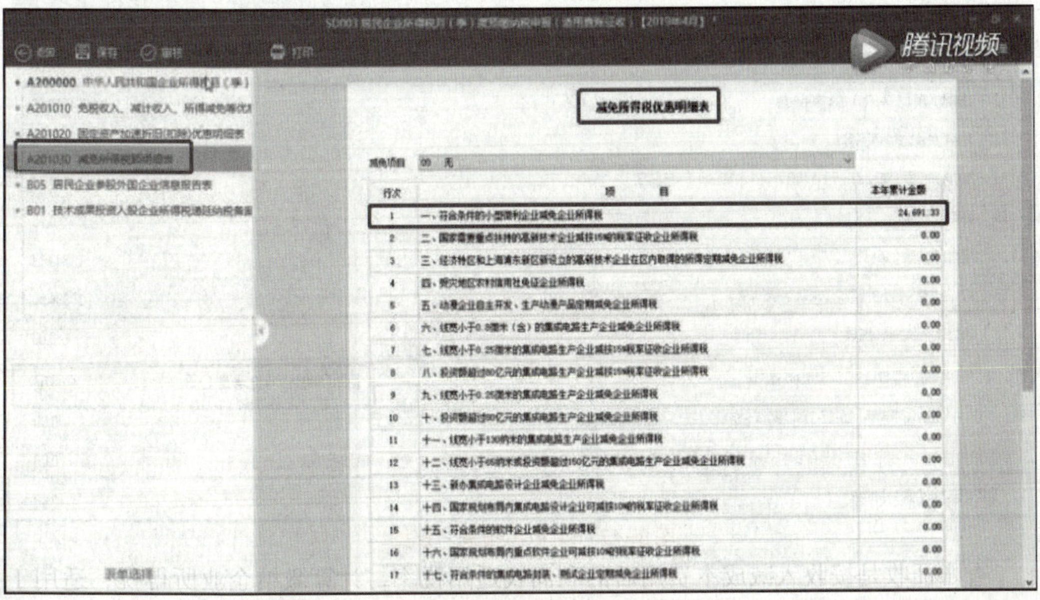

图8-46　减免所得税优惠明细表

第五步：确认填报数据无误且无遗漏项目后，可保存并发送申报数据。

（二）查账征收（如图8-47所示）

B100000中华人民共和国企业所得税月（季）度预缴和年度纳税申报表（B类，2018年版）

纳税人识别号：914201035550141154　　税款所属时期：2020-04-01至2020-06-30　　金额单位：元（列至角分）

纳税人名称（公章）：湖北瑞丰成电气有限公司　　填表日期：2020-09-01

核定征收方式	☑核定应税所得率（能核算收入总额的）	☐核定应税所得率（能核算成本费用总额的）	☐核定应纳所得税额

按季度填报信息

项目	一季度		二季度		三季度		四季度		季度平均值
	季初	季末	季初	季末	季初	季末	季初	季末	
从业人数	3	3	3	3					3
资产总额（万元）	466.05	491.02	491.02	425.53					468.41
国家限制或禁止行业		○是 ◉否			小型微利企业			◉是 ○否	

行次	项目	本年累计金额
1	收入总额	1354312.68
2	减：不征税收入	0.00
3	减：免税收入（4+5+10+11）	0.00
4	国债利息收入免征企业所得税	0.00
5	符合条件的居民企业之间的股息、红利等权益性投资收益免征企业所得税(6+7.1+7.2+8+9)	0.00
6	其中：一般股息红利等权益性投资收益免征企业所得税	0.00
7.1	通过沪港通投资且连续持有H股满12个月取得的股息红利所得免征企业所得税	0.00
7.2	通过深港通投资且连续持有H股满12个月取得的股息红利所得免征企业所得税	0.00
8	居民企业持有创新企业CDR取得的股息红利所得免征企业所得税	0.00
9	符合条件的居民企业之间属于股息、红利性质的永续债利息收入免征企业所得税	0.00
10	投资者从证券投资基金分配中取得的收入免征企业所得税	0.00
11	取得的地方政府债券利息收入免征企业所得税	0.00
12	应税收入额（1-2-3）\成本费用总额	1354312.68
13	税务机关核定的应税所得率（%）	0.04
14	应纳税所得额（第12×13行）\[第12行÷（1-第13行）×第13行]	54172.51
15	税率（25%）	0.25
16	应纳所得税额（14×15）	13543.13
17	减：符合条件的小型微利企业减免企业所得税	10834.50
18	减：实际已缴纳所得税额	0.00
L19	减：符合条件的小型微利企业延缓缴纳所得税额　　是否延缓缴纳所得税 ◉是 ○否	2708.63
19	本期应补（退）所得税额（16-17-18-L19）\税务机关核定本期应纳所得税额	0.00
20	民族自治地方的自治机关对本民族自治地方的企业应缴纳的企业所得税中属于地方分享的部分减征或免征（□免征 □减征:减征幅度___%）	0.00
21	本期实际应补（退）所得税额	0.00

图8-47　纳税申报表（B类）

查账征收是按收入减成本费用后的利润找适用税率，计算缴纳企业所得税，适用于财务会计核算规范的企业。

项目九

会计资料的整理、装订及归档技能

【知识目标】

1. 原始凭证整理的基本要求。
2. 会计凭证装订的基本要求。
3. 会计资料归档保管的基本要求。

【能力目标】

1. 掌握原始凭证的整理技巧。
2. 掌握会计凭证装订的方法。
3. 掌握会计账簿、报表的装订方法。

【情感目标】

通过整理会计资料养成爱护劳动工具、珍惜劳动成果的职业素养，在日常生活中也形成对生活用品进行整理、归类、收纳、保管的好习惯。

会计资料整理是会计档案管理的重要内容，是存放、利用会计档案的前提。会计资料一般包括会计凭证、会计账簿、会计报表以及其他会计核算资料，它是记录和反映经济业务的历史资料，一般在会计年度终了后，都要将会计资料整理立卷，按照要求装订，以便将来查阅和保管。

在实际工作中记账凭证所附的原始凭证种类繁多，为了便于日后的装订和归档保管，在填制记账凭证的时候应对附件进行必要的整理和外形加工。而会计账簿和会计报表的格式、大小基本固定，装订时的整理主要是对账簿类别的区分和顺序的编排。

任务1　原始凭证的整理

同学们，我们在平时日常生活中如坐车、买东西都会取得车票、发票等一些票据或凭证，你知道它们在会计上叫什么吗？会计核算的对象是会计主体发生的经济业务，而这些经济业务的发生必须以一定的证据来证明，以保证会计核算的客观与真实，而最直接的证明就是在经济业务发生或完成时取得的原始凭证。原始凭证可以是外来的也可以是自制的。由于经济业务的不同，原始凭证种类繁多，数量庞大，格式多样，内容各异，并且原始凭证只是反映经济业务的具体内容，不能表明经济业务的来龙去脉。因此，直接根据原始凭证登记账簿很不方便，并且容易出错。为了便于登账，有必要对原始凭证归类整理，填制具有统一格式、会计科目和借贷方向的记账凭证，并将有关原始凭证作为附件附于其后。这样既可以简化记账工作、减少差错，又便于对账、查账，提高会计工作效率。

会计凭证的整理工作，主要是对凭证进行排序、粘贴和折叠。因为原始凭证的纸张面积与记账凭证的纸张面积不可能全部一样，有时前者大于后者，有时前者小于后者，这就需要会计人员在制作会计凭证时对原始凭证加以适当整理，以便下一步装订成册。会计凭证的整理是财会人员应知应会的一门业务技能。

活动1 对较大原始凭证的整理

对于纸张面积大于记账凭证的原始凭证，不需要对原始凭证进行粘贴，只需将其按记账凭证的面积尺寸，先自右向左，再自下向上两次折叠，自下向上折叠时应特别注意先在左下角折一个斜角，这样往上折后才可以把凭证的左上角或左侧面让出来，不至于在装订时被订起后无法展开。然后将其用回形针或大头针别在记账凭证后面，待装订时再抽去回形针或大头针，如图9–1和图9–2所示。

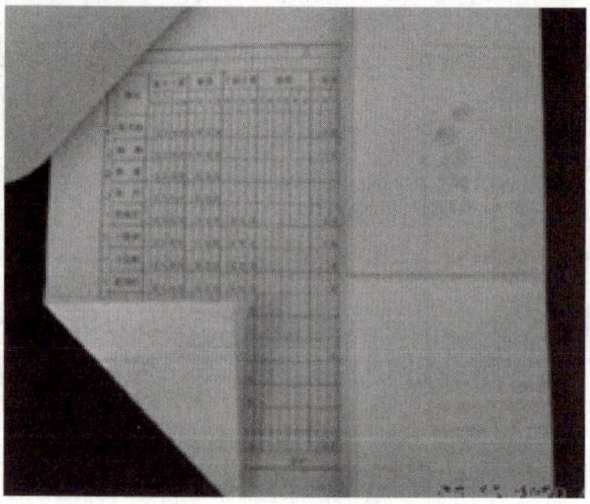

图9–1 自右向左折叠

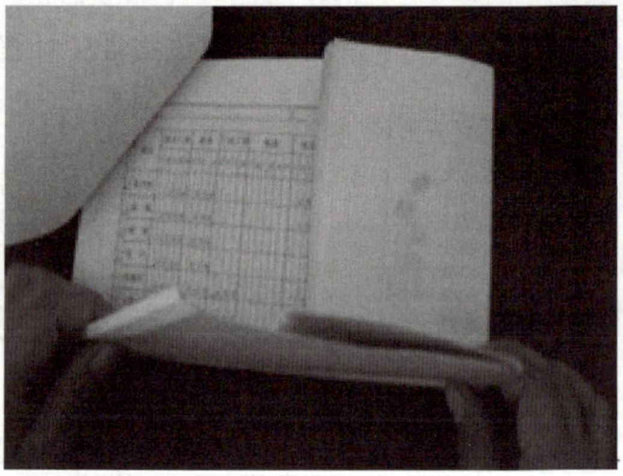

图9–2 自下向上折叠

【小技巧】

折叠后的附件外形尺寸，不应长于或宽于记账凭证，同时还要便于翻阅；附件本身不必保留的部分可以裁掉，但不得因此影响原始凭证内容的完整性。

活动2 对较小原始凭证的整理

一、整理的原则

对于纸张面积过小的原始凭证，一般不能直接装订，可先按一定次序和类别排列，再粘在一张同记账凭证大小相同的白纸或专门的原始单据粘贴单上（如图9–3所示），粘贴时宜用胶水。证票应分张排列，同类、同金额的单据尽量粘在一起；同时，在一旁注明张数和合计金额。

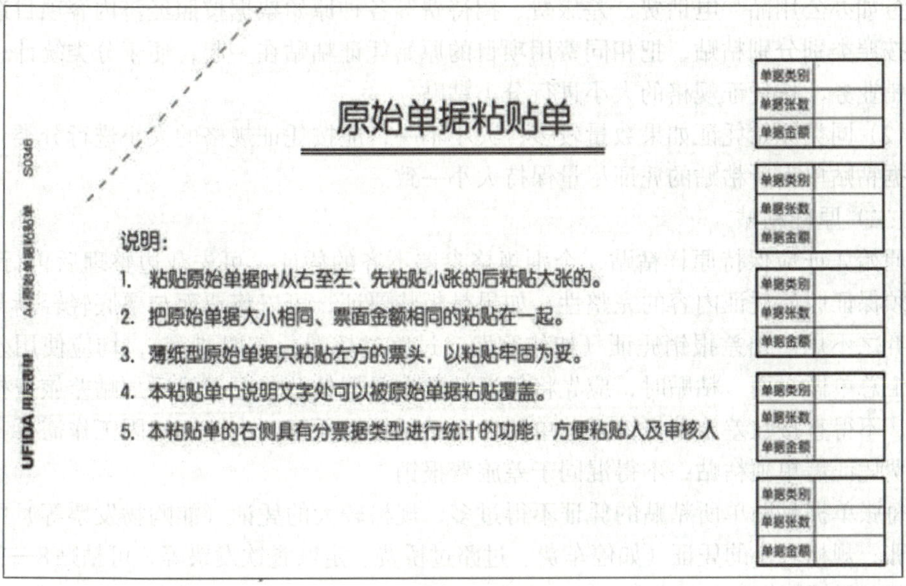

图9-3　原始单据粘贴单

二、整理粘贴的标准

表面上应达到平整，尤其左边和中间无凹凸现象；整齐，凭证上下左右各成平面。凭证内部应达到分类清晰，位置到位，排列美观，数量易计，如图9-4所示。

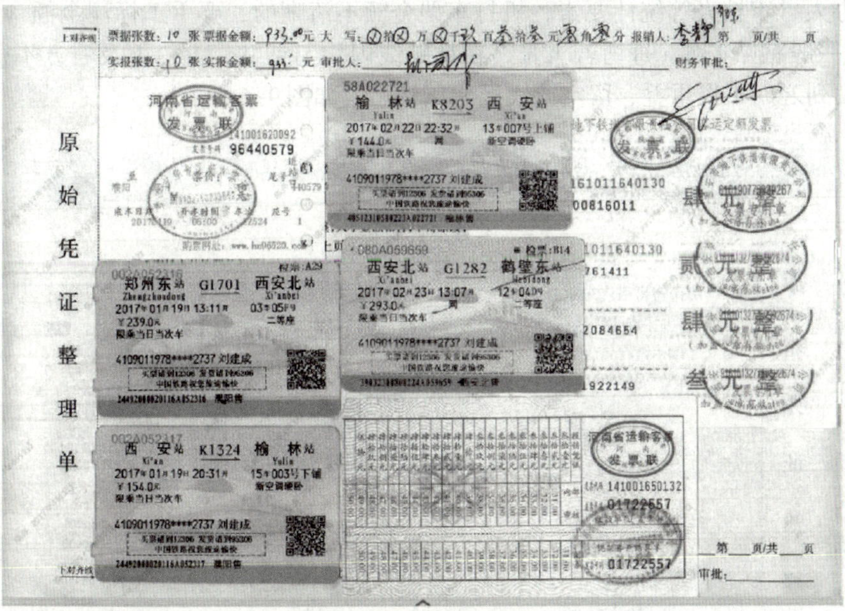

图9-4　原始凭证整理单（1）

三、整理的规则

（一）分类整理

（1）原始凭证应按照末级会计科目进行分类整理，同类末级会计科目的原始凭证应粘贴在一起。对私报销业务中，出差发生的费用尽量按业务发生时间顺序粘贴，其他报销业务如办公用品、电话费、差旅费、招待费等各种原始票据按照经济内容项目进行分类，按照类别分别粘贴，把相同费用项目的原始凭证粘贴在一起，便于分类统计；非对私报销业务，按凭证规格的大小进行分类粘贴。

（2）同类原始凭证如果数量较多，大小不一，应按凭证规格的大小进行分类，同一张单据粘贴单上所粘贴的凭证尽量保持大小一致。

（二）原样粘贴

原始凭证应保持原样粘贴，个别规格参差不齐的凭证，可先裁边整理后再行粘贴，但必须保证原始凭证内容的完整性。如果是板状票证，可以将票面与票底轻轻撕开，厚纸板弃之不用。出差报销凭证（如住宿费、过路过桥费、车船票等），均应使用差旅费报销汇总单做封面。粘贴时，应先将凭证粘贴在单据粘贴单上，然后加贴差旅费报销汇总单，不得直接在差旅费报销汇总单的背面粘贴报销凭证。出差期间因工作需要支出的接待费凭证需单独粘贴，不得混同于差旅费报销。

每张单据粘贴单所粘贴的凭证不得过多，规格较大的凭证（如购物发票等）可粘贴2—6张；规格较小的凭证（如停车费、过路过桥费、定额餐饮发票等）可粘贴8—10张。

（三）粘贴技巧

（1）在单据粘贴单上粘贴凭证时，应由上而下、自右（左）至左（右）、均匀阶梯状横向排列粘贴。

粘贴原始单据时可以选择上边对齐也可选择下边对齐，但须露出金额大小写、张数、经办人、审核人等统计要素，机打车票金额不清晰的，要手工标注金额（如图9-5所示）。一般粘贴2列，每列若干张，在粘贴线内均匀粘贴，上、下及右方不得超出粘贴线，两列之间不得重叠、留空或大量累压粘贴（如图9-6所示）。

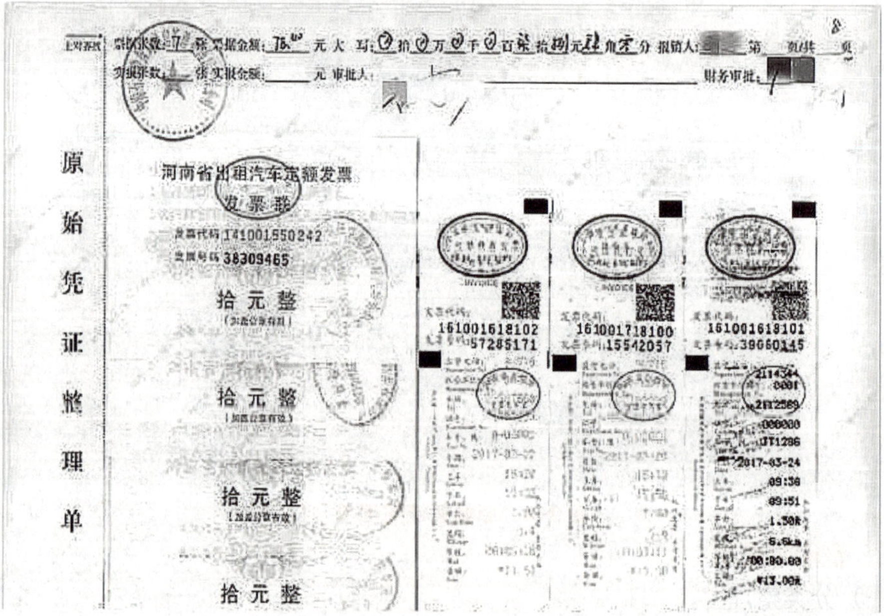

图9-5 原始凭证整理单（2）

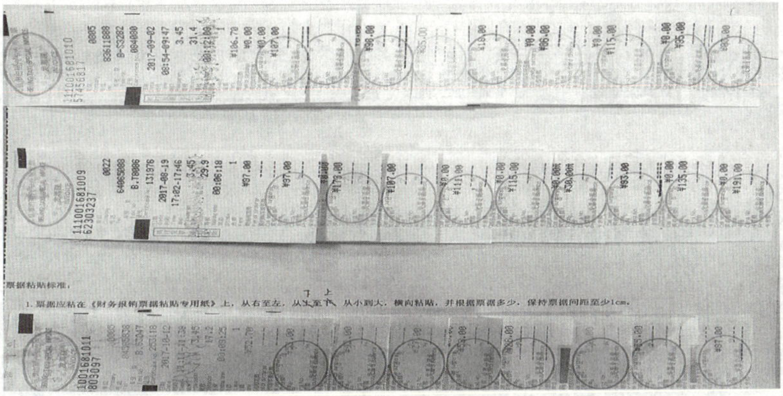

图9-6　原始凭证整理单（3）

（2）粘贴时在粘贴纸左边留出2.5厘米（装订线），按照会计分录类别分别粘贴。同类票据大小不一样，可以在同一张粘贴纸上按照先小后大的顺序粘贴。

（3）粘贴时将票据向右边均匀排开横向粘贴，确保凭证整体平整。

粘贴时在票据左侧背面涂抹胶水，从粘贴单左侧2.5厘米位置开始将票据向右边均匀排开横向粘贴，注意不要将票据集中在粘贴纸中间，以免造成中间厚四周薄、凭证装订起来不整齐的现象；如果凭证数量较多、厚度较高，应在粘贴线外加粘贴条，粘贴好后及时用重物压平，以防褶皱、膨松，确保凭证整体平整。

（4）原始凭证应使用优质胶水进行粘贴，以保证凭证的粘贴效果。粘好以后要捏住记账凭证的左上角向下抖几下，看是否有未粘住或未粘牢的。

（5）原始凭证整理单中的要素须填写完整，统计原始凭证的数量和总金额，务必保证相关数据的准确性，确保与所粘贴原始票据一致（如图9-7所示）。报销类原始单据，粘贴单上要填写第几张、共几张，对粘贴单进行编号，便于核对张数（如图9-8所示），提高核对及业务处理的工作效率。

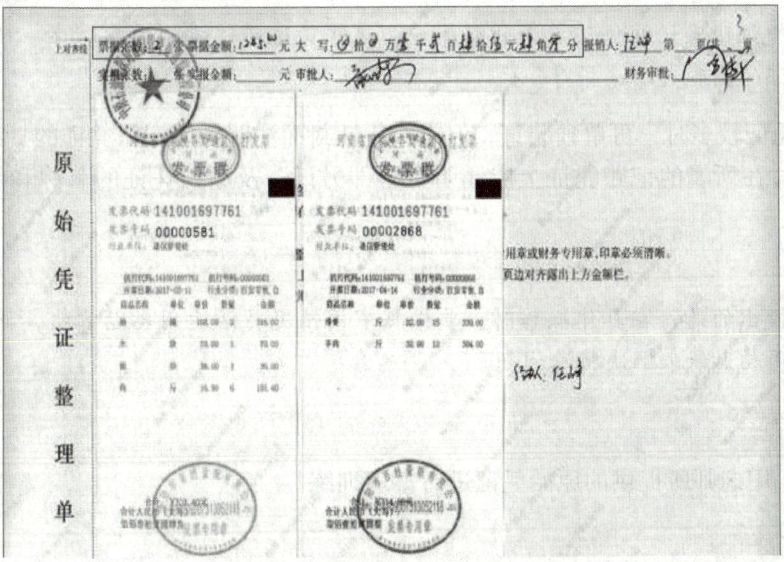

图9-7　原始凭证整理单（4）

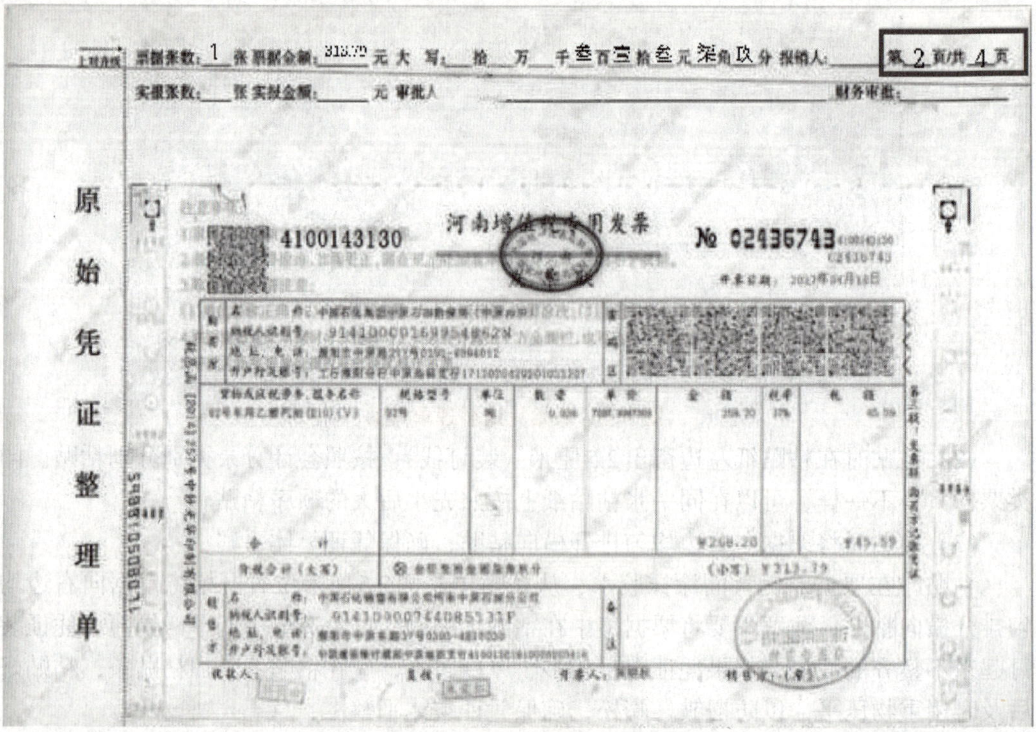
票据张数：1 张 票据金额：313.79 元 大写：__拾__万__千叁百壹拾叁元柒角玖分 报销人：__ 第 2 页/共 4 页

实报张数：__张 实报金额：__元 审批人 __ 财务审批：

原始凭证整理单

4100143130 河南增值税专用发票 № 02436743

图 9-8 原始凭证整理单（5）

活动 3 与记账凭证一样大或略小于记账凭证的原始凭证的整理

对于纸张面积略小于记账凭证的原始凭证，无须粘贴，也无须折叠，可先归类后用回形针或大头针顺序别在记账凭证后面，待装订时再抽去回形针或大头针。

【小贴士】

原始凭证附在记账凭证后面的顺序应与记账凭证所记载的内容顺序一致，不应按原始凭证的面积大小来排序。

原始凭证较多时，可单独装订，但应在凭证封面注明所属记账凭证的日期、编号和种类，同时在所属的记账凭证上应注明“附件另订”及原始凭证的名称和编号，以便查阅。

【小贴士】

需要指出的是，在具体操作时，要根据不同情况灵活运用粘贴方法，同时，还要学会加用粘贴纸来解决特殊问题。

课堂练习

请学生用老师所提供的原始凭证进行整理训练。

任务2　会计凭证的装订

会计凭证的装订是指把定期整理完毕的会计凭证按照编号顺序，外加封面、封底，装订成册，并在装订线上加贴封签。在封面上，应写明单位名称、年度、月份、记账凭证的种类、起讫日期、起讫号数，以及记账凭证和原始凭证的张数，并在封签处加盖会计主管的骑缝图章。会计凭证封面如图9-9所示。

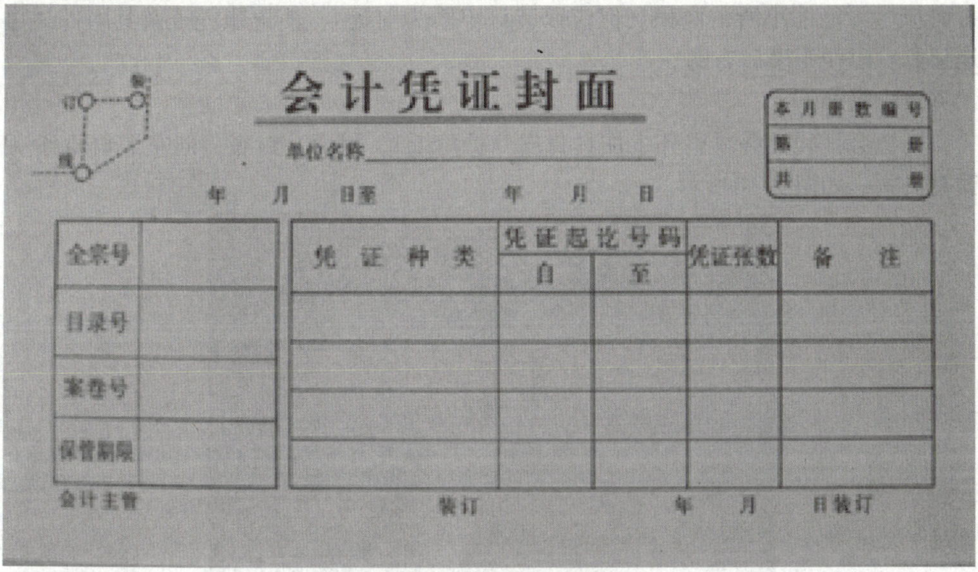

图9-9　会计凭证封面

如果采用单式记账凭证，在整理装订凭证时，必须保持会计分录的完整。应按凭证号码顺序还原装订成册，不得按科目归类装订。因此装订前应整理检查凭证顺序号，如有颠倒要重新排列，发现缺号要查明原因。再检查附件是否有漏缺，领料单、入库单、工资和奖金发放单是否随附齐全，同时检查记账凭证上有关人员（如财务主管、复核、记账、制单等）的印章是否齐全。对各种重要的原始单据，以及各种需要随时查阅和退回的单据，应另编目录，单独登记保管，并在有关的记账凭证和原始凭证上相互注明日期和编号。

会计凭证装订的要求是既美观大方又便于翻阅，所以在装订时要先设计好装订册数及每册的厚度。一般来说，一本凭证，厚度以1.5cm至2.0cm为宜，太厚了不便于翻阅核查，太薄了又不利于截立放置。凭证装订册数可根据凭证的多少来定，原则上以月份为单位装订，每月订成一册或若干册。有些单位业务量小，凭证不多，把若干个月份的凭证合并订成一册就可以，只要在凭证封面注明本册所含的凭证月份即可。

装订的凭证应包括原始凭证、记账凭证、科目汇总表、银行对账单等。科目汇总表的工作底稿也可以装订在内，作为科目汇总表的附件。使用计算机的企业，还应将转账凭证清单等装订在内。

在实际工作中，记账凭证的装订方法可以分为角订法和侧订法，两者相比，角订法比较方便日后的翻阅，而侧订法则更牢固，翻阅时不易损坏。按具体操作过程又可分为两眼装订法和三眼装订法。

活动1 角订法

角订法是在凭证左上角进行装订的一种装订方法，在实际工作中使用比较广泛，一般采用“三针引线法”，装订时在凭证左上角部位打上三个针眼，实行三眼一线打结，装订时应尽可能缩小所占面积（但应以装订牢固为前提），使记账凭证及其附件尽可能大地显露，以便于事后查阅。

具体步骤如下：

（1）把会计凭证叠放整齐，加具封皮（护角纸）、封面、封底，向左上角磕齐，并用铁夹夹紧，如图9-10所示。

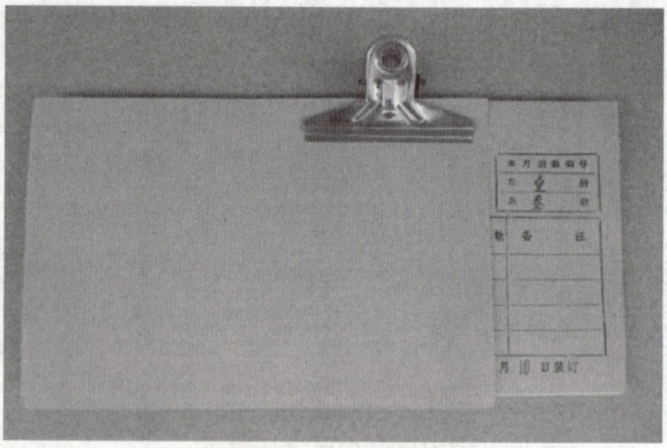

图9-10 角订法步骤（1）

（2）在会计凭证的左上角打三个孔如图9-11和图9-12所示。

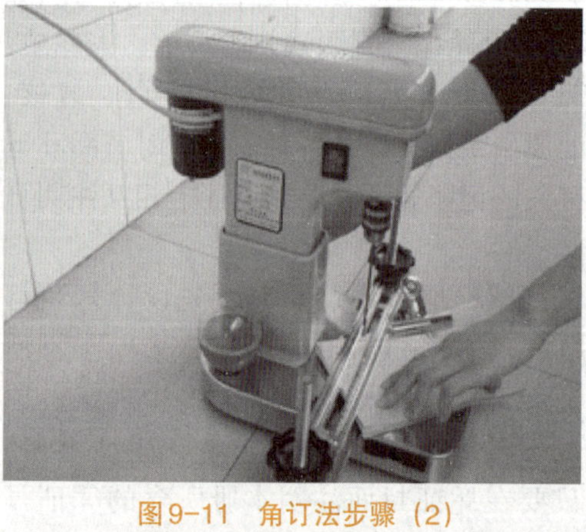

图9-11 角订法步骤（2）

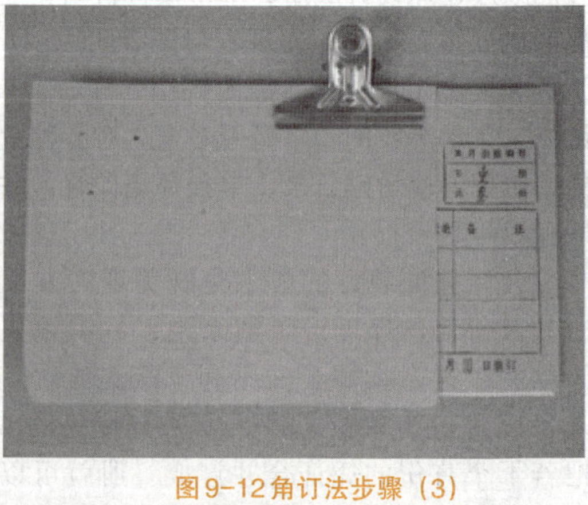

图9-12 角订法步骤（3）

（3）用线订好，将结打在会计凭证背面（封底），并将线结塞入装订孔，如图9-13至图9-16所示。

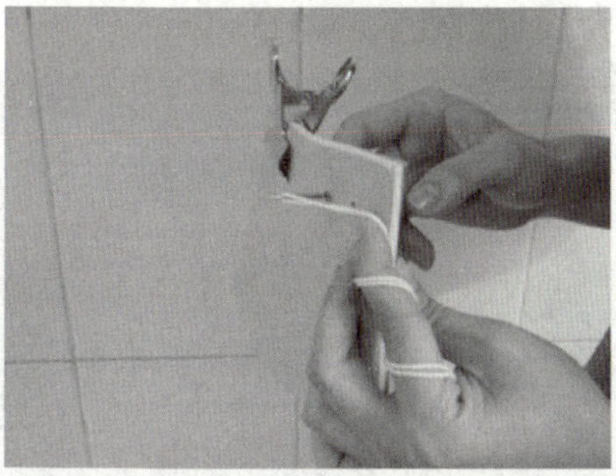

图9-13　角订法步骤（4）

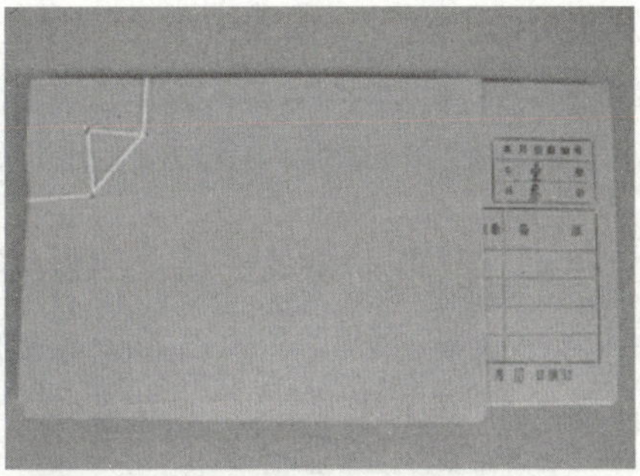

图9-14 角订法步骤（5）

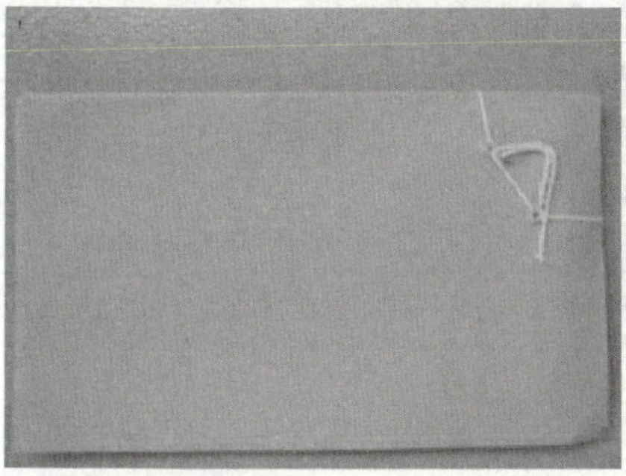

图9-15　角订法步骤（6）

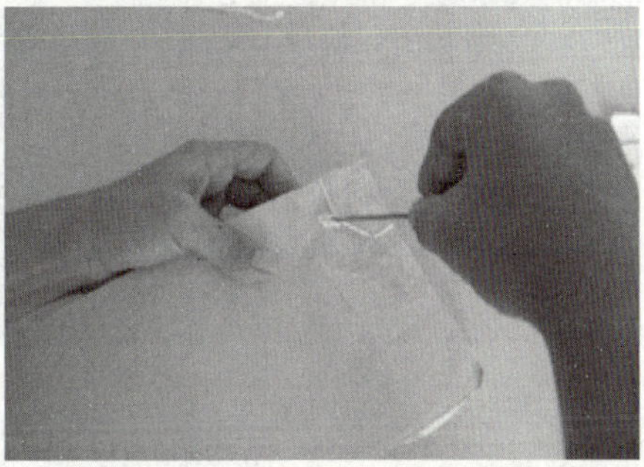

图9-16　角订法步骤（7）

（4）将封皮（护角纸）向后翻并裁掉多余部分，如图9-17和图9-18所示。

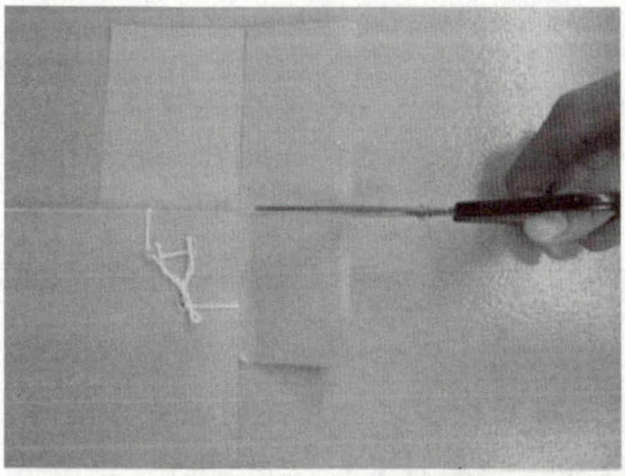

图9-17　角订法步骤（8）

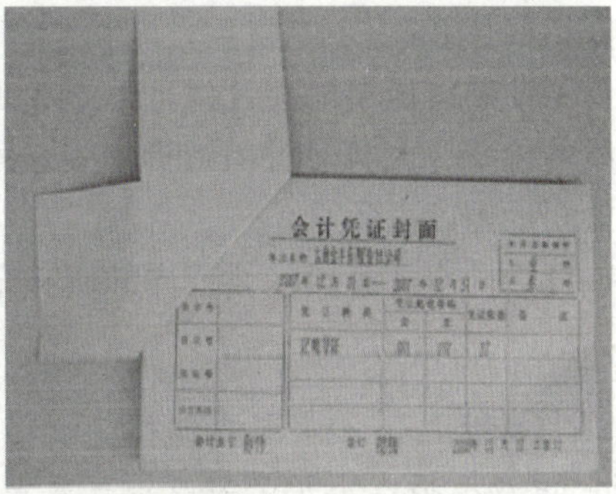

图9-18　角订法步骤（9）

（5）涂上胶水，用护角纸封住装订线，如图9-19和图9-20所示。

图9-19　角订法步骤（10）

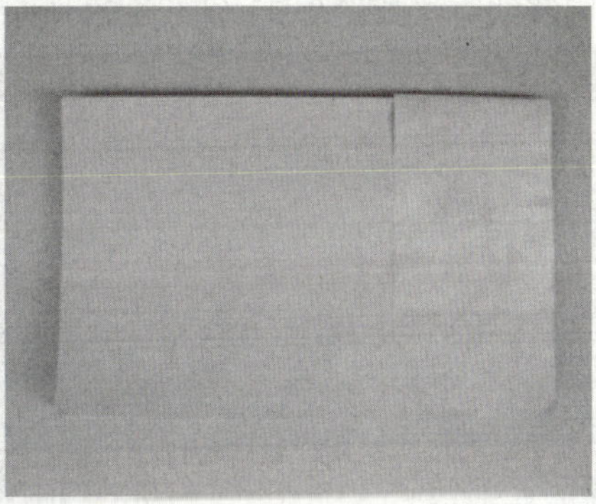

图9-20　角订法步骤（11）

（6）在封面上签字（如图9-21所示），在背面封口处盖骑缝章。

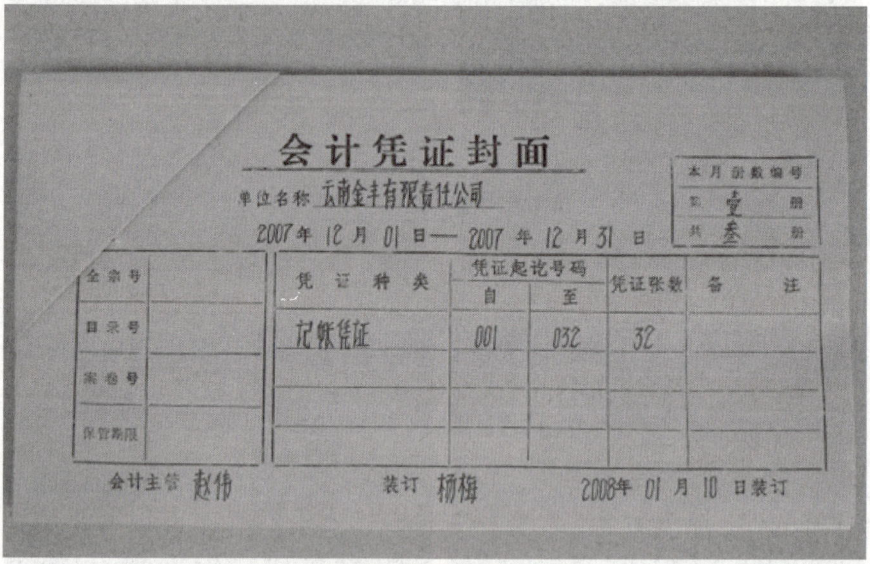

图9-21 角订法步骤（12）

①为保证打眼不歪，在用装订机打眼之前可以在凭证的左上角画一边长为5厘米的等腰三角形，用夹子夹住。

②护角纸可以用一张与凭证封面质地相同的牛皮纸剪裁而成，也可以直接用半张空白的凭证封面代替。

③为了使装订成册的会计凭证外形美观，在装订时要考虑到凭证的整齐均匀，特别是装订线的位置，太薄时可用纸折一些三角形纸条，均匀地垫在此处，以保证它的厚度与凭证中间的厚度一致。

④装订之前应注意摘除凭证内的所有金属物（如订书针、大头针、回形针）。

【小贴士】

在角订法中，不管是用两眼装订还是用三眼装订，装订线绳的缠绕方法可以灵活掌握，但应把握以下几个要点：一是装订线一定要拉紧；二是装订一定要牢固；三是线结一定打在凭证的背面并系在中端。

不同绕线方法如图9-22至图9-24所示。

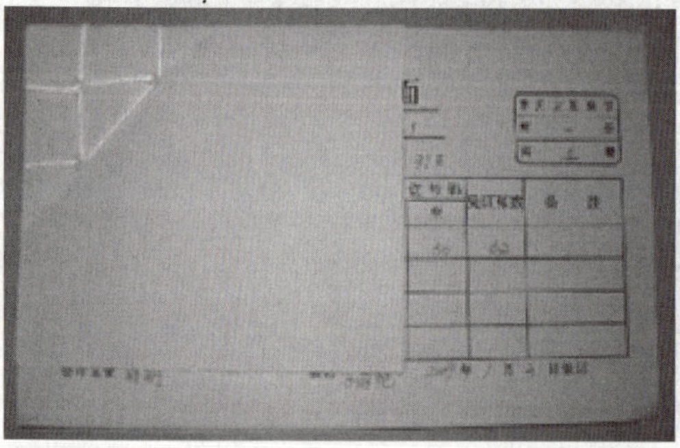

图9-22 三眼装订法（1）

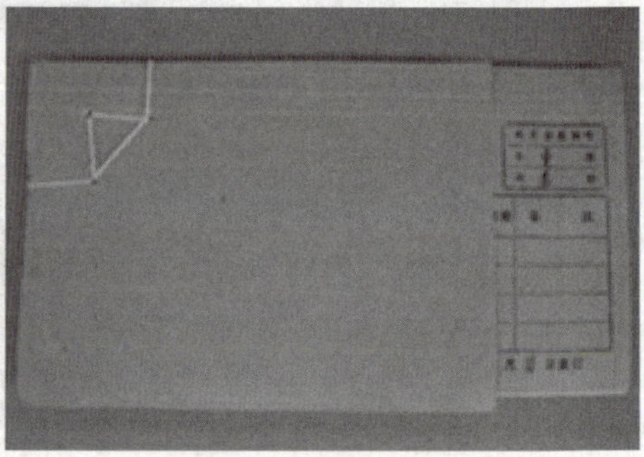

图9-23 三眼装订法（2）

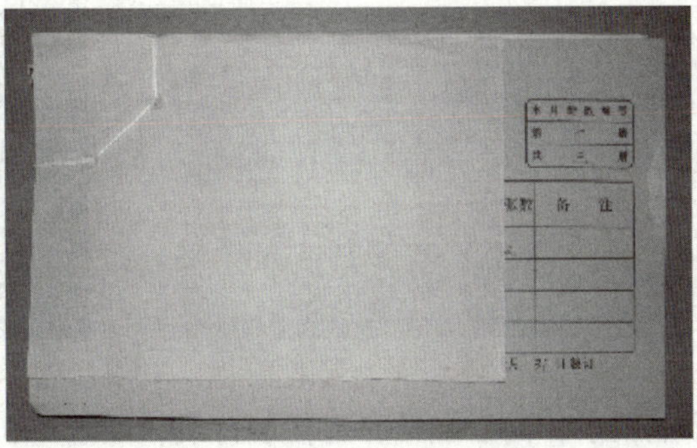

图9-24　两眼装订法

活动2　侧订法

侧订法也叫包边法，是在凭证的左侧面进行装订的一种装订方法，这种方法将凭证的整个左侧面装订后封住，简便易行，但不便于附件的折叠和日后的翻阅。装订时先在凭证的左侧边用装订机打三个眼，实行三眼一线打结，线绳在凭证背面打结，封签封住后不应看到线绳。具体操作步骤如下：

（1）把会计凭证叠放整齐，加具封皮、封面、封底，向左侧面磕齐，并用铁夹夹紧，如图9-25所示。

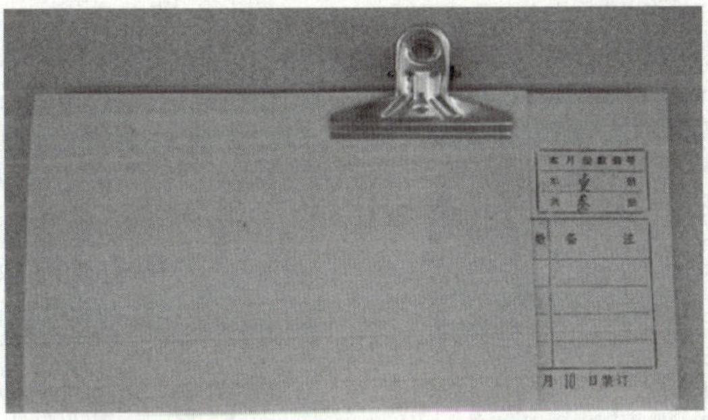

图9-25　侧订法步骤（1）

（2）在会计凭证的左侧边打三个孔，如图9-26和图9-27所示。

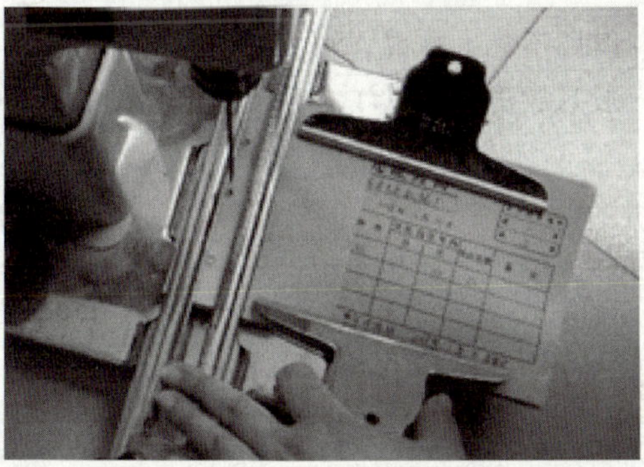

图9-26　侧订法步骤（2）

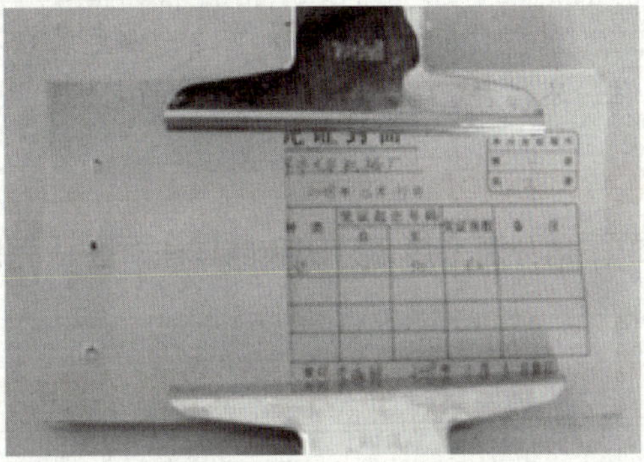

图9-27　侧订法步骤（3）

（3）用线订好，将结打在会计凭证背面（封底），并将线结塞入装订孔，如图9-28至图9-30所示。

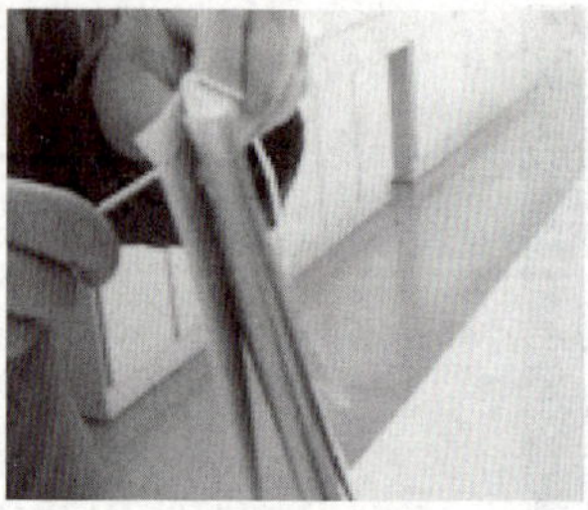

图9-28 侧订法步骤（4）

图9-29 侧订法步骤（5）

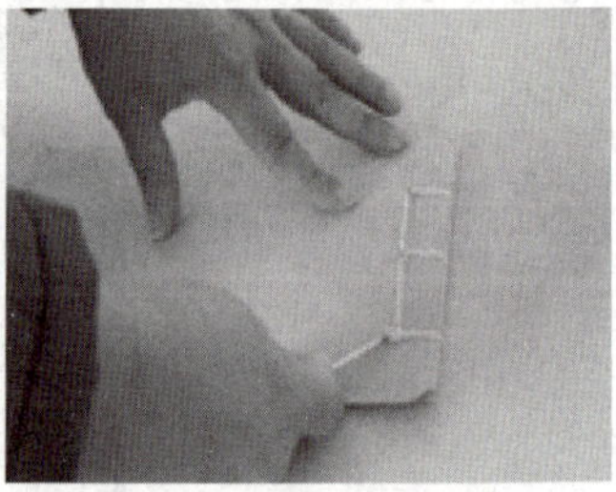

图9-30 侧订法步骤（6）

（4）将预置封皮涂上胶水，向后翻贴，封住装订线，如图9-31和图9-32所示。

图9-31 侧订法步骤（7）

图9-32 侧订法步骤（8）

（5）在封面上签字，在背面封口处盖骑缝章，如图9-33和图9-34所示。

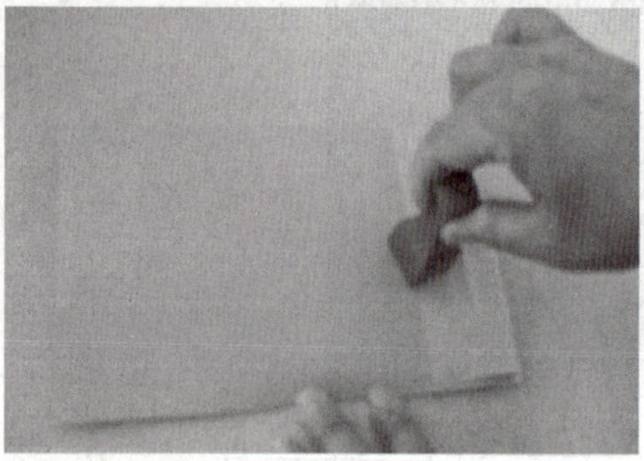

图9-33 侧订法步骤（9）

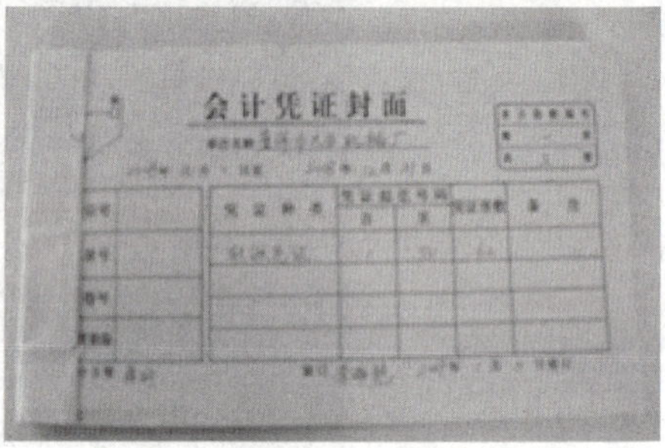

图9-34 侧订法步骤（10）

【小贴士】

装订时应注意不要太靠边，以免装订不牢，但也不能太靠里，以免将凭证内容钉住，不利于查阅，影响凭证内容的完整。侧订法一般只能用三眼装订，不采用两眼装订。

课堂练习

请分别采用角订法和侧订法对会计凭证进行装订。

任务3 账簿和报表的整理、装订及归档

会计账簿简称账簿，是由一定格式的账页组成，以会计凭证为依据，用于全面、系统、连续、综合地记录和反映各项经济业务的簿籍。任何单位都应当根据本单位的经济

业务的特点和经营管理的需要，设置一定种类和数量的账簿。账簿按外表形式不同分为订本式、活页式和卡片式；按其用途不同，可以分为序时账簿、分类账簿和备查账簿；按账页格式不同可分为三栏式、多栏式、数量金额式等。由于账簿记录的连续性，会计账簿的装订一般应在年末结账之后进行。会计制度规定：企业应于每年度开始时更换总账、日记账和大部分明细账，对于少数尚可继续使用的明细账，不必每年更换，如固定资产明细账。根据上述不同类型账簿所采用账簿格式的不同，会计账簿的装订通常只针对活页式账簿进行，订本式无须装订。

活动1　会计账簿的装订活动

会计账簿装订前应将同类业务、同类账页装订在一起，多栏式活页账、三栏式活页账、数量金额式活页账等不得混装，装订之前应将账页数填写齐全，去除空白页和撤掉账夹，对其按顺序编号。并根据已用账页编写要装订账簿的目录，补齐扉页应填写的内容。会计账簿的装订应选用结实、耐磨、韧性较强的牛皮纸作为其封面和封底，封面应齐全、平整，并注明所属年度及账簿名称、编号。

账簿装订的要求主要有以下几点：第一，会计账簿应牢固、平整，不得有折角、缺角、错页、掉页、加空白纸的现象；第二，会计账簿的封口要严密，封口处要加盖有关印章；第三，封面应齐全、平整，并注明所属年度及账簿名称、编号，编号一年一编，编号顺序为总账、库存现金日记账、银行存（借）款日记账、分户明细账；第四，会计账簿按保管期限分别编制卷号，如库存现金日记账全年按顺序编制卷号；总账、各类明细账、辅助账全年按顺序编制卷号。

会计报表是以日常核算资料为依据，根据会计账户记录编制的，总括反映会计主体在一定会计期间内的财务状况、经营成果和现金流量的报表文件。会计报表是会计核算的最终产品，它是会计处理从会计凭证到会计账户再到会计报表这一程序的最终环节。一个企业日常发生的会计事项，已经按照一定的会计程序，全面、系统地进行会计记录，基本上反映了企业在一定日期的财务状况和经营成果。但是，这些会计记录比较分散，不能集中地、概括地说明企业经济活动的总体面貌，以便为企业的管理、决策者、股东，以及财政、银行、信贷等机构提供必要的财务资料，这就需要通过会计报表来达到这一目的。会计报表分为财务报表和成本报表。前者也称为对外会计报表，内容包括资产负债表、利润表、现金流量表、所有者权益变动表和会计报表附注；后者也称对内会计报表。会计报表也可以按照编报的时间分为月度报表、季度报表、半年度报表、年度报表。会计报表编制完成后应及时报送，留存的报表应按月装订成册谨防丢失。

【小贴士】

小企业可按季装订会计报表，装订方法与会计账簿的装订基本相同，只是应注意以下几点：一是会计报表装订前要按编报目录核对是否齐全，整理报表页数，上边和左边对齐压平，防止折角，如有损坏要进行修补，须完整无缺地装订；二是会计报表的装订顺序为会计报表封面、会计报表编制说明、按会计报表编号顺序排列的各种会计报表、会计报表的封底；三是按保管期限编制卷号。

会计账簿装订的操作步骤如下：

（1）把要装订的账页叠放整齐，按封皮、账簿封面、账簿启用表、账户目录、该账簿按页数顺序排列的账页、会计账簿封底的顺序排列好，向左侧面磕齐，并用铁夹夹紧，如图9-35所示。

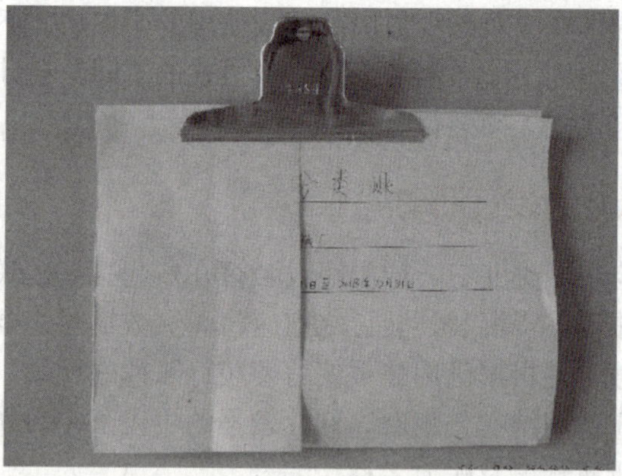

图9-35　会计账簿装订步骤（1）

（2）由于活页账簿上已经有装订孔，无须使用装订机进行打眼，只需用装订线沿左侧装订孔将账页拴牢，并将线结塞入装订孔内，如图9-36至图9-39所示。

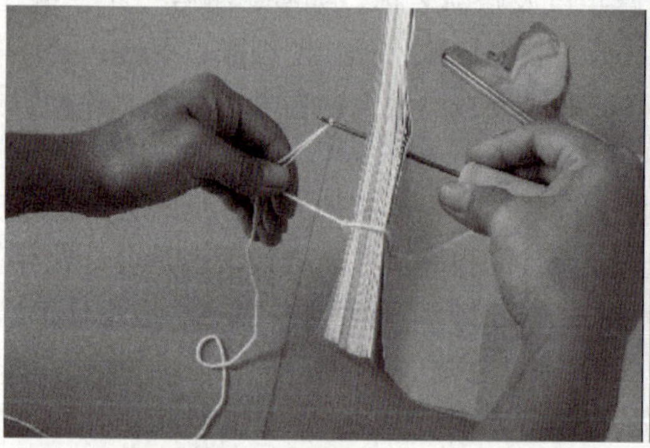

图9-36　会计账簿装订步骤（2）

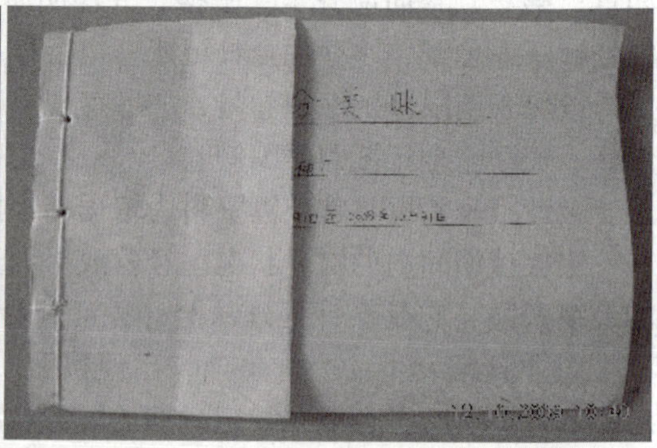

图9-37　会计账簿装订步骤（3）

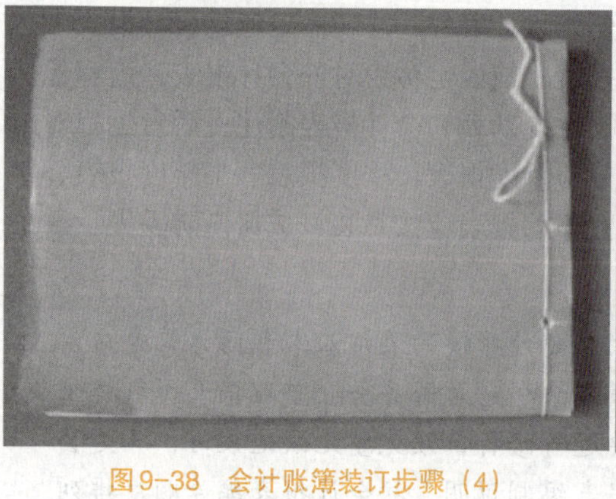

图9-38　会计账簿装订步骤（4）

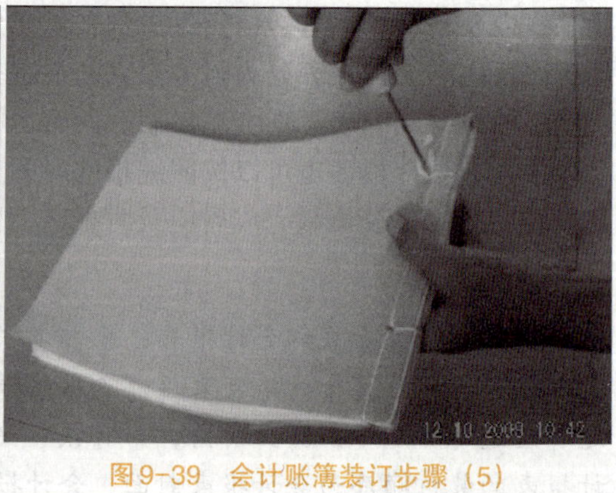

图9-39　会计账簿装订步骤（5）

（3）将预置封皮向后翻折，涂上胶水，封住装订线，如图9-40至图9-42所示。

图9-40　会计账簿装订步骤（6）

图9-41　会计账簿装订步骤（7）

图9-42　会计账簿装订步骤（8）

（4）在封面上签字，在封口处盖章，如图9-43和图9-44所示。

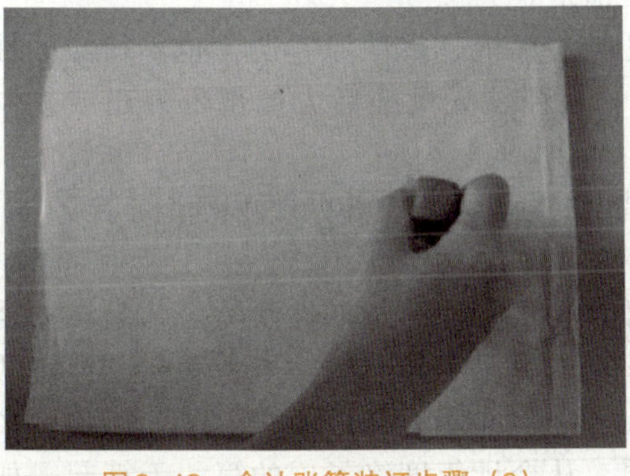

图9-43　会计账簿装订步骤（9）

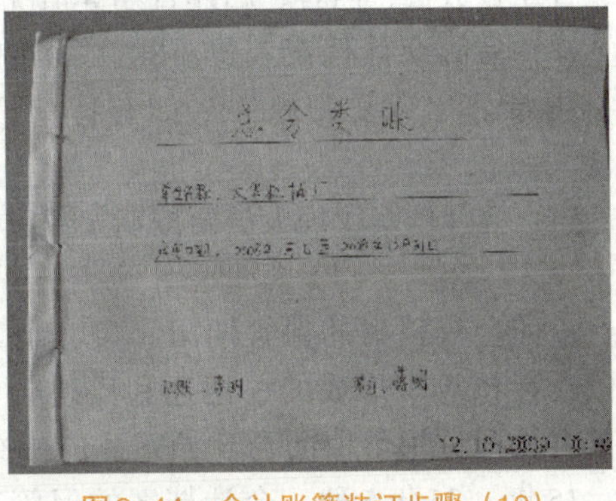

图9-44　会计账簿装订步骤（10）

活动2　会计档案的保管活动

《会计档案管理办法》规定：当年形成的会计档案，在会计年度终了后，可暂由会计机构保管一年，期满之后原则上应由会计机构编制清册移交本单位的档案部门保管。根据上述规定，会计档案的保管要求主要有：

一、会计档案的移交手续

财务会计部门在将会计档案移交本单位档案部门时，应按下列程序进行：

（1）开列清册，填写交接清单；

（2）在账簿使用日期栏填写移交日期；

（3）交接人员按移交清册和交接清单项目核查无误后签章。

二、会计档案的保管要求

（1）会计档案室应选择在干燥防水的地方，并远离易燃品堆放地，周围应备有相应的防火器材；

（2）采用透明塑料膜作防尘罩、防尘布，遮盖所有档案架和堵塞鼠洞；

（3）会计档案室内应经常用消毒药剂喷洒，保持清洁卫生，以防虫蛀；

（4）会计档案室保持通风透光，并有适当的空间、通道和查阅的地方，以便于查阅，并防止潮湿；

（5）设置归档登记簿、档案目录登记簿、档案借阅登记簿，严防毁坏损失、散失和泄密；

（6）会计电算化档案保管要注意防盗、防磁等安全措施。

三、会计档案的借阅

（1）会计档案为本单位提供和利用，原则上不得借出，有特殊需要须经上级主管单位或单位领导、会计主管人员批准。

（2）外部借阅会计档案时，应持有单位正式介绍信，经会计主管人员或单位领导人批准后，方可办理借阅手续；单位内部人员借阅会计档案时，应经会计主管人员或单位领导人批准后，办理借阅手续。借阅人应认真填写档案借阅登记簿，将借阅人姓名、单位、日期、数量、内容、归还日期等情况登记清楚。

（3）借阅会计档案人员不得在案卷中乱画、标记，拆散原卷册，也不得涂改抽换、携带外出或复制原件（如有特殊情况，须经领导批准后方能携带外出或复制原件）。

（4）会计档案管理人员要按期如数收回借出的会计档案，并办理注销借阅手续。

四、会计档案的保管期限

各种会计档案的保管期限，按其特点可分为永久性和定期性两类。凡是在立档单位会计核算中形成的，记述和反映会计核算的，对工作总结、查考和研究经济活动具有长远利用价值的会计档案，应永久保存。定期保管期限分别为3年、5年、10年、15年、25年5种。会计档案的保管期限，从会计年度终了后的第一天算起，如2021年度终了日为12月31日，保管期限从2022年1月1日开始计算。具体保管期限见表9–1。

为了全面反映会计档案情况，档案部门应设置“会计档案备查表”及时记载会计档案的保存数、借阅数和归档数，做到心中有数、不出差错。

表 9-1　企业和其他组织会计档案保管期限表

序号	档案名称	保管期限	备注
一	会计凭证类		
1	原始凭证	15年	
2	记账凭证	15年	
3	汇总凭证	15年	
二	会计账簿类		
4	总账	15年	包括日记总账
5	明细账	15年	
6	日记账	15年	库存现金和银行存款日记账保管25年
7	固定资产卡片		固定资产报废清理后保管5年
8	辅助账簿	15年	
三	财务报告类		包括各级主管部门汇总财务报告
9	月、季度、半年度财务报告	3年	包括文字分析
10	年度财务报告（决算）	永久	包括文字分析
四	其他类		
11	会计移交清册	15年	
12	会计档案保管清册	永久	
13	会计档案销毁清册	永久	
14	银行余额调节表	5年	
15	银行对账单	5年	

课堂练习

（1）请学生对老师所提供的会计账簿和会计报表进行装订训练。

（2）请学生简述会计档案的保管要求。

主要参考文献

[1] 黎旭坚. 会计基本技能 [M]. 2版. 北京：中国财政经济出版社，2013.
[2] 张建强. 财经基本技能 [M]. 2版. 北京：中国财政经济出版社，2019.